本书的调查研究得到国家社科基金项目（编号：19BJL102、21BJY160）、国家民委科研项目（编号：MSY14032）和湖北省社科基金项目（编号：2015181）的资金支持。

中国农村集体经济资源配置模式及其收入分配效应研究

陈全功　程蹊　著

中国社会科学出版社

图书在版编目（CIP）数据

中国农村集体经济资源配置模式及其收入分配效应研究／陈全功，程蹊著. -- 北京：中国社会科学出版社，2024. 10. -- ISBN 978-7-5227-4466-7

Ⅰ．F321.32；F323.8

中国国家版本馆 CIP 数据核字第 20241TE449 号

出 版 人	赵剑英
责任编辑	车文娇
责任校对	周晓东
责任印制	郝美娜

出　　版	中国社会科学出版社
社　　址	北京鼓楼西大街甲 158 号
邮　　编	100720
网　　址	http://www.csspw.cn
发 行 部	010-84083685
门 市 部	010-84029450
经　　销	新华书店及其他书店
印　　刷	北京明恒达印务有限公司
装　　订	廊坊市广阳区广增装订厂
版　　次	2024 年 10 月第 1 版
印　　次	2024 年 10 月第 1 次印刷
开　　本	710×1000　1/16
印　　张	17.75
字　　数	265 千字
定　　价	108.00 元

凡购买中国社会科学出版社图书，如有质量问题请与本社营销中心联系调换
电话：010-84083683
版权所有　侵权必究

目 录

第一章 导论 ……………………………………………………… 1

    第一节 研究背景及意义 ……………………………………… 1

    第二节 已有研究观点及动态 ………………………………… 6

    第三节 本书研究内容 ………………………………………… 11

第二章 农村经济资源类型、权利属性与集体经济资源 ……… 13

    第一节 农村经济资源的基本类型及特征 …………………… 14

    第二节 农村经济资源的所有权及其他产权权能 …………… 21

    第三节 农村集体及其经济资源的产权结构 ………………… 29

    第四节 农村集体经济资源与集体经济发展的关联 ………… 39

第三章 农村集体经济资源的配置方式与体制机制变迁 ……… 41

    第一节 资源配置及其方式 …………………………………… 41

    第二节 中国经济资源配置体制机制的演变历程 …………… 46

    第三节 中国农村集体经济资源的配置体制机制和

           主要方式 ……………………………………………… 50

    第四节 农村集体经济资源配置中的政府与市场

           边界问题 ……………………………………………… 68

**第四章 农村集体经济资源配置与收入分配的联结机理和

          现实考察** …………………………………………… 74

    第一节 所有制、资源配置与收入分配的理论关联 ………… 75

第二节　农村居民收入与资源配置方式演变关联的
　　　　　现实考察 ………………………………………………… 89
　　第三节　微观视角下的农村集体经济资源配置典型模式 ……… 101

第五章　农村集体经济资源配置小岗模式及其收入
　　　　增进与分化 ……………………………………………… 106
　　第一节　走向家庭承包和分散经营的小岗模式 ………………… 106
　　第二节　小岗模式的收入分配效应：收入增长与分化 ………… 116
　　第三节　小岗模式的肯定与升级优化 …………………………… 125

第六章　农村集体经济资源配置周家庄模式及其福利效应 …… 130
　　第一节　坚守集体化管理和共同富裕的周家庄模式 …………… 130
　　第二节　周家庄集体化配置资源的收入分配效应 ……………… 140
　　第三节　周家庄模式及其收入分配效应的讨论和启示 ………… 145

第七章　农村集体经济资源配置塘约模式及其收入分配效应 … 149
　　第一节　以资源再集中和村集体合作社经营为特点的
　　　　　塘约模式 ……………………………………………… 150
　　第二节　塘约模式下的利益联结及村集体和村民
　　　　　收入增长 ……………………………………………… 158
　　第三节　塘约模式的启示 ………………………………………… 161

第八章　农村集体经济资源配置战旗模式及其共同富裕效应 … 170
　　第一节　村集体主导混合式配置资源的战旗模式 ……………… 170
　　第二节　战旗模式的共同富裕效应 ……………………………… 181
　　第三节　战旗模式的启示 ………………………………………… 186

第九章　农村集体产权股份合作制改革模式及其收入
　　　　分配效应 ………………………………………………… 191
　　第一节　农村集体产权制度改革与资源配置方式转变 ………… 191

第二节　农村集体产权股份合作制改革进展与典型模式：
　　　　　　全国和湖北案例……………………………………… 198
　　第三节　农村集体产权股改模式的收入分配效应……………… 217
　　第四节　小结：股改模式是发挥市场决定性作用的
　　　　　　具体表现………………………………………………… 222

第十章　农村集体经济资源配置方式的优化与完善…………… 225
　　第一节　农村集体经济资源配置方式的多元探索……………… 225
　　第二节　不同类型农村集体经济资源配置模式的不足………… 228
　　第三节　农村集体经济资源配置方式的优化与完善…………… 234

第十一章　总结与展望…………………………………………… 243
　　第一节　主要观点和结论………………………………………… 243
　　第二节　农村集体经济资源配置问题的复杂性………………… 253
　　第三节　展望下一步研究工作…………………………………… 254

附　　录…………………………………………………………… 257

参考文献…………………………………………………………… 262

后　　记…………………………………………………………… 279

第一章 导论

农业、农村、农民的发展问题，一直是中国经济社会发展中最重要的问题。新中国成立以来，党和政府非常重视"三农"发展工作，在建立适合"三农"发展的基本制度基础上，制定了多项促进战略和政策，实施了多类别的扶助措施；其中，对农村集体经济资源配置方式和收入分配制度的不断探索和改革，不仅影响着"三农"本身，还关系着社会主义建设事业，成为新中国经济社会发展的风向标。

第一节 研究背景及意义

一 学理背景

1949年新中国成立，标志着中国"三农"发展的政治、社会、经济基础都发生了根本性变化，由所有制决定的各类农村经济资源的配置方式也相应发生变化，成为影响农村居民收入分配的最重要因素。简要回顾历史，1956年"三大改造"完成后，广大农村走上集体化发展之路，各类经济资源由村社统一调配和管理，以"统"为特征——生产经营活动实行统一安排，收入分配实行村社集中、按工分分配（陈志福，2008）。20世纪80年代农村经济体制改革启动后，土地、生产工具、农产品等资源的配置逐步融入了市场元素，农民的自由支配权扩大，家庭经营成为农村生产经营活动的主要形式，呈现出"分"的特征，极大地提高了劳动生产率和农民收入，解决了广大农民的温饱问题。21世纪初，随着农村集体产权制度改革推进，一些乡村在土地流转基础上建立专业合作社，自主自愿地对农村各类经济资源进行市场式整合，进行规模化和合作化经营，表现出"合"的特征，极大地促进了农民脱贫致富进而迈入小康生活。可以说，新中国农村经济的发展史，是一部经济资源的配置史，也是一部农村生产经营和分配形式的演变史，资源配置、生产经营活动、收入分配这三者间已然合为一体，成为理解新中国"三农"发展的基本逻辑。

从理论上看，经济问题实际上是在资源配置和利益分配过程中产生出来的，因为人们要对有限的经济资源进行权衡取舍，以实现不同群体的利益诉求。"三农"问题，从深层次上说，就是资源配置和利益分配的问题，它涉及两点：一是在既有的集体所有制约束条件下，如何设计好适合"三农"发展的资源配置机制；二是由此配置机制引致设计出的生产经营机制和收入分配机制，可以分别称为生产效应和收入分配效应。学术界和实践中要关注第一点涉及如何通过经济体制改革来实现最优的资源配置问题，如资源配置有哪些方式，哪些资源可以用行政计划配置，哪些资源可以用市场配置，行政和市场何为基础性或决定性的配置方式等。资源配置方式与经济效率紧密相关，是发展中国家和地区进行改革和完善的主题。第二点涉及资源配置方式的生产效应和收入分配效应，例如，行政计划配置和市场配置各自对应的生产经营方式和收入分配方式，行政分配和市场分配方式与农民收入格局之间有无必然联系，等等，它更多的是体现社会公平方面的内容。因此，学术界和实践中要把农村集体所有制下的经济资源配置方式与农民生产、农民收入问题联系起来，考察其内在机理和实践情况，以便深层次看清"三农"发展工作。

二 现实背景

本书关注农村集体经济资源的配置模式及其收入分配效应，不仅有上述学理上的原因，还基于以下三个背景。

一是2010年以来，中国农村居民收入分配领域出现新的变化，农村贫困问题逐步演进为居民间收入差距问题。其深层次原因是不同家庭对集体经济资源获取和处理的机会及能力不同。

从中国实践看，改革开放前后农村生产经营形式和农民收入增长格局有较大差别，这是与农村资源配置方式改革离不开的。在农村资源配置方式改革过程中，在中国农村居民收入不断增长的同时，收入差距也在逐渐形成。陈志福（2008）研究指出，在"1978 年以前，我国农村居民收入分配呈现平均化倾向，农村居民收入分配的基尼系数为 0.2 左右"，1988 年"第一次超过 0.3，并逐年扩大，2005 年达到 0.375，而且比同期城镇内部居民收入差距要大"。李实等（2017）根据中国家庭收入项目调查（Chinese Household Income Project Survey，CHIP）数据得出："从 2007 年到 2013 年，农村人均实际收入翻了一番，年均增长率达到 12.9%"，但"农村人均收入不均等程度上升"，"基尼系数从 2007 年的 0.374 增加到 2013 年的 0.405"。这种收入差距的产生，很大程度上可能与农村经济资源的配置方式相关。因为农民获得收入是通过其掌握的生产要素资源决定的，不同家庭获取不同种类或数量的要素资源，采取了不同的处理方法，进而导致其收入也不相同。

农民能够掌握和处理哪些生产要素资源，进而以此获得收入？从历史中进行考察，与他们所处的时代，即政权性质、政治体制和社会性质有关，是受所有制制约的。在社会主义新中国，由于破除了生产要素资源的私有制度，建立起公有制体系，在农村主要表现为生产要素资源归集体所有，土地、森林、牧场、草地、湖泊、厂房、生产设施等，成为集体资源的主要组成部分，这就决定了新中国农村生产要素资源具有所有权、经营权、收益权等多种权利属性，它们并不能完全由农民自由掌握和支配，其要在政府既定的经济体制（或者说资源配置体制）下获取并以此获得收入。农村集体资源的不同配置方式，导致农户家庭获取并掌握不同的生产要素资源，加之不同农户的处理能力差异，进而产生了收入差距问题。

二是改革开放以来，全国各地农村集体经济资源的不同处置方式带来了不同的收入分配情形。当前，全国不同地区的乡村发展模式，为我们理解集体资源配置方式及其生产和收入分配效应提供了样本。例如，一些村庄坚持实行集体统一配置模式（如河南南街村），一些村庄按照市场配置模式探索股份合作制（如江苏永联村、湖北官桥八组），一些村庄实行承包为主、统分结合配置模式（全国多数村庄），带来村民不同的增收情形——有的早已迈入小康水平,有的刚刚脱贫;有的共同致富,有的贫富差距拉大。本书将在后续章节中分别展示不同类型的"明星村"和"空壳村",以此说明集体资源配置方式所带来的不同收入分配效应。

三是中国一直尝试初次分配和再分配中调节居民收入差距拉大的问题,举措之一就是通过加快乡村振兴、重视农村集体经济建设,改革和完善涉及农村农用地、宅基地等生产要素资源配置的制度,以及扩大转移支付、加大财政扶持力度。

改革开放以来,中国城乡之间、区域之间、不同群体之间的居民收入分配格局发生较大变化,出现一定程度的收入差距。国家统计局公布的数据表明,中国城乡居民收入差距从改革开放初期的1.82(农村=1,1983年最低点)扩大到2019年的2.64(其中最高点2007年为3.14)①;2003—2018年全国居民基尼系数均超过0.46,高于0.4的国际警戒线。党和国家努力采取多项战略行动来缩小收入差距,最大成就体现为中国在2020年年底已全面消除绝对贫困现象。

改革开放以来,党和国家对收入分配制度进行了多次改革,强调初次分配兼顾效率和公平、再分配更强调公平的原则。在农村,通过制度改革解放生产力,允许和鼓励各种生产要素参与分配,极大地调动了各方面积极性。作为集体经济发展的核心,对土地、资金、技术等生产要素资源的配置制度进行改革,形成适合市场经济体制的良性配置机制,既可以发挥初次分配功能,让集体成员凭借生产要素获得相应收入,也可以发挥再分配功能,将集体性收入作为调节农民收入差距的手段,提高全体村民福利水平,走共同致富之路。实践中,一些"明星村"(如江苏华西村、蒋巷村,陕西袁家村)之所以获得成功,就是发挥了集体经济的初次分配和再分配功能。

同时,党和政府实施的支农惠农和财政扶持政策也极大地调节了居民收入差距。李实等(2017)考察中国农村内部各种惠农政策和公

---

① 根据历年《中国统计年鉴》城镇居民家庭与农村居民家庭人均可支配收入(1978—2012年为农村居民家庭人均纯收入)数据计算。

共转移支付项目、社会保障政策（如低保和养老金）和社会福利政策所起的再分配效应，认为这些政策措施和项目对农村来说具有更明显的缩小收入差距作用和减贫效果。今后一段时间，要进一步完善农村社会保障制度，缩小城乡社保制度的差异性，加大对农村低收入人群和相对贫困人口的转移支付力度，从而缩小中国城乡和贫富差距。

很多学者探讨了居民收入差距和不平等形成与扩大的原因，李实（2020）认为全球财富不平等扩大有三个原因：经济全球化、技术进步、经济社会体制和公共政策的调整。从中国农村来看，赵人伟等（1994，1999）和李实等（2013，2017）、李颖（2005）等认为，区域间经济发展的不平衡、农村产业结构演变、经济改革和体制变化，以及政府政策的实施，即发展因素、改革因素和政策因素起着至关重要的作用。本书认为，作为中国农村经济体制改革的重要内容——集体资源的配置体制机制，融合了发展、改革和政策三大因素，是影响农村生产经营和收入分配的重要力量，优化农村集体经济资源的配置方式将有助于缩小农民收入差距。

三　研究意义

从学理和现实两个方面看，现阶段对中国农村集体经济资源配置模式及其收入分配效应进行调查研究很有必要；同时，此项研究还具有一定的学术价值和应用价值。

1. 学术价值

一是已有理论对集体经济资源配置模式少有归纳和总结。本书根据"生产关系影响生产力"原理，把农村集体在配置各类经济资源中的机制、过程归纳为某类模式，构建解释乡村治理（生产关系）和乡村发展（生产力）的理论框架体系。

二是已有理论研究成果对集体资源配置机制、配置过程与收入分配之间的内在机理，阐述得不够聚焦和详细，特别是对农村收入差距形成的深层原因缺乏多维解读。本书试图架构集体经济资源配置与收入分配之间的关联，并以微观案例予以佐证，合理解释农村收入差距产生原因。

三是从收入初次分配和再分配的角度，探讨如何缩减农村居民收入差距问题，这对于谋划 2020 年以后如何扶持农村相对贫困人口有一定的理论价值。

2. 应用价值

一是改革开放以来，全国各地农村处理集体经济资源的方式各不相同，集体经济发展模式及其带来的收入分配情形大相径庭，这些实践需要总结和归纳。

二是当前各地在处置集体经济资源时出现一些问题，比如集体资产如何认定、集体资源的"三权"如何分置、新型集体经济如何发展、各项扶持政策如何精准落实等，急需提供解决问题的对策建议，因而本书对地方政府和乡村实践有一定指导意义。

第二节 已有研究观点及动态

探究农村集体经济资源配置模式以及该模式的收入分配效应，将涉及对农村集体经济资源的理解和分类、经济资源配置机制、农村经济体制改革、生产要素初次分配、集体经济建设和农村收入分配及其调节等多个方面的内容，是一个综合性论题。学术界在以上领域均有一些经典观点和理论争鸣，本节择其重点进行回顾和评述。

一 关于资源配置机制、产权及其与收入分配关系的研究

资源配置机制是经济学、管理学、政治学和社会学等多学科的理论基础，也是社会制度变革的重要内容，一直存在争论和多元实践。例如，新古典经济学家保罗·萨缪尔森将经济资源配置机制归纳为市场、指令和混合三种，认为不同的资源配置机制带来不同的影响，市场机制是现代经济有效运转的基本机制，但也会产生"市场失灵"情形（保罗·萨缪尔森、威廉·诺德豪斯，2012）。现代产权理论则认为，资源配置有市场和非市场两种机制，在产权不确定情况下会产生非市场机制配置（巴泽尔，1997）；该理论的奠基者科斯（R. Coase）提出有名的"科斯定理"，即只要产权明晰，市场机制可以使资源达到最佳配置；他认为"产权的经济功能在于克服外在性，降低社会成本，从而在制度上保证资

源配置的有效性",包括初始分配的公平性(科斯、阿尔钦、诺斯等,1994)。马克思政治经济学认为,财产关系或产权只是生产关系的法律用语,是由生产力决定的,产权对生产力的促进作用是具体的、历史的,资本主义私有制下的产权交易是一个剥夺过程,生产资料的社会所有代替私有产权是必然趋势(魏崇辉,2003)。

随着社会主义制度的建立和发展,经济资源的产权归属和配置方式经历了历史性变化。中国农村改革开放以后,经济资源出现全民公有、集体所有、私人所有等不同归属形式,配置方式也经历了行政计划、计划与市场混合、市场为主政府为辅、市场为基础和决定性等多个发展阶段(毛林繁,2018)。党的十八大提出,要在"更大程度更广范围发挥市场在资源配置中的基础性作用",继而党的十八届三中全会明确"市场决定资源配置"这一重要经济机制。可以说,经济资源配置方式改革是中国改革开放的重要内容之一。

李明星等(2017)提出了中国农村集体资产资源另一种配置机制——家庭继承机制,目前这一机制因成员资格与集体所有权存在不细分不协调问题,急需改革和完善。《中共中央 国务院关于稳步推进农村集体产权制度改革的意见》(以下简称《意见》)对农村集体资产资源配置机制提出具体意见,着力推进股份合作机制,需要各地在实践中予以贯彻和落实。

经典理论认为,市场机制会带来居民收入差距和不平等问题,效率与公平二者难以兼得,因而政府主导的收入再分配机制显得尤其重要(斯蒂格利茨,2013;戈登·图洛克,2017)。这既可以看作对政策资源的一种配置方式(政府机制),也可以视为政府配置机制的一种效应(缩减收入差距)。第一位女性诺贝尔经济学奖获得者埃莉诺·奥斯特罗姆(2012)提出,对于公共资源,例如公共池塘等,可以由自主组织实现自主治理,这一资源配置机制可以避免出现"公地悲剧"。

中国农村改革40年,就是在不断探索和完善农村经济资源配置的适宜机制,使广大农民家庭收入发生巨大变化。柯炳生(2018)总结为:"土地制度改革建立了利益机制、市场制度改革实现了资源最佳配置、废除农业税和实行农业补贴促进了社会公平。"张晓山（2018）和叶兴庆（2018）指出，以农民与土地关系为核心的资源配置机制改革，带来了中国农民的分化，未来的产权改革必须与此形势相适应。李培林（2018）认为，中国市场经济体制改革带来农民数量大规模减少，并且日趋分化和高龄化。总体上，学术界对农村经济资源配置机制带来居民收入分配变化的理论机理和微观研究均比较欠缺。

二 关于农村集体经济资源及其配置方式改革的研究

学术界和实践中较少对"农村集体经济资源"进行界定，大多谈及的是自然资源和某些资产，如集体所有的土地、森林、草原、荒地、滩涂等自然资源，以及用于经营的房屋、机器设备、基础设施、企业等资产资源（《意见》，2016年12月26日）。一些学者从国家政策方面提出"政策资源"这一概念，如郑瑞强等（2017）将各级政府对连片特困区的扶持资金和实物，以及扶贫政策、制度安排、技术信息等归纳为"扶贫政策资源"，并且指出新时代下，扶贫资源配置机制优化的重心在于市场机制与行政机制的协调。杜宝贵（2018）对20世纪80年代以来中国科技政策资源的配置状况进行总结，认为科技领域出现问题的根源是配置机制（计划式、运动式、效率式）的路径依赖。本书将农村集体所有的自然资源、资产资源、政策资源均视为"经济资源"。

国内学术界论及农村集体经济资源配置问题，一般将其视为政治经济学研究的主题，有三个不同角度：一是讨论农村集体经济的实现形式，如统一经营、统分结合、合作经营、股份制等形式（冯蕾，2014；徐勇和赵德健，2015；扈映，2017），以及新型农村集体经济发展途径，如资源开发、资产租赁、企业股份、生产服务、联合发展等路径（江苏省农业委员会课题组，2017；苑鹏和刘同山，2016；汪洋讲话，2017年1月10日）。二是讨论农村集体产权制度改革及其效应。中国社会科学院课题组（2015）提出要把集体土地所有权从"虚置"到"做实"、探索不同实现形式；梁春梅和李晓楠（2018）指出，当前一些地方试点的农村集体资产由"共同公有"转向"按份公有"改革，以实现农民增收，是农村集体产权制度改革的基本思路；郭君平等（2018）基于东中部 6 省 1604 户农户调研数据说明，土地流转改革的收入效应存在地区差异，其中农地转入可使中部地区农户增收，但同时加剧了收入不平等，农地转出则利于减少贫富差距。三是乡村治理模式，是"政经合一"还是"政经分离"。徐增阳（2010）认为村委会和村集体经济组织二者不宜合一，难以适应迅速变化的农村形势；张晓山（2016）则提出农村基层组织可以政治、经济、社会"三合一"形式呈现，一定程度上可节约行政管理成本和摩擦成本；李睿（2017）和江苏省农业委员会课题组（2017）认为，政经合一、分开、半分半独三种模式各有优缺点，各地可以自行探索和实践；仝志辉（2018）则认为在当前阶段不同村庄可以采取合二为一、适度分开乃至分立的不同办法。

现有研究成果对农村集体经济建设和基层治理关注较多，对经济资源配置模式与收入分配的关系论述较少，这也是本书开展研究的基本动因之一。

三 关于农村政策资源配置与居民收入分配关系的研究

从经济角度看，"政策"是一种重要的稀缺性资源和生产要素，其配置机制是政府主导、自上而下的行政机制，对居民收入初次分配和再分配影响较为明显。从已有研究看，学者非常重视农村政策的配置和效应问题。其中，经济学者和政治学者主要从"精英俘获"和"寻租"角度，以及各类政策的收入分配效应（或者政策的效率）角度进行研究；公共管理学者则从公共政策执行角度进行研究。

董强和李小云（2009）指出，村集体组织事实上已经成为中国农村行政体系的最末端环节，存在设租、寻租分立或一体两种类型。一些学者以具体的政策或项目为例，说明农村政策资源配置中的问题及收入分配效应。例如，官华平和周志华（2011）以江苏为例说明在农机购置补贴政策中可能存在寻租行为；张倩（2014）通过对内蒙古一个嘎查的扶贫项目资金调查发现，所谓的"精英捕获"和"贫困陷阱"同时产生作用，导致当地贫富差距拉大；许汉泽（2015）认为当前农村扶贫资金瞄准偏离、使用效率偏低，其主要原因是乡村治理不完善以及存在"精英捕获"。

公共管理学者认为，政策资源配置既是政府为实现特定目标分配资金的过程，也是调整社会利益关系的过程（王春福，2005），在实践层面是一个自上而下的政策执行过程（杜宝贵，2012）。在此过程中，因为存在"关系"和"精英俘获"而出现资源分配不公，导致农户贫富分化（Bardhan and Mookherjee，2005；汪霞，2012）。吴雄周（2018）认为，目前实施精准扶贫就是让政府行政权、精英控制权和农户话语权"三权"均衡配置。

经济学者和社会学者比较重视农村政策资源的收入分配效应。蔡萌和岳希明（2016）基于中国家庭收入调查住户数据认为，政府的收入再分配政策效果不明显。汪昊和娄峰（2017）构建了可以综合测算（包括税收、社会保障和转移支付在内的各项财政工具）再分配效应的分析框架，显示财政再分配效应导致全国基尼系数上升。他们的研究结论和观点与部分学者相似（例如，卢现祥，2009；李实等，2017）。但是，也有一些学者得到相反的结论，如王震（2010）评估了包括税费减免、种粮直补和新农合参合补贴在内的新农村建设政策效应，发现这些政策改善了农村居民收入分配状况；郭庆旺等（2016）则利用UL模型和2007年住户调查数据，发现转移性支出使农村居民收入不平等程度缩小2.37%；王延中等（2016）研究表明，社会保障政策在调节收入分配方面的作用日益显著；徐静等（2018）的测算结果也支持社会保障支出能够缩小居民收入差距。

总之，学者从多个学科角度论证了农村各项支持政策具有一定的收入分配效应，但对此类政策资源的配置机制或模式引起的效应论及较少。万海远等（2015）从实践层面揭示了财政资金从中央到地方再到村庄和农户的分配过程，指出该过程扩大了村庄间和村庄内部的收入差距水平，但他们没有分析这一配置机制所产生的内在原因以及是否存在一定的实践模式。

理论界和实践中，均对农村集体资源的配置机制及其收入分配效应比较关注，也有较为丰富的成果和不同结论。我们认为，在当前阶段还有一些问题需要补充研究，一是不同的经济资源配置机制或模式，是否带来不同的收入分配效应，即资源配置机制与收入分配效应之间的理论机理问题；二是农村集体经济资源虽然种类繁多、涉及面广，但其配置方式或机制可能存在一定的模式，这种模式可能影响收入初次分配和再分配，即农村收入不平等的形成和改善是否与资源配置模式有关；三是怎样通过经济资源配置方式的改革来调节居民收入差距。基于以上三个方面的问题，我们试图构建一个理论框架，配合实地调查，进行归纳总结和实证研究。

第三节 本书研究内容

改革开放以来，农村集体经济资源的内涵不断扩大，既包括自然资源（土地、森林、草原、水域、荒地等）、资产资源（不动产、金融股权等），也包括政府扶持政策类的政策资源（扶农惠民、扶贫政策等）。它们都可以成为农村生产生活的要素，并能带来经济收益，即经济资源具有天然的收入效应。在国家既定体制机制下，广大农村选择和设计适合本地的资源配置方式，逐渐形成固定的模式，进而影响农村居民收入分配，这就是乡村治理体系形成的基本逻辑。基于此，本书拟从农村集体资源和配置模式的归类、配置模式与收入分配的联结机理、通过资源配置缩减居民收入差距等方面展开研究。

本书分为以下五个部分。

第一部分对农村集体经济资源及其配置方式变迁的理论解释和归类。一是从产权角度解释和归类各种集体经济资源，分析各类经济资源的特性，探讨农村集体经济资源与集体经济发展之间的关联性（第二章）。二是对资源配置方式进行界定，归纳中国农村集体经济资源配置体制变迁和主要方式（第三章）。

第二部分分析农村集体经济资源配置与收入分配之间的联结机理，解释中国农村收入差距发生变化的根本原因，介绍不同村庄的资源配置与收入分配的不同特点，即存在典型模式（第四章）。

第三部分对农村集体经济资源配置的五种典型模式及其收入分配

效应进行微观讨论。其中，第五章为以承包和土地流转为特征的小岗模式，第六章为以集体化管理、发展集体经济和共同富裕为特征的周家庄模式，第七章为集体资源再集中、重走合作化道路的塘约模式，第八章为村集体主导资源再集中、"政府+市场"混合配置的战旗模式，第九章为当前农村集体产权制度改革中推行的股份合作制改革模式。这五种模式，均以典型村为例，既展示了中国农村经济体制机制变迁的大体过程和基层实践情况，也展示了不同村庄在资源配置上的独特特点。

第四部分归纳农村集体经济资源配置中存在的主要问题，提出优化方向和完善建议（第十章）。

第五部分为全书的总结和展望（第十一章）。

第二章 农村经济资源类型、权利属性与集体经济资源

"资源"一词在科学研究、国土管理、生态保护、劳动市场等场合被广泛应用,百度百科词条将它划为经济学名词,界定为"物力、财力、人力等各种要素的总称",分为自然资源和社会资源两大类,前者是自然世界客观存在的物质和能量,后者则是赋予人类活动印迹的要素,如经过人类劳动创造的物质产品、资产、信息,以及人类本身(人力资源)。从唯物主义哲学角度看,资源可分为物质资源和精神资源,前者是自然界和人类创造的客观物质资料,后者是融入人类活动和思想的非物质资料,如文化、艺术、思想、制度等。

人类社会的生产生活离不开一定的物质资源和精神资源,马克思主义称之为劳动对象和劳动资料,即生产资料,是人们进行生产劳动和社会生活的客观条件;在经济学研究中,资源被称为生产要素,具有价值性、能产出商品的客观条件。也就是说,经济学视野下的资源属性强调其经济价值,所以本书用"经济资源"一词来标示其经济属性[①],以区别社会学中描述社会关系的"社会资源"、政治学中描述政治关系网络的"政治资源"等概念。

中国城乡二元经济结构中,农村经济与城市经济有着较大差别,其产生原因之一是经济资源种类和权利属性存在差异,这种差异由国

---

① 百度百科对"经济资源"(Economic Resources)的定义是:"具有稀缺性且能带来效用的财富,是人类社会经济体系中各种经济物品的总称。"它不仅包括物质资源、能量资源、信息资源和人力资源四种原生经济资源,还包括知识资源、金融资源和经济权利资源三种衍生资源。参见百度百科"经济资源"词条,https://baike.baidu.com/item/%E7%BB%8F%E6%B5%8E%E8%B5%84%E6%BA%90。

家性质和体制制度所决定。因此，讨论新中国农村集体经济资源的配置及其收入分配效应，首先要明确其国家性质（中国特色社会主义国家）以及不同时期的经济体制和制度安排。这两个决定条件，在讨论经济资源权利属性时将进一步强化。

第一节 农村经济资源的基本类型及特征

按照人类社会生活中对资源的利用及其产生的价值来划分，农村经济资源主要有自然资源、资产性资源、政策性资源和特色文化资源四类，它们各有其作用和特性。

一 自然资源

自然资源主要指天然存在的自然物，如土地、矿产、水利、生物、气候等物质资料或环境场所。在农村，自然资源是农民生存和发展的基础，又是生产生活所处的周围环境要素的总和。千百年来，国内国外农村经济发展都比较依赖土地、水源、光照等自然资源，受气候、土壤等自然条件制约。因此，讨论农村经济资源的种类首先可以划分出自然资源一类，主要包括土地、森林、草原、水域、滩涂等地表自然资源，以及矿产、洞穴、地下水等地下自然资源。其中，地表自然资源最为重要，是农村生产的主要对象和物质条件。中国农村经济发展史，就是一部人类适应自然、改造自然的历史。新中国成立后，党和国家领导人都非常重视农村自然资源的经济、生态方面的价值。例如，习近平总书记提出了"山水林田湖草是生命共同体"的论断，深刻揭示出"三农"发展离不开这些自然资源以及人类与生态系统的相互关系。

一些学者主张从立体空间和全域视角看待自然资源，不仅要看到山、水、田、林、湖、草、沙、冰等平面资源，还要结合空间地理环境和长时段历史来看待它，例如阳光、泉水、空气、山林等都可以成为经济资源，可以进行立体式开发。三亚的阳光、沙滩，漠河的寒冰、白雪，三江源的净水、冰川、地貌，六盘水的低温、凉风等，都可以成为带来经济价值的生产要素。除了独立看待这些自然资源，还要把它们综合起来、整体联系起来看待，即大家所说的农村"风景""风光"，也是一种自然资源；人们到农村来观光游玩，消费的不是单一的山水田林湖草沙，而是一个整体的自然美景。这样，农村自然资源所包括的内容就更加多样和丰富，增添了人们对农村经济资源的理解（见图 2-1）。温铁军等（2018）把这些自然资源统称为"生态资源要素"，认为它们是一种"没有标准量化的资产"，和乡村文化资源一样，需要整体性开发。

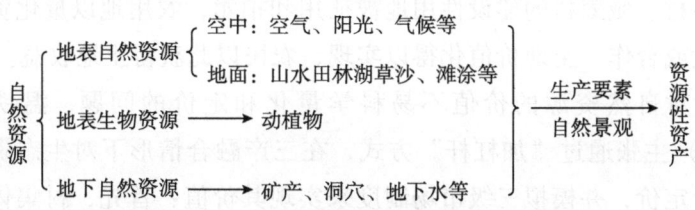

图 2-1 农村自然经济资源所包括的范畴理解

农村自然资源中，以土地、森林、水塘、草场等资源的生产利用最为广泛。20 世纪 80 年代中国农村经济制度改革后，党和政府对这些常用自然资源的配置方式发生了较大变化，农民对它们的利用途径和方式也发生了较大变化，其重要性也在变化。本书将在后文进一步讨论新中国 70 多年来这些被广泛利用的自然经济资源重要性的变化，及其产生的收入分配效应。

自然资源既然是人类生产生活的必要条件，从经济学角度看，它们是有价值的，在现代经济体系下就可以用货币形式定价和实现其价值。需特别指出的是，农村自然资源的价值实现对于拓宽农民增收渠道、防止负外部性问题具有重要意义。习近平总书记提出的生态文明思想，就包含对生态资源要素进行价值化实现。2020 年 11 月 14 日，习近平总书记在江苏省南京市主持召开全面推动长江经济带发展座谈会上强调，"要加快建立生态产品价值实现机制"。也就是说，要把生态资源要素变成生态产品，使之价值显性化。当前，建立健全生态产品实现的基础制度，如自然资源产权制度、价值核算和评估制度、有偿使用制度，探索完善市场化实现形式，建立健全相应的政策支撑保障体系，显得非常重要和迫切（李维明等，2020）。

当然，量化和实现自然资源的货币性价值并不容易，在不同开发环境和不同生活理念下，自然资源的价值也会发生变化。例如，20世纪90年代中国农村土地被外出务工农户"抛荒""撂荒"，耕地成为"沉睡的资产"，价值并未显现出来；但最近十年随着城镇化建设的推进，以及土地确权和土地股份合作制工作的开展，土地能够转化为现实资产，其价值就显性化，并且比90年代有大幅升值。现实中，很多城中村、城郊村的建设性用地被征用和拍卖，农用地以量化资产形式入股或合作，土地价值化得以实现，农民以此获得土地收益。

针对自然资源的价值不易科学量化和定价的问题，温铁军等（2018）主张通过"加杠杆"方式，在三产融合情形下对生态资源要素进行定价，并模拟三级市场制度来实现其价值：首先，村集体对村域内部的自然资源进行整合、完成内部初次定价；其次，村集体将已定价的资产参股或发包给新型经营主体，取得的收益在扣除一部分后按股返还村民；最后，通过地方性的板外资本市场对集体股权资产进行证券化，实现全域生态资产可拆分交易。这就是通过市场化和资本化方式实现自然资源的经济价值。毛科军等（2013）总结了政府主导和集体主导的农村自然资源的市场化和资本化的路径和模式，既是对农村自然资源价值化实现路径和模式的总结，也是对农村经济资源的配置方式的总结，对研究集体经济资源配置的收入分配效应有一定启发意义。

二 资产性资源

资产性资源是区别于自然资源的一种经济资源，融入了人类劳动创造的一些生产要素条件，例如，房屋（包括厂房、住房、校舍等）、建筑物、机器设备、生产工具、基础设施、企业或工厂等有形物质，货币资金、证券等金融资产，以及专利权、商标权和土地使用权等权利性无形物质。用"资产"一词来限定这些生产要素条件，就说明它们具有经济价值性，是可以量化和定价的。用马克思主义政治经济学理论理解，它们是能够带来剩余价值的物品，是一种资本。

毛科军等（2013）指出，并非所有的资源都是资产或转化为资产；资源成为资产必须具有三个基本特征：一是它能为某个经济主体拥有或者控制，也就是说，拥有法律属性和相应的法律权利；二是它能给经济主体带来经济利益；三是它能以货币计量。按照这一定义，土地、山林等自然资源也是一种资产，可称之为资源性资产。中国农村集体产权制度改革中，对集体资产也是按照这一标准将其划分为资源性资产、经营性资产和非经营性资产三类。同时，这种划分方法也是从法律（产权）和经济（能带来货币性价值）双重角度划分的。本书中所界定的资产性资源，主要是为了区别前述自然资源，其主体是经营性资产。

从经济学角度看，资产性资源（经营性资产）又可细分为固定资产、流动资产和无形资产三种（见图2-2）。固定资产主要指能够用于生产经营的建筑物、构筑物、机器设备、工具器具、库存物品等资产性资源，它其实还包括那些用于教育、科技、文化、卫生、体育等公共服务性的非经营性固定资产。流动资产主要指现金、存款、有价证券、股权等资产，无形资产主要指著作权、商标权、专利权等权利性资产。21世纪以来，中国一些地方，如江苏、浙江、河北等省，制定了本地的农村集体资产管理条例，对以上资产性资源进行了详细界定，本书后面论及的资产性资源与当前各地集体资产管理条例中的经营性资产范畴相同。

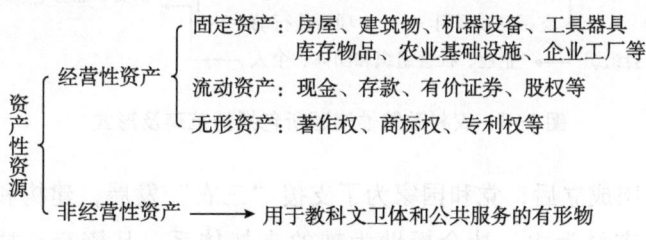

图2-2 农村资产性资源所包括的范畴理解

三 政策性资源

政策性资源主要指上级政府对农村实施的各项优惠政策、支持项目和特殊待遇，以及社会上的捐赠物品和社会慈善公益项目。例如，党的十八大以来，党和政府在实施精准扶贫脱贫战略和乡村振兴战略中，推出了一系列扶农惠民和扶贫脱贫的政策措施，这些政策措施有的是以具体货币化补贴形式出现，有的是以产业项目形式出现，有的是以基础设施建设形式出现，最终都是以资金投入量来计量的；它们对改善农民居住环境、提高农民收入等发挥了重要作用，是重要的生产生活要素，能够带来经济收益，因此，可以说它们是一种经济资源。只不过这种经济资源带有支持性、行政性或慈善性，与前述自然界存在的自然资源和融入人类劳动的经营性资产资源有较大区别；本书用"政策性资源"界定此类资源，并不是仅仅包含政策，而是为了说明这些资源的外来性和非自然性。

按照来源渠道，政策性资源可分为两类：一类是政府性政策资源，另一类是社会组织类政策资源。前者来源于行政村的上级——中央、省、市（区）、乡镇等党政部门，后者则来源于企业、社会组织、团体和个人。其中，政府性政策资源是农村外来经济资源的主体，它往往以货币化补贴、补助、救济、养老金和福利形式，以及项目资金投入、贷款优惠、税收减免等形式出现，反映各级财政转移支出和优惠性收入情况（见图2-3）。

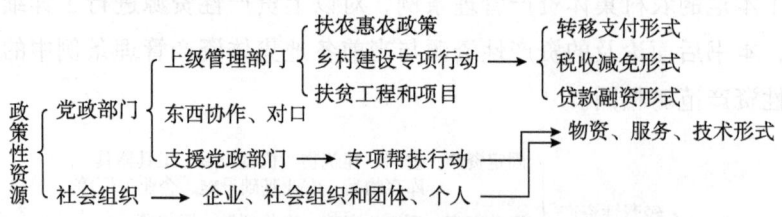

图2-3 农村政策性资源所包括的范畴及形式

新中国成立后，党和国家为了支援"三农"发展，建构和推行了财政转移支付为主、社会援助为辅的支持体系，从资金、技术、人才、物品、服务等方面进行全方位的支持，从而为农村经济发展创造了大量的要素条件，是农村经济发展的重要支撑力量。特别是党的十八大以来，党和国家对农业农村的资金投入大幅增加，为实施脱贫攻坚和乡村振兴战略提供了有力支撑。根据财政部数据，2016—2019

年，全国财政一般公共预算累计安排农业农村支出相关资金6.07万亿元，年均增长8.8%；同时，还在土地收益、政府债券、金融服务等方面加大投入力度，并引导社会资本投入，形成了多元投入格局。其中，中央财政专项扶贫资金2016—2020年连续五年每年新增200亿元，2020年达到1461亿元；此外，2020年还一次性安排300亿元脱贫攻坚补短板综合财力补助资金，扶贫资金保障比较充分。以"十三五"时期中国实施的"易地扶贫搬迁工程"为例，中央累计投入各类资金约6000亿元，除了直接投资，还撬动了地方财政资金、东西部扶贫协作和社会帮扶资金，总投资超过1万亿元。以广东省落实贫困村帮扶资金为例，2010年平均每村得到36.77万元扶持资金；2017—2020年，深圳市帮扶河源市214个村脱贫攻坚，三年内对每个贫困村投入1200万元。本课题组在中西部一些贫困村调研中了解到，一个重点贫困村每年获得外来资金投入量均超过100万元，有的村甚至超过500万元，可见当前农村政策性经济资源是比较丰富的。本书将在后面对政策性经济资源的配置模式（见第七章"塘约模式"），以及它带来的收入分配效应进行详细讨论。

四 特色文化资源

文化是影响人类经济、政治和社会发展的重要因素（亨廷顿和哈里森，2010）。中国千百年农业生产和农村活动，创造了丰富多彩的农耕文化与传统文化，使之成为有别于城市经济和城市文化的一个要素，对农村经济社会发展影响甚大。陈锡文（2019，2021）指出，一个国家、一个民族和一个地区所特有的优秀传统文化往往留存于乡村，比如，天人合一、师法自然、勤俭持家的理念，二十四节气、农谚知识，乡规民约、调配粮食的制度等，乡村具有传承优秀传统文化的功能，因此，乡村振兴要突出和发挥乡村的这种特有功能。徐丽葵（2020）也认为，新时代下乡村文化在提升国家软实力、促进乡村治理秩序化、满足人民群众美好生活方面发挥重要价值作用。从经济角度看，乡村文化具有经济价值，能够被消费，能够创造出货币性价值，因此它是一种独特的经济资源和生产要素，文化与经济结合是客观规律。当前，中国各地大力开展乡村旅游活动，主要内容之一就是乡村文化展示，可见乡村的特色文化资源是农村经济资源的重要组成部分。

农村特色文化资源有多种表现形态，按照不同标准可划分为不同类型。例如，牛淑萍（2012）、赵尔奎和杨朔（2016）按照文化资源的载体和构成，划分为器物、制度、习俗、观念、语言五个层次，具有乡土性、大众性、地域性、亲缘性等特征。按照存在形式，笔者将乡村文化分为物质类文化和非物质类文化两大类。物质类文化，主要表现为建筑物、生产工具、乡村景观、衣着服饰、特殊仪式等可视、有物质载体的文化，现在一些乡村留存的古建筑、村巷街道、石窟、水系或土地利用格局、古代工程、梯田和田园景观，都是典型的物质文化资源，它们与前述自然资源和固定资产性资源所包含的内容有一部分重合，只不过乡村物质文化资源更多地融入了人类活动印迹，是人们改造自然和创造物质财富的反映。非物质类文化资源，主要指人类在农业农村生产生活中创造出来的各种精神或智力性文化，包括宗教观念、宗教信仰、道德观念、价值观念、村规民约、民间艺术、节庆风俗、生产工艺、村落氛围等，它们主要反映广大农村居民的生产生活方式、精神信仰、文化娱乐和居民社会关系等状况。这些非物质类文化资源，在现代市场经济体系下，被开发利用起来就具有较大经济价值。例如，贵州省的一些乡镇和村寨每年组织的节庆活动，如黎平县肇兴的侗年节、望谟县的布依族文化节，吸引了大批游客，推动了乡村经济发展。

随着市场经济的发展，农村文化资源正逐步产业化，形成了新的乡村产业形式——文化产业，并且这一产业与农业、旅游业逐步融合，构筑起现代乡村产业体系。山东省潍坊市杨家埠村，当地政府和企业利用该村500年历史的手工风筝扎制和木版年画绘制技艺，建成民间艺术大观园，打造成特色民俗文化旅游村，推动了乡村产业升级；贵州省水城县陡箐镇猴儿关村，利用当地苗族妇女创作"农民画"的历史和传统，成立专业合作社发展"农民画"文化产业，为当地社员年创收2万多元，带动了当地"苗族文旅小镇"建设。当前，全国各地积极挖掘乡村文化资源，把它列为乡村产业振兴重要工作，必将对农村经济发展、文化保护与传承产生深刻影响。

综上所述，随着现代经济发展，农村经济资源的内涵不断扩展，目前主要有自然性资源、资产性资源、政策性资源和特色文化资源四大类型，它们的经济特征是稀缺性、价值性和可开发性。当然，这种分类和特征归纳没有区分经济体制、资源所有者和其他权利关系。在不同经济体制和所有者视角下，农村经济资源所包括的内容是不同的，例如市场经济体制下农户所拥有的经济资源，还包括家庭设施类、收藏类、土地权利类资产资源，比单纯讨论国家所有和集体所有的乡村经济资源范围要广泛得多。本书讨论农村集体经济资源，限定了所有制及其相关权利关系，而非个人所有的经济资源。集体所有的经济资源，其实际占有和使用的主体可能存在不确定性，从而引发何人配置、如何配置问题；可以说，经济资源的所有制及其权利关系决定了配置方式，这就是下文讨论的内容。

第二节 农村经济资源的所有权及其他产权权能

马克思主义政治经济学认为，生产力决定生产关系，生产关系反作用于生产力；由生产关系总和构成的上层建筑，有着与之相适应的经济基础。也就是说，作为生产力和经济基础的生产资料（或经济资源）具有社会属性，特别是对其占有情况（所有制）是生产关系的重要内容。马克思生产资料所有制理论告诉人们，所有制是关于生产资料到底为谁占有及其如何实现的一种制度规定或者社会方式，反映的是人与物、人与人之间的关系，是决定生产关系、经济基础与上层建筑的核心构件（屈炳祥，2020）。在不同的所有制下，生产资料（经济资源）的所有者对其处置利用情况并不相同，进而造成的收入分配效应也不一样。可以说，生产资料（经济资源）的所有权决定了配置权和分配权。郑宝华（2013）指出，资源配置不仅反映生产要素如何分配本身，更重要的是反映其背后的生产关系；他考证马克思在论述分配问题时"不仅明确了资源配置权力的归属问题,而且还明确了资源配置的社会性质",资源配置(分配)活动有一个先行行为,即所有制关系问题,它是决定资源配置的本质前提。因此,"我们不能离开所有制的性质来抽象地讲资源配置,也不能脱离一定的经济关系讲资源配置"(屈炳祥,2020)。本书研究农村经济资源的配置问题,首先就要阐明这些经济资源的所有权属性。

一 所有权与产权的概念辨析

1. 所有制与所有权

首先要指出的是,所有制与所有权是两个不同层面的概念。所有制是刻画一种生产关系、社会关系和社会制度的概念,是一种制度性规定,体现在国家大政方针、经济制度和文件精神之中;所有权,则从政治和法律角度说明经济主体对其所拥有的经济资源所享有的一组权利束,它是通过相关法律制度规定体现出来的。换句话说,所有制是政治和经济上的一个概念,所有权是一个法律概念;所有权能够反映所有制,是所有制的具体表征之一,而所有制则是更高层次、意识形态上的概念,决定着所有权。洪名勇(2011)在研究马克思土地产权理论时就指出:"正是一定的所有制,决定着一定的作为经济性权利的财产权利,进而制约着其作为法权的法律形式。"有学者考证马克思并未对所有制概念做出系统论述,认为马克思所讲的所有制、所有权、财产属于同一范畴的概念(方茜,2020)。但马克思在《资本论》中告诉我们,"生产资料归谁所有既有一个现实的存在,也有一个法律的认定,这种法律的认定就是生产资料的法定所有权"(屈炳祥,2020),即马克思还是区分了所有制与所有权,只不过没有明确表述出来。

为什么本书要强调所有制与所有权概念之分和二者联系?这是因为,当前一些研究者往往忽视了所有制问题,仅仅谈所有权和产权问题,把本应反映社会性质和社会制度的生产关系问题淡化了,引向了法律或经济层面。正如屈炳祥(2020)所指出的,当前社会上对生产资料所有制问题认识上存在一些误区。中国特色社会主义经济的一个重要体现就是坚持公有制、发展公有经济,如果不讲所有制、只论所有权，社会主义性质就无法体现和得到保障。党和国家领导人一直重视所有制问题，习近平总书记还为农村改革划出了底线：不管怎么改，都不能把农村土地集体所有制改垮了。本书讨论农村经济资源的权利属性，首要坚守的就是在所有制下讨论经济资源的法律权属关系，强调不能忽视所有权从属于所有制之下，以此彰显社会主义国家性质。同时，认同所有权与所有制一致的观点，全民所有制下经济资源的所有权归属全民（国家），集体所有制下经济资源的所有权归属集体。中国宪法确定了社会主义经济的基础是生产资料的社会主义公有制，即全民所有制和劳动群众集体所有制，并在此基础上对城市和农村各类生产资料（经济资源）的所有者进行了规定，即把所有制和所有权结合起来说明经济资源的权利属性问题。由此可见，"农村集体经济资源"一词包含农民集体所有制和集体所有权两个层面的含义。

2. 产权与所有权

产权与所有权是当前农村经济改革中使用频率最高的两个名词，但很多人并不清楚这两个名词所包括的含义和使用语境。杨继国和黄文义（2017）指出："一些别有用心的人故意将产权混同于所有权，把所有权定义为依法享有的对自己财产进行占有、使用、收益和处分的权利，把产权定义为包括财产占有、使用、收益和处分的一组权力束权利，二者都是权利束，且没有了差别"，这样会在产权改革中"将公有制化为私有制，大肆化公为私"，因此主张从马克思主义角度来区分所有权和产权两个概念。他们指出，"产权"是新制度经济学中的重要概念，科斯、哈罗德·德姆塞茨、阿尔钦、菲吕博腾和平乔维奇、张五常等新制度经济学者给出了不同界定，总体上认为产权是产权主体对财产所拥有的权利；而马克思的产权理论是基于生产资料所有制提出的，认为"产权"是关于财产归属的法律范畴，是所有制的法律形态，"产权包括与财产有关的各种法定权利，包括所有权、占有权、使用权、支配权、经营权、索取权、继承权等一系列权利"，"所有权是产权具体权能中的一种，只不过它对其他权能起到决定性作用"，但马克思并没有明确给出产权和所有权的概念范畴。后世马克思主义者立足于所有制理论，析出马克思的"产权"概念有法学和经济学之分、产权具有经济属性和法律属性，但往往忽视了经济属性背后隐藏的所有制问题，也就是所有制决定所有权的基本思想。实际上，在所有制内部存在所有权、占有权、支配权和使用权的"四权"关系，"四权"既可以统一也可以分离。其中，所有权是最为关键的权利，决定了占有权、支配权和使用权三权；占有权、支配权和使用权三权是指所有者对生产资料的经营管理方式问题，对应于农村经济实践中对经济资源的承包权和经营权，以及由占有关系衍生出来的抵押、担保等权利。

进一步从词源看，所有权的英文是 ownership，强调对物的拥有关系，也就是马克思主义者所说的该词背后隐含的所有制思想；而产权的英文为 property rights，强调对财产的相关权利（rights），而且是一组权利，即学者说的"权利束"。这一"权利束"可以细分为很多种类，即学理上所说的"权能"（具体表现形式），如所有权、占有权、处置权、使用权和索取权等；其中，处置权在不同情形下会衍生出不同用词，例如，在财产物权中包括支配、使用、继承等具体权能，在土地产权中包括流转、抵押、担保等权能。我们可用图 2-4 来反映所有制、所有权和产权三个概念的关系。

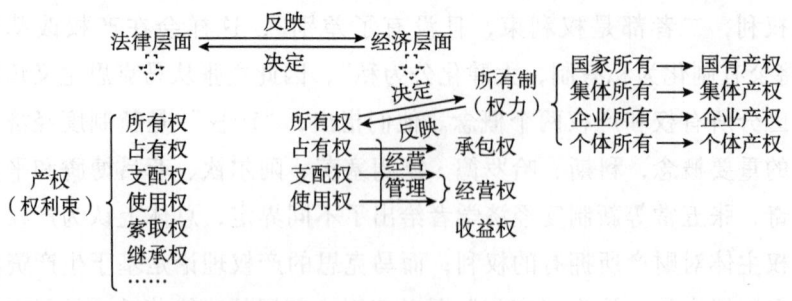

图 2-4 所有制、所有权与产权概念关系

由此，可以厘清所有制、所有权和产权三个概念的关系（见图 2-4）：所有制是一个政治经济学概念，产权是经济学和法律上的常用概念，所有权则是法律概念。所有制决定了产权和所有权，产权是所有制在法律上的表现形态，产权"权利束"中包含了所有权、占有权、支配权、使用权等权利。所有制体现的是一个国家的性质和意志，是"权力"（power）的代名词，在市场经济中是市场势力的体现形式。不同所有制下，有不同的产权关系，例如，集体所有制下会有相应的集体产权关系，国有制下有国有产权关系。本书讨论"农村集体经济资源"的权属关系，意味着这些农村经济资源的所有制属性是集体的，是在集体所有制下讨论其产权权能。在产权权能中，所有权最为重要，决定了其他权利，因其地位特殊，故法律实践中是把所有权与所有制联系在一起，"所有权"一词就意味着背后隐含了所有制，二者是统一的。由于所有制是国家性质的体现，一般短期内不会改变，故所有权也不能随意改变，国有的资源资产其所有权就是国有的，集体所有的资源资产其所有权就是集体的。至于产权的其他权能，可与所有权统一，也可以分离。

3. 所有权和物权及其权能

经济基础决定上层建筑，上层建筑反映经济基础。作为上层建筑的重要部分，法律是反映经济关系的重要形式。现代法律体系中，体现产权的主要有物权和知识产权方面的法律。中国民法典和物权法第二篇"所有权"中对国家、集体、个人的动产和不动产的所有关系进行了规定，但没有明确指出"所有制"，也没有明确定义何谓"所有权"。教科书定义的所有权是"指所有人在法律限制的范围内，对于所有物为全面支配的物权；抑或指所有人在法律限制的范围内，对于标的物为永久、全面与整体支配的物权"（梁慧星、陈华彬，2020）。这一定义把所有权作为物权的具体表现形式，说明了其法律地位：所有权是一切定限物权的基础，即它是用益物权和担保物权的基础[①]，"无所有权也就无定限物权"。物权法第三十九条还指出了所有权的权能（权利所展现的具体内容——能力），包括占有、使用、收益、处

---

① 中国物权法中的用益物权主要指对他人所有的不动产和动产依法享有的占有、使用和收益的权力，例如，土地承包经营权、建设用地使用权、宅基地使用权。

分等权能；其中处分权能是所有权的核心内容，是最重要、最基本的权能，法律上的处分权能是指"对所有物所为的负担行为与处分行为，从而使所有权发生变动的法律行为"，如转移、抵押和质押等行为①（梁慧星、陈华彬，2020）。物权法中关于所有权及其权能如图2-5所示。

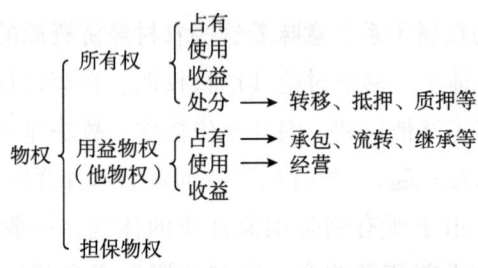

图2-5　中国物权法中的物权种类及其权能

由图2-5可知，法律上的所有权由四个具体权能体现，其中处分权能又体现为转移、抵押等具体法律行为；用益物权强调对他人所有物的占有、使用和收益等权能。在农村土地产权体系中，土地承包权、经营权、流转权均是基于所有权归国家或集体情形下延伸的具体权能，也就是说，土地的所有权可以与承包权、经营权和流转权分开。我们通常所说的农村土地"三权分置"，其基础是对土地物权区分了所有权和用益物权。

二　新中国农村基本经济制度变迁与所有制、所有权和产权的关联

所有制，是国家性质和国家意志在经济上的具体体现，是基本经济制度的具体内容之一。中国特色社会主义的基本经济制度包括三项

---

① 本书之所以详细说明物权法中所有权的权能，是因为《中共中央　国务院关于稳步推进农村集体产权制度改革的意见》中明确提出改革的目标是"构建归属清晰、权能完整、流转顺畅、保护严格的中国特色社会主义农村集体产权制度"，因此，清晰理解所有权的权能内容（完整权能）十分重要。同时，在农村集体产权改革实践中可能存在因集体土地流转（处分权能）而引发所有权及其权能变动，带来集体资产流失和农民利益受损的情形。

内容：一是公有制为主体、多种所有制经济共同发展，即生产资料所有制制度；二是按劳分配为主体、多种分配方式并存，即基本分配制度；三是社会主义市场经济体制。其中，生产资料所有制是三项基本经济制度的核心内容。新中国成立以来，农村基本经济制度经历了社会主义改造（1953—1956 年），合作化集体化经济（1957—1978 年），家庭承包责任制为基础、统分结合双层经营体制（1979—2012 年）和农村集体产权制度改革（2012 年以来）四个时期的变迁，在所有制、分配制和市场体制三个方面不断完善和调整，逐渐建成具有中国特色的农村经济体系。在农村基本经济制度变迁过程中，经济资源的权属关系也有所变化。

社会主义改造时期，党和国家对农村土地等自然性资源的所有制制度进行了改造，把地主私有制改造为国家公有制和集体所有制，进而把附着在私有制上的租佃分配制改造为按劳分配制，实行国家和集体"统一"的计划经济体制。在这一时期，所有制与产权、所有权三者是合一的，农村集体所有制下生产资料的产权和所有权、经营权、分配权都归集体，即产权权能是高度统一的[①]。这种权属关系持续到改革开放前，即在合作化集体经济时期，农村经济资源的所有制、产权、所有权等概念是统一的，并没有发生分离。

改革开放后，中国农村实行以家庭承包责任制为基础、统分结合双层经营体制，农村生产资料的所有制并没有改变，仍然是集体所有制，因此，其所有权也归村集体。但是其产权权能发生了分离，大部分土地的承包经营权归农户，也有一部分的经营权仍然归集体，这就是经营权的"统分结合、双层经营"。经营权的改变，也引起分配权（马克思主义所说的剩余索取权）发生变化，出现了按劳分配为主体、多种分配方式并存的格局。也就是从这一时期开始，农村经济资源的

---

① "产权"一词在中国理论界的出现是在 20 世纪 90 年代初市场经济体制改革（特别是国有企业改革）中，在社会主义改造和传统农村集体经济时期并没有此概念。可参阅唐丰义《产权制度变革的必然性与现实性——产权制度变革答问录之三》，《改革》1992 年第 1 期；盛洪《市场化的条件、限度和形式》，《经济研究》1992 年第 11 期；郭小鲁《中国所有制改革的理论基础》，《江汉论坛》1994 年第 10 期。

产权关系变得更为复杂，所有权与所有权的具体权能之间有无区别，理论上还没有进行深入探讨。

20世纪90年代中期，中国确立社会主义市场经济体制，农村经济资源的所有权及其结构发生更多变化。主要体现在，随着沿海地区产业结构变化与经济发展，中西部农村劳动力开始大规模外出打工，承包土地出现了"抛荒""撂荒"和"转包"同存的情形，因而引发了土地的承包权与经营权能否分开以及由此而来的收益权问题。在此背景下，对所有权与产权的概念区分、产权的具体权能等理论研究渐趋深入；同时，在国家法律层面也对农村自然资源和集体经营性资源的产权进行立法支持，如2007年颁行物权法，对农村集体土地的产权关系予以界定。但在现实实践中，所有制、所有权和产权的关系并没有厘清。

一是所有制被淡化。在市场观念的冲击下，一些基层干部和农民觉得只要搞清楚所有权归集体、承包经营权归农户就行了。二是对集体资源的产权归属不清楚，农村集体所有权的弊端开始显现。例如，所有权往往由集体之外的主体（如地方政府）或者集体成员的代理人（如村干部）来支配和行使，从而割裂了农民成员与集体的关系；同时，农村集体经济发展出现新情况：一些村集体凭借对集体土地等自然性资产和经营性资产的处理，新增了较大的资产和收益，而这部分资产和收益往往存在分配问题，农民成员的收益权难以得到保障，这就引发了集体所有权的权能及其行使问题，呼吁对农村集体产权制度改革。

党的十八大以来，农村进行集体产权制度改革，其主要内容并不是改革所有制，农村经济资源的所有者仍然是农民集体，集体所有制不能动摇，也就是说所有权不能改变，改变的是确定和落实其他产权权能，如承包权、经营权、处置权、收益权等。2014年9月，中央全面深化改革领导小组第五次会议强调，"要在坚持农村土地集体所有的前提下，促使承包权和经营权分离，形成所有权、承包权、经营权三权分置、经营权流转的格局"，并着手进行"集体资产股份权能改革试点"，这标志着农村集体经济资源的权属关系更加细分和明晰。

但是，党和国家为农村集体产权制度改革划出了法律政策底线——"坚持农民集体所有不动摇，不能把集体经济改弱了、改小了、改垮了，防止集体资产流失"。

第三节 农村集体及其经济资源的产权结构

上述讨论所有制、产权和所有权，以及新中国农村基本经济制度与生产资料的权属关系变迁，其基本结论有：（1）农村经济资源的所有者和所有制可能存有四类：全民（国有）、村集体（集体）、农民（个体）、企业集团（私有）；（2）所有制与所有权不能分离，二者往往是一致的；（3）产权"权利束"中所有权与其他权利可能存在分离，由此产生的分配和收益情况会不同，换句话说，产权权能改革所引发的收入分配效应（分配权和收益权）也是不同的。当然，这项"改革"所体现的就是经济学上的资源配置方式问题。那么，当前农村集体经济资源的所有权归谁？集体经济资源的产权权能有哪些呢？

一 农村集体与成员权

1. 农村集体的范畴

要回答以上两个问题，首先要搞清楚农村集体的范畴，以及它背后所包含的成员权。何为"集体"？汉语词典中解释为"由多数个体结合而成的、有组织的整体"，是"跟个人相对"的一个名词；经济学中的集体，是节约交易成本、将社会成本内化的一个组织载体，类似于科斯所说的企业（陈雪原等，2020）；政治学和社会学中的集体，"是一个十分抽象的表述，既可以将之理解为一个无组织形态的'成员组合'，又可以将之理解为一个有组织形态的'共同体'"（陈明，2019）；文化学中的集体，是"一种文化现象"，集体经济的背后是对集体的认同；而马克思、恩格斯的"集体"概念，是指"作为自由人的生产者所组成的共同体"（苑鹏，2015），它是"以人的自由发展和运动为根本目标的劳动者联合体"，因此，可以把社会主义国家、单位和组织都看成"集体"（肖接增，2009）。

从形态上看,"集体"有不同表现形式。陈明(2019)认为人类社会上"集体"经历过三种类型:基于地缘和血缘关系的传统村落"集体"→通过政治手段人为创造的组织"集体"→基于利益合作关系自愿联合形成的"集体",如农业合作社。高帆(2019)依据"集体"的形成和运行特征,将中国历史上的集体分为自然式集体、行政化集体和市场型集体三类:新中国成立前的自然式集体,是当时农村社会的基本形态;20 世纪 50 年代的土地改革和集体化运动时期,人为创建了人民公社这种行政化集体;改革开放后的行政化集体具有与自然和市场复合的性质,到改革开放 40 年后完全演化为市场化集体。

从空间位置看,"集体"一般有农村自然村落、行政村庄、城镇社区等区域范围之分,故有农村集体经济和城镇集体经济之分。20 世纪 50 年代的合作化集体化运动,确立了农村"集体"转向行政村庄,其空间范围由自然村落扩大到人民公社;1962 年实行"三级所有、队为基础"体制后,"集体"的空间范围由人民公社缩小到生产大队和生产队;20 世纪 80 年代初,人民公社制转向家庭联产承包责任制,人民公社组织形式开始解体,农村逐渐形成乡镇、村民委员会、村民小组三级组织体制,全国大部分农村"集体"的空间范围由原来的生产大队转为行政村,村民委员会成为村集体组织的代表,形成"乡政村治"的治理架构;也有一些地方,如北京、上海等大城市郊区和广东、江苏等经济发达地区,保留了社一级的集体组织,将其改为乡经济联合社或组建农工商总公司,"集体"的空间范围仍然较大。90 年代末,农村基层管理体制改革,一些地方对原行政村进行了撤并,扩大了行政村的空间位置、增加了行政村内成员数量,例如浙江省桐乡市 1999 年行政村有 317 个、村均人口 1723 人,撤并后行政村缩小到 179 个、村均人口达到 3050 人(戴均良,2001)。近年,一些省份出于各种原因,在农村进行"撤村并居",农村行政村"集体"的空间范围和成员数量再度扩大。同时,随着市场经济发展和城镇化建设,一些省份的行政村管辖范围扩大,例如江苏省江阴市华西村,2001 年合并周边三个行政村,此后带动周边 20 多个村共同发展,建成了一个面积达 35 平方千米、人口达 3 万多人的大华西村（华西新市村）；浙江嘉善县和平湖市一些行政村跨区域"抱团"发展，不少村有了远离本村空间的"飞地"。特别是在城镇化过程中，一些村落变为城镇的"社区"或"园区"（村改居），进而改变了农村"集体"原有的地理空间范围和"成员"范围。近年来，一些学者提出农村集体经济发展扩大了村域界限，例如，四川省彭州市探索多村跨区联营制、北京市郊区探索城乡统筹制，农村"集体"的区域范围扩大到乡镇，从行政管理看该"集体"为乡镇（陈雪原等，2020）。

2. 农村集体的成员权

农村"集体"概念的演化、形态和空间区域的变化，引申出两个问题，一是"集体"经济资源的范围和规模，二是"集体"经济资源的所有权主体。集体经济资源的范围和规模，与其形态和空间区域的变化往往一致，一个行政村"集体"经济资源的范围往往限定在本村域范围内，这就是村域经济，经济资源的数量规模与村"集体"空间区域大小、经济规模等相关。"集体"经济资源的所有权主体，从法律角度看，与所有权类型一致。中国物权法将所有权分为国家所有权、集体所有权、私人所有权、社会团体法人和捐助法人财产所有权四大类，其中，集体所有权是指"集体全体成员或集体组织对集体所有的不动产和动产享有占有、使用、收益和处分的权利"，这一规定阐明集体所有权的主体首先是集体全体成员，其次是集体组织，如村民委员会、村集体经济组织等。因此，"集体"中的全体成员和集体组织"天然"具有对集体经济资源的所有权以及与之相关的系列产权权能，这种情形被称为"成员权"或者"身份权"。

为什么要强调农村集体中的"成员权"？这是因为随着中国农村集体产权制度改革和城乡要素自由流动，一些原本不属于某行政村"集体"的成员加入该"集体"，或者一些本属于"集体"的成员流出，使"集体"的成员构成发生变化，就会产生相应的问题，例如：来源不同（不同身份）的成员是否对集体经济资源享有同等的所有权以及与之相关的产权权能？现实中，农村家庭因为女儿外嫁（原生集体成员流出）、儿子娶亲（非原生集体成员进入），可能引发对土地、集体资产和收益分配的矛盾。20世纪80年代，中国农村土地承包过程中，一些地方探索出"生不增死不减"方案；党的十八大以来的农村集体资产股份制改革中，一些地方探索出"不同身份（成员）不同股"模式，就是要处理好"集体"成员权与经济资源的产权关系。需要指出的是，因为集体组织是全部成员的代表，可以作为"集体"所有权（或者说"剩余索取权"）的主体，因而也应具有与之对应的"成员权"，可凭此身份来获得相应的集体资产产权收益。因此，在农村集体产权制度改革过程中，一些村庄成立村组级集体经济股份合作社、设置了"集体组织股"（集体股），从学理上看是有一定合理性的。

二 农村集体经济资源的产权结构：以"三块地"为例

按照前述对农村自然性资源、资产性资源、政策性资源和特色文化资源四大类型的经济资源论述，它们可能归属不同所有者。中国法律对存在于农村的自然资源和资产性资源进行了明确规定。2018年新修订的宪法第八条规定："参加农村集体经济组织的劳动者，有权在法律规定的范围内经营自留地、自留山、家庭副业和饲养自留畜"，第九条和第十条规定农村和城市郊区的土地、森林和山岭、草原、荒地、滩涂，以及宅基地、自留地、自留山等属于集体所有；土地管理法第二章对农村土地的所有权和使用权予以详细规定；民法典和物权法也对农村集体的动产和不动产所有权、用益物权和抵押权有详细规定。《中共中央 国务院关于稳步推进农村集体产权制度改革的意见》（2016年12月26日）对农村集体产权体系也作了相关说明。2015年以来，全国各地积极推动农村集体产权制度改革，目前"确权"工作已经完成，正推进经营性资产股份制改革工作。本书以农村"三块地"（农用地、农村集体经营性建设用地和宅基地）为代表，阐明农村自然性经济资源的产权权能。

1. 农村集体经济资源的所有权与其他权利

首先，从所有制与所有权关系看，中国农村经济的主体所有制是集体所有制，因此，除明确归国家所有和私人所有的经济资源外，其余均可视为集体所有，这些经济资源的所有权归属农民"集体"。按照《中华人民共和国土地管理法》第十一条和《中共中央 国务院关于稳步推进农村集体产权制度改革的意见》，农民集体所有的土地所有权"确权"到不同层级的农村"集体"，并依法由"集体经济组织"代表"集体"行使所有权，这里的不同层级，指的是村级、组级和乡镇级三种情形，分别由村集体经济组织或村委会、村民小组、乡镇集体经济组织代表行使所有权。当前，村级所有权在三个层级所有权中占绝大比例。

《中共中央 国务院关于稳步推进农村集体产权制度改革的意见》对农村"集体"所有的资源性资产、经营性资产和非经营性资产三类资源进行了界定，自2017年开始，全国各地开展了详细的"清产核资"工作，基本摸清了家底——全国共有集体土地65.5亿亩、账面资产6.5万亿元，这些资产高度集中在村级，占总资产的75.7%，乡镇和组级资产仅占11.2%和13.1%。

需要指出的是，当前实践工作中人们常说的村集体资源和资产，是指未承包或出让给农民，仍然归属于村集体组织经营或管护的资源和资产。据农业农村部数据，到2019年年底全国未承包到户的耕地、园地、林地、草地等集体土地资源共有15.5亿亩，占农村集体土地的23.7%；2020年未承包到户的集体土地15.46亿亩，占全部集体所有农用地的26.2%。这些集体所有的土地资源，是农村集体经济组织"资源变资产"获得收入、发展集体经济的重要基础。

从其他产权权能来看，农村集体经济资源的所有制性质和所有权规定，决定了其他产权权能主要属于用益物权范畴，即农村集体成员和集体组织对他人（"集体"）所有的经济资源依法所享有的占有、使用和收益权利。以农村土地为例，其用益物权主要指农民和集体组织享有的承包权、经营权、流转权和收益权等权能。中央全面深化改革领导小组第七次会议审议通过《关于农村土地征收、集体经营性建设用地入市、宅基地制度改革试点工作的意见》（2014年12月），对农村集体经济资源中最重要部分——土地资源的改革工作做出具体部署，概括为"三块地、六项权能"，即赋予农民对"集体经济资源"——农用地、集体经营性建设用地、宅基地享有占有、收益、有偿退出及抵押、担保、继承六项权能。可以看到，集体经济资源的产权"权利束"和各项权利的权能内容是比较丰富的。其中，所有权是所有制的法律实现形式，在产权"权利束"中最为重要，拥有占有、使用、收益和处置四项权能；承包权和经营权的性质是用益物权，"天然地"与所有权分开，而用益物权具有占有、使用和收益的权能，因此会由占有权能衍生出流转、退出、继承等权利，以及由债权关系形成抵押和担保等权利。

2. 农村集体土地的"三权分置"

经济资源产权"权利束"既可以独立也可以分开。现阶段，农村集体土地"三权分置"改革，主要是将农用地（耕地）的所有权、承包权和经营权"三权"分开，进而确立各项权利的主体和对应的权能与利益。"三权分置"由两种权利组成：一是承包权和经营权合一、所有权与此二权分开（所有权+承包权和经营权），所有权的权利主体与承包权和经营权的主体分属两个；二是承包权和经营权分开、所有权与之两两分开（所有权+承包权+经营权），"三权"对应三个不同主体。当然，这些权利主体，可以是本村村民（集体成员）和村集体经济组织，也可以是非本村村民和经济组织（见表2-1）。这样，作为生产要素的农村集体经济资源才能够在城乡之间、村庄之间实现自由流动。

在人民公社时期，中国农村集体土地的所有权与经营权是统一的，由农村集体组织进行统一经营；改革开放初期，农村集体土地所有权与承包经营权分设，农民可以以家庭为单位承包和经营集体土地；2017年，随着农村改革深化，国家正式提出"三权分置"，将承包经营权分设为承包权和经营权，这就解决了现实中一些农户将承包土地流转或入股给其他经济主体、由其他经济主体进行经营的相关问题。与此同时，宅基地的"三权"——所有权、资格权和使用权"分置"改革工作自2015年开展试点，中央全面深化改革委员会第十四次会议审议通过了《深化农村宅基地制度改革试点方案》（2020年6月30日），强调要积极探索和落实宅基地的"集体所有权""农户资格权""使用权"的具体路径和办法。学术界对宅基地"三权分置"制度改革也进行了热烈研讨。

2014年开始的农村集体产权改革工作分三步走：第一步是清产核资，搞清楚农村集体资产资源"家底"；第二步是确权，将各项权利权能明确到相应的权利主体，保证权利主体能够依法行使权利、获得相应收益；第三步是重点推进集体经营性资产股份合作制改革，赋予各项权利权能相应股份，以此来量化和显化各项权利，并依股权获得经济收益。

"三权分置"改革后，所有权仍然归属农民"集体"，行使所有权的当然是代表"集体"的农村集体经济组织。还没有建立集体经济组织的行政村，则由村委会暂代"集体"行使职能。按照农业农村部、中国人民银行、国家市场监督管理总局发布的《关于开展农村集体经济组织登记赋码工作的通知》（农经发〔2018〕4号）（2018年5月11日），农村成立的新型农村集体经济组织（经济合作社或股份经济合作社）是村级的特别法人，代表"集体"行使所有权、管理集体资产、开发集体资源、发展集体经济。也就是说，建立村集体经济组织是将村两委（村党委、村委会）和村集体经济组织"政经分离"，分别履行社会治理职能和经济治理职能。但不论代表"集体"的主体是谁，依法依理均享有对集体经济资源的占有、使用、收益和处分四项权能，特别是收益权要得到保护。当前，我们在推进农村"三权分置"改革过程中，要强调集体所有权的收益权能，以此来增加集体经济收益、发展壮大集体经济。

3. "三权分置"下的收益归属

"三权分置"改革后，农用地的承包权和经营权、宅基地的资格权和使用权、经营性建设用地的使用权与所有权，这些权利主体不同，形成的收益归属主体也会不同。"集体"因所有权关系而获得的收益应归属全体村民成员和集体组织（成员+集体经济组织）；村民和非村民经济主体（如企业公司、农民专业合作社或经济合作社等组织），因为是承包权和经营权的权利主体，可以获得相应收益（见表2-1）。

表 2-1　集体土地"三权分置"下的权利主体和收益归属

产权权能	权利对象	权利主体	收益归属
所有权	集体经济资源	农民集体	集体成员+村集体经济组织
承包权	集体土地	村民成员	村民成员+村集体经济组织
	#未承包地	村经济组织	村经济组织+村集体经济组织
		非本村民或组织	非本村民或组织+村集体经济组织
经营权	集体土地	村民成员	村民成员+村集体经济组织
	#未承包地	村经济组织	村经济组织+村集体经济组织
		非本村民或组织	非本村民或组织+村集体经济组织

表 2-1 中的农村"集体"因所有权关系，对其他经济主体的承包经营行为享有剩余索取权——收益权能，有学者提出不同看法。在刘守英（2018）看来，农民是产权的主体，所以产权收益只能由农民独享；中国土地制度改革就是在所有权和使用权分离上做文章，而由于第一层次的所有制是锁定的，因此只能在第二层次的权利构成上寻求突破，扩大使用权权能。刘守英的观点对于当前农村土地征收问题和保护农民权益有一定启发意义，但是他避开所有权只谈其他产权权能（使用权、收益权和转让权），只会导致所有权"虚化"，将动摇农村集体所有制这一根本制度，也不能帮助广大农户因集体经济获得共同发展。

三　农村集体经济资源的范畴：产权权能视角

以上讨论的是农村集体经济资源中的自然性资源和资产性资源的产权关系。鉴于农村政策性资源和特色文化资源都是无形资源或者以项目形式为主，目前还没有专门法律条例规定其产权关系，其权利束和权能与自然性资源和资产性资源有相通之处，也有不同之处。

相通之处在于：农村政策性资源和特色文化资源的产生来源不是单个个体，而是上级政府或社会组织赋予和历史上众多群众创造形成的，因此，从所有权来说，它们归属于农村"集体"，所有权主体是代表村"集体"的组织（村两委、村集体经济组织），村集体组织拥有对此两类经济资源的占有、使用、收益和处分四项权能。

不同之处在于，政策性资源是体现国家财政支持制度、社会主义国家性质的要素资源，财政性、公益性和扶助性比较强，不宜过多地运用市场化方式进行配置（处分权），比如，将政策性资源予以股份量化平均到每一集体成员身上，在法律上不宜用益物权来界定和分解其产权权能；而特色文化资源则与自然性资源有相同之处，法律上可以用益物权来看待其产权权能，村集体成员享有使用和收益的权利。

总结起来，农村的经济资源范畴是：如果没有专门法律法规确认其产权归属、未明确到私人或法人企业和组织、法律规定国家所有之外的，均可视为农村集体经济资源，即它们的所有者为农村"集体"，由集体经济组织行使所有权相关权能。农村集体经济资源的这一范畴，不仅存在于农村的自然资源、资产性资源、政策性资源和特色文化资源，具有经济属性、能够带来经济价值，是农村生产活动的基本要素，还意味着这些经济资源具有法律权利属性，即村集体享有其所有权，能够体现集体所有制，是中国特色社会主义公有制经济的重要组成部分。

四 农村集体经济资源"确权"和合理有效配置的紧迫性

当前，关于农村集体所有的四类经济资源的相关权利和权属还有大量工作要做。一是对一些容易引发争议、引发社会风险和腐败行为的集体经济资源要进行"确权"。例如，自然性资源中的"三块地"（农用地、经营性建设用地、宅基地）、政策性资源中各类项目建成后所形成的资产资源，它们的权利构成有哪些、权属归谁，都需要厘清。只有明确相关权利，才能保障其权能实现。以农村宅基地为例，只有厘清了其"三权"（集体所有权、农户资格权和使用权），并进行"分置"，才能推动该类资源的配置和流动。2013年以来，国家在精准扶贫脱贫中投入资金建成的项目（如光伏发电设施、农业产业服务设施），只有厘清此类资源的所有权、经营权和收益权，才能保障集体利益、发展集体经济。2014年启动的农村集体产权制度改革试点工作内容之一——确权，主要确立的是"集体所有权"，对其他权利——比如耕地的承包权和经营权、宅基地的资格权和使用权、扶贫脱贫项目的承包权、经营权、收益权，以及与各类集体经济资源占有或使用权相关的抵押、担保等权能也还未"确权"。二是要在"确权"中清产核资，摸清集体经济资源"家底"。三是在"确权"和"清产核资"基础上，对集体经济资源中的经营性资产进行股份合作制改革，谋划下一步怎样将这些资源经营管理好（合理有效地配置），这是今后要开展的重点工作。

按照中央部署，2017年开始的全国农村集体资产"清产核资"和"确权"工作，到2019年年底基本完成，基本摸清了"家底"：（1）共有集体土地65.5亿亩，其中未承包到户的耕地、园林、林地、草地等土地资源15.5亿亩。（2）账面资产6.5万亿元，其中经营性资产3.1万亿元，占47.4%；非经营性资产3.4万亿元，占52.6%。（3）账面资产中固定资产3.1万亿元，其中2/3为科教文卫等非经营性资产，1/3（1.03万亿元）为厂房、商铺、机械设备等经营性固定资产。（4）资产主要集中在村级，村级公有4.9万亿元，占总账面资产的75.7%，村均816.4万元；乡镇和组级资产分别为0.7万亿元和0.9万亿元。（5）农村集体资产区域上大体呈现"6、2、2"分布格局，即东部地区占全国的64.7%（4.2万亿元）、中部地区占17.7%（1.15万亿元）、西部地区占17.6%（1.14万亿元）。

综合来看，目前存在的主要问题有三：一是"确权"中对政策性资源和特色文化资源的权利构成和权属关系还不清晰，有部分资源甚至没有纳入确权范围。二是"确权"中对部分经营性资产资源量化工作还比较随意，造成集体经济资源"家底"缩水。三是对这些集体经济资源如何配置、如何进行经营管理还没有有效方案，特别是对一些政策性资源的经营管理，如扶贫脱贫过程中所形成的集体资产资源，容易再次"沉睡"、成为"摆设"，或者被部分人占有，造成集体资产的流失。这三个问题，将在第九章结合农村集体产权制度改革予以详细论述。

第四节　农村集体经济资源与集体经济发展的关联

上述讨论农村集体经济资源的权利属性时，强调这些经济资源的所有权是建立在集体所有制基础上，农村"集体"享有对应的收益权，从而为集体经济发展提供了法律依据①。表 2-1 归纳了农村集体土地"三权分置"下，代表村"集体"的村集体经济组织能够获得的收益来源：它可以因所有权权能获得相应收入，如集体经营收入、投资收入、土地征用补偿收入、补助收入等；也可以因他人的承包权和经营权获得相应收入，如村提留、承包金、企业上缴利润等。在实践中，一些地方农村集体"放弃"了对其他经济主体的剩余索取权，致使集体性收入减少。《中国农村经营管理统计年报（2018 年）》的数据表明，2018 年全国村集体经济组织收入构成中"发包及上交收入"项仅占 16.4%（农业农村部农村合作经济指导司、农业农村部政策与改革司，2019），2020 年下降到 15.0%，很多地方的农村集体没有此项收入。我们在对湖北省农村集体产权制度改革情况调查中发现，绝大部分远城村和山区村，因为土地都被承包到户，村集体"所有"（可经营和管理）的土地非常少，致使村集体无法获得发包或出租收入，除上级财政转移外村集体收入非常少②。

20 世纪 80 年代，中国农村实行家庭承包责任制改革以后，一些地方农村集体经济缩减，村集体性收入渠道欠缺，导致"空壳村"出现；相反，一些改制的乡村企业、专业合作社等发展红火、年度收入不断攀升，出现"村穷私富"现象。依托农村集体经济资源而发展的

---

① 集体经济有广义和狭义之分，广义上指的是所有集体所有制下各经济主体创造的经济（包括产出量、发展模式、体制等），即农户经济也属于集体经济的一个部分和表现；狭义上仅指村集体（以村集体经济组织或村委会为代表）所创造的经济（产出），以集体性收入为衡量指标，不包括农户或其他经济组织所创造的经济。本书仅指狭义的农村集体经济。

② 本课题组于 2021 年 11 月对湖北省农村集体产权制度改革情况进行专项调查，相关资料和内容在后续章节中可见。

个体和私营经济，从所有制和产权角度看，理应向"集体"缴纳一定数量的收入、"集体"应从中获得相应收益。当前农村集体产权股份合作制改革中，要将集体经济资源量化和股权化，凭股权从承包与使用这些资源的个体和私营经济中获取收益，以此为村集体增加收入、繁荣集体经济。

第三章 农村集体经济资源的配置方式与体制机制变迁

一国或地区的经济资源是有限的,具有"稀缺性",因而就产生了经济学的资源配置问题:生产什么?怎样生产?为谁生产(如何分配)?农村集体经济资源也不例外。第二章关于农村集体经济资源的权利属性讨论,从经济角度看,阐明了中国农村经济资源的配置问题:所有权和处置权指出了为什么要配置资源、"谁"能够配置资源;占有权和使用权指出经济资源如何配置,收益权则指出了资源配置的结果。新制度经济学者认为,经济资源配置的实质就是经济主体凭借其权力(Power),对其掌控的经济资源进行分配和布局,"权力实质上是资源配置的最重要的因素"(张屹山,2013);对于执政者来说,当他们掌握了政治、社会和经济权力后,就会按照自己的意愿,对经济资源进行配置以达到相应目标,这就是我们前面所说的所有制和所有权的重要性。权力和权利、经济资源配置的关联性,通常反映在国家的经济体制之中。可以说,一国经济体制的核心部分就是资源配置机制。新中国成立以来,中国经济体制历经改革,经济资源配置机制和模式也历经多次变革,对包括农村经济在内的国民经济、社会发展产生了深刻的影响。

第一节 资源配置及其方式

一 资源配置的含义理解

资源配置(Resource Allocation),从汉语字面理解就是对各种资源进行分配和处置。经济学中，资源配置指的是"将资源（生产要素）在各种潜在用途上进行分配，以生产出一组特定的最终产品的经济方式"（萨缪尔森、诺德豪斯，2012）。西方经济学主流教科书并未对这一概念予以直接界定，大多是在论及经济学是一个什么样的学科时引出"资源配置"一词，强调经济主体对稀缺资源如何进行选择，以及这些选择如何影响社会；并指出，在大多数社会中，资源并不是由一个全权的独裁者来配置，而是通过千百万家庭和企业的共同选择来配置。中国一些学者对此概念进行了界定，史忠良和肖四如（1998）认为，资源配置是"各种不同资源在时间、地点、部门的量的分布关系"，因而资源配置的四要素为"时间、空间、用途和数量"；一个国家的经济体制实质上就是经济资源配置的方式，合理的经济体制就是要让有限资源发挥最大效益。韩冰华（2005）认为，资源配置是资源在不同主体、不同用途之间的分配，是各种资源在一定地表空间的组合的过程。贾康在毛林繁（2018）一书的总序中指出，资源配置是对社会经济活动中的人力、物力和财力等基本物质条件、要素进行分配与布局，以满足社会经济可持续发展需求的总称。由此我们可以看出，资源配置这一概念既是一种经济方式，也是经济运行的内在机理机制和基本特点，还是一国经济体制的主体内容。经济体制不同，其实质就是经济资源的配置方式不同。

中国不同时期进行的农村集体产权制度、农业经营制度和支持保护制度、城乡一体化制度和乡村社会治理制度的改革，就是对农村各类经济资源的配置进行调节和规范，是资源配置的具体体现形式。其中，最能体现农村集体资源配置的制度改革有三项：农村集体产权制度改革、城乡要素流动和一体化改革、现代农业经营制度改革，我们将在后续章节中予以介绍和论证。

二 资源配置方式及其理论和实践争论

1. 资源配置的两种方式

不同历史发展阶段和不同国家或地区的资源配置方式（机制和特点）也会不同。从人类历史上看，主要有原始自然式、直接强制式、市场自由竞争式、国家计划式、政府宏观调控式等资源配置方式。钟

第三章 农村集体经济资源的配置方式与体制机制变迁

契夫（2000）梳理了原始公社制、奴隶制、封建制、资本主义和社会主义经济下的资源配置方式变迁，指出市场作为资源配置的基本方式是在资本主义自由竞争阶段开始出现的，在此阶段政府对经济极少干预；在资本主义垄断竞争阶段，市场和政府共同调节经济运行，其中市场在资源配置中起着基础性作用。

自18世纪开始，人类社会经济发展中对资源的基本配置方式可以归为两类：市场方式和政府方式①。这两种方式，实质就是市场和政府的关系问题。

市场方式是市场上各类经济资源在市场机制的作用下实现流动、进入社会生产和再生产。其基本特征是：（1）独立的市场主体是资源配置的直接决策者，因此，同一类经济活动会存在各种各样的分散决策，它们依靠供求关系联系起来，构成总体的经济活动；（2）各类资源所形成的生产要素是自由流动的，通过价格和竞争机制来调控，不受人为干预。因此，市场方式配置资源有三个基本机制，即价格机制、供求机制和竞争机制，其中价格机制是最为基础的一个机制，起着传递信号信息的作用；供求机制体现生产要素如何流动，竞争机制实现要素资源的效率，三个机制相互连接、共同作用，最终使资源得到合理有效配置。因此，市场配置资源方式具有自发的组织协调、信息传导、利益分配和开拓创新的能力。

政府方式是市场上各类经济资源在政府的计划和调配下实现流动和进行社会生产。它的典型特征是：（1）决策者是政府而不是具体负责生产的市场主体；（2）政府依靠自己获得的信息判断决策，价格和供求机制不起作用，也缺乏竞争；（3）效率不是政府配置资源的唯一目的。资源配置方式的三个基本要素：决策机制、信息机制和动力机制，与市场配置资源的方式完全不同。政府方式在不同时期和不同国家有不同的实践形式，如20世纪的苏俄实践表明社会主义制度下存

---

① 关于资源配置机制（方式），陈雪原（2020）总结为政府、市场和社区三种，其中社区机制主要指在一个较为封闭和小范围的社区，依靠熟人社会的传统文化力量进行决策的一种情形，比如在农村地区内部，依靠乡村两级社区集体经济组织力量进行资源配置。为简便起见，本书将此类划入政府配置机制。

在一种"统一计划、分级管理"的资源配置方式,即计划方式,是政府方式的一种。苏联和1956—1978年的中国曾按此方式配置资源,对于短时间内恢复和构建国民经济体系、集中资源办"大事"起到一定积极作用。

通常情况下,一国的资源配置方式是政府和市场并存,只是存在何者为主导的差异。即使在号称"自由竞争"的资本主义发达国家,资源配置方式也不是"纯粹"的市场方式,在一些微观经济领域存在的"市场失灵"问题,需要政府进行纠正和配置资源,如提供公共产品、解决负外部性;在宏观经济领域,需要政府进行调控,如对市场方式造成的收入分配不平等进行调节。因此,讨论一国或地区的经济资源配置方式,实际是讨论哪一种方式为主导、起决定性作用。

2. 关于资源配置方式的理论和实践讨论

在西方经济学说史上,对哪一种资源配置方式更有利于促进资源的合理有效配置,一直存在讨论,这就是政府与市场关系的讨论。古典经济学家主张一国经济资源应由市场这只"看不见的手"来配置,政府只要当好"守夜人"角色就可以,不需要对经济进行干预,直到凯恩斯学派提出政府应在宏观经济领域发挥作用(政府干预论)、政府也是配置经济资源的重要方式。20世纪70年代,由于"滞胀"问题出现,以哈耶克为代表的新自由主义学派重提市场的重要性,提出"小政府、大市场"观点,实践中则掀起私有化浪潮和各类自由化、非调控化改革。2008年国际金融危机爆发,宣告新自由主义的市场决定论存在缺陷,许多资本主义国家再次加大了政府干预力度,一些有关政府干预论的学派,如新凯恩斯主义学派、瑞典学派、新制度经济学派,乃至马克思主义,重新获得重视和反思。总体来看,当代西方经济学界和实践中基本主张"政府+市场"联合配置资源的方式,市场和政府在配置资源过程中均存在失灵问题,两者并非"万能",只是在不同发展阶段哪一个作用表现得更为强势、哪一个作用表现得弱势一些。

在马克思主义政治经济学说史上,主要体现为计划与市场关系的讨论。空想社会主义者提出了"计划配置"思想，马克思和恩格斯则指明共产主义社会的资源配置方式为"有计划发展经济的方式"，列宁和斯大林提出"计划经济"思想，并在苏俄实行了"统一计划、分级管理"的资源配置方式，也引发了西方理论界关于计划和市场关系的大讨论（钟契夫，2000）。

20 世纪 50—70 年代，新中国社会主义建设学习了苏俄的"计划式"资源配置方式，结合中国国情，在实践中形成了具有中国特色的社会主义计划经济体制。1978 年 12 月党的十一届三中全会后，中国开启经济体制变革，对"计划式"资源配置方式进行改革，先后经历了"计划经济与市场调节相结合"→"计划经济为主、市场调节为辅"→"计划和市场双轨共存"→社会主义制度下能否依靠市场调节的大讨论，一直到 1992 年邓小平南方谈话"从根本上解除了把计划和市场看作属于社会基本制度的思想束缚"，指出"计划多一点还是市场多一点，不是社会主义与资本主义的本质区别。计划经济不等于社会主义，资本主义也有计划；市场经济不等于资本主义，社会主义也有市场。计划和市场都是经济手段"（邓小平，1993）。自此之后，中国经济学界和实践中对计划和市场关系的认识逐渐深化，不断加强市场在经济资源配置中的基础性乃至决定性作用。

总结起来，现代社会关于经济资源的配置体制有两类：计划经济体制和市场经济体制。关于经济资源的基本配置方式也有两种：计划方式和市场方式。此两种基本方式可以组合成新的方式：计划为主、市场为辅的方式；市场为主、计划为辅的方式。两种基本方式中，计划方式的基本机制是行政指令，市场方式的基本机制是价格信号和自由竞争形成的供求规律。在现代经济体系下，计划方式的执行主体是政府，市场方式的执行主体是居民、企业和各类组织等"市场主体"，因此，经济资源的配置方式，在理论和实践中就是政府与市场二者之间的关系。

从人类经济社会发展历史和世界各国的实践看，经济资源的配置机制是人们为了发挥其最大经济和社会效率而进行的主动安排，是经济体制的具体表现形式和核心内容。中国改革开放以来，经济体制改革的核心和实质就是以市场—价格机制为主导的资源配置方式取代以行政—计划为主导的资源配置方式（邓小平，1993）。

第二节　中国经济资源配置体制机制的演变历程

现代经济体系下，资源配置方式实质就是政府与市场的角色和职能定位问题，是一国经济体制改革的核心内容。新中国成立以来，中国经济体制历经多次改革，其实质都是围绕资源如何配置的问题，因而经济资源的配置方式也历经变化，很多学者对此进行过梳理和总结。

一　体制机制演变阶段划分

钟契夫（2000）指出，1956年"三大改造"完成后中国建立起计划经济体制，资源配置方式为计划方式，一直持续到1978年改革开放；改革开放后有三个阶段：第一阶段是1978年党的十一届三中全会至1984年改革初期，对高度集中、单一的指令性计划经济体制进行改革，形成计划为主、市场为辅的资源配置方式；第二阶段是1984年党的十二届三中全会至1991年年底，实行计划和市场并存的"双轨制"体制；第三阶段为1992年邓小平南方谈话和1993年党的十四届三中全会提出建立社会主义市场经济体制，逐步形成市场配置资源的方式。

毛林繁（2018）则将新中国成立以来的经济体制改革和资源配置方式分为五个阶段：第一阶段是1949—1978年计划经济体制阶段，资源配置方式为行政划拨；第二阶段是1979—1984年有计划的市场经济体制阶段，配置方式为计划为主、市场为辅；第三阶段是1985—1992年有计划的商品经济体制阶段，配置方式为计划和市场共同调节；第四阶段是1993—2012年社会主义市场经济体制建立阶段，市场在资源配置中起基础性调节作用；第五阶段是2012年党的十八大以来社会主义市场经济体制完善阶段，市场在资源配置中起决定性作用。

黄寿峰（2019）将中国政府与市场关系的演变分为三个时期：（1）1949—1978年萌芽期，其中1949—1953年政府与市场各司其职、相互配合，市场在政府指导下合理配置资源，1953年经济恢复后，实行计划经济体制，市场作用摒弃，政府计划成为配置资源的唯一手段。（2）1978—1992年探索期，1982年党的十二大提出"计划经济为主、市场调节为辅"，1987年党的十三大提出"国家调节市场、市场引导企业"，1992年邓小平南方谈话提出"计划和市场都是经济手段"。（3）1992年至今完善期，1992年党的十四大提出"市场在国家宏观调控下对资源配置起基础性作用"，1997年党的十五大提出要"进一步发挥市场对资源配置的基础性作用"，2002年党的十六大提出要"更大程度上发挥市场在国家宏观调控下对资源配置起基础性作用"，2007年党的十七大提出要"从制度上更好发挥市场在资源配置中的基础性作用"，2012年党的十八大提出要"处理好政府与市场的关系，更好发挥政府作用"，2013年党的十八届三中全会提出要"使市场在资源配置中起决定性作用和更好发挥政府作用"（黄寿峰，2019）。

还有一些学者将1992年以后的经济资源配置体制演化进行了细分，李冉（2019）将之分为1992—2012年的"市场化导向"和2013年至今的"市场与政府双向强化关系"两个时期，时家贤（2019）则称之为"市场发挥基础性作用"和"市场发挥决定性作用"两个阶段。

本书按照时间进度，将新中国成立以来的经济体制变迁分为四个阶段：国民经济恢复和改造阶段（1949—1956年）、计划经济体制阶段（1957—1978年）、计划经济向市场经济体制转轨阶段（1979—1993年）、中国特色社会主义市场经济体制阶段（1994年至今）。对应的经济资源配置机制（配置方式）依次为国家政权+计划方式→行政计划方式→计划+市场方式→市场+政府方式（见表3-1）。

表 3-1　　　　　新中国经济体制与经济资源配置方式变迁

阶段	经济体制及时间段	资源配置体制机制（方式）
国民经济恢复和改造	经济恢复（1949—1952 年）	国家政权配置
	经济改造（1953—1956 年）	计划
计划经济体制	计划经济（1957—1978 年）	行政计划
计划经济向市场经济体制转轨	有计划的市场化经济（1979—1984 年）	计划为主、市场为辅
	有计划的商品经济（1985—1993 年）	计划+市场共同调节（双轨）
中国特色社会主义市场经济	社会主义市场经济体制形成（1994—2012 年）	市场+政府调控
	社会主义市场经济体制深化（2013 年至今）	市场+政府调控

二　政府与市场关系的演变

依据中国经济体制改革的历史，政府与市场关系与之对应的经济资源配置方式的演变，如图 3-1 所示。

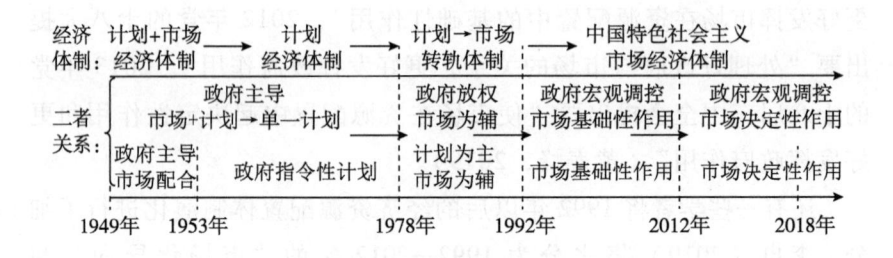

图 3-1　新中国经济建设中的政府与市场关系演变

图 3-1 中，最上面展示的是中国经济体制变迁情况，下面展示的是政府与市场的关系。按照计划和市场的关系，将经济体制变迁划分为四个阶段：国民经济恢复和改造期间计划和市场并存阶段、计划经济体制阶段、计划经济向市场经济转轨体制阶段、中国特色社会主义市场经济体制阶段。与此对应的政府与市场关系（经济资源配置机制或方式）也划分为四个阶段，具体见表 3-1 的内容。

在中国经济资源配置方式变迁的过程中，1994 年前的"计划"方式与 1994 年后的"政府"调节方式虽然同是政府为主体，但是属于两种不同的方式。"计划"方式是指政府在微观和宏观领域对各类经济资源进行指令性、行政式的配置，是一种直接配置方式；而"政府"方式是指政府在微观领域对"市场失灵"问题进行调节，以及在宏观领域对经济运行进行调控，是一种间接配置方式，政府所履行的经济职能是提供公共物品、解决外部效应、规范垄断企业、克服信息不对称、促进公平以及宏观经济管理。可以看到，"政府"方式下的资源配置手段既有行政或法律手段，也有经济规划和政策手段，与"计划"方式下的经济、法律和行政手段有差别——"政府"方式下更多的是运用经济规划和政策手段，行政手段运用较少。2017年1月，中共中央办公厅、国务院办公厅印发《关于创新政府配置资源方式的指导意见》，提出要"减少政府对资源的直接配置""对于需要行政方式配置的公共资源，要遵循规律，注重运用市场机制"，明确提出行政配置方式主要在国家领空或军事防御资源领域，相比于1994年前"计划"方式下的行政配置领域大大缩小。

自1994年中国特色社会主义市场经济体制改革以来，"市场"这一资源配置机制（配置方式）所处的地位和所起的作用是不同的：2012年以前强调其"基础性作用"，2013年党的十八届三中全会后则强调其"决定性作用"。从"基础性"到"决定性"，表明中国社会主义市场经济内涵更为丰富，说明中国经济资源配置方式发生了重大变化，政府和市场角色地位以及各自职能更加明确，市场的主导作用更加突出。正如习近平总书记所说，"作出'使市场在资源配置中起决定性作用'的定位，有利于在全党全社会树立关于政府和市场关系的正确观念，有利于转变经济发展方式，有利于转变政府职能"，政府从创造财富的主体转为创造环境的主体，政府的职责和发挥作用的领域均发生变化。2020年3月，《中共中央　国务院关于构建更加完善的要素市场化配置体制机制的意见》强调"充分发挥市场配置资源的决定性作用"，对土地、劳动力、资本、技术和数据等要素的市场化配置作出具体要求，标志中国经济资源市场化配置体制机制改革进入新的阶段。

第三节 中国农村集体经济资源的配置体制机制和主要方式

在城乡分割的发展中国家，因为参与经济活动的主体多样化，以及体制变迁、城乡和工农等多组关系难以处理，农村经济资源的配置问题比较复杂。韩冰华（2005）曾总结农村经济资源最主要部分——农地的配置方式有四种：市场方式、计划方式、市场和政府二元方式，以及市场、企业、政府、家庭和社团参与的多元方式。结合产权情况，他将全球农地资源的配置方式概括为四类：（1）私有私用方式，包括合约制、分成地租制、雇工工资制、自耕制；（2）公有公用方式，国家包揽一切；（3）集体所有、农户使用方式；（4）国家所有、农户永佃经营方式。这一分类方法与理论经济学所概括的政府和市场为主体的分类方法不同。本书结合中国农村集体所有制，以政府和市场为概括性主体进行分类。

一 中国农村集体经济资源配置体制机制和方式的变迁

农村集体经济资源配置方式是由国家经济体制机制决定的。如前所述，1949年后，中国经济体制历经多次改革，经济资源配置体制机制经历四个阶段（见表3-1），资源配置方式也逐步转向计划，再逐步转向市场和政府协同，农村集体经济资源的配置方式也相应历经这种改革和转变过程。只是在农村集体经济资源配置中，由于代表政府的"集体"和代表市场的"经济主体"在不同发展阶段有不同呈现形式，因而配置方式也略有不同。

1. 计划经济体制下的农村集体经济资源"单一"配置方式

人们通常将1949年新中国成立到1978年改革开放称为"计划经济体制"阶段，在这一阶段，包括农村集体经济资源在内，经济资源配置方式总体上可概括为政府指令性计划方式，政府起着绝对的主导作用。其中，在国民经济恢复（1949—1952年）和社会主义改造（1953—1956年）时期，农村曾出现政府强力干预的配置方式（土地改革、统购统销和合作化运动），也出现农民自愿、政府引导的生产互助合作方式，这是由新中国成立初期国际形势变化和土改后国内经济矛盾决定的，也是社会主义制度建立所需经济基础决定的。到1956年，随着高级农业合作社的广泛成立，土地等生产资料由私有制转变为集体所有制，农业经营制度和分配制度也与之相应发生根本性转变，标志着中国农村经济资源配置方式由政府主导转为政府统一计划。

在计划经济体制阶段（1957—1978年），中国农村经济资源从合作化走向集体化，构建了具有中国特色的农村资源配置方式。农村集体经济资源的配置主体虽然历经多次调整，即高级社（1956—1958年）→人民公社（1958—1962年）→"三级所有、队为基础"下的生产大队（1962—1982年）（陈锡文，2018），但其配置方式一直是高度集中的政府统一计划方式，农村农业的生产、消费、流通和积累等环节是由人民公社或生产大队来决定和安排的，行政和政府强力干预色彩明显，形成了人们通常所说的农村集体经济。这一经济的基本特征是：生产资料归农民集体所有、生产组织经营集体化、收入分配计划化、乡村治理"政经合一"。这四个特征，包含了政府在农村经济资源配置中的主体作用。

2. 向市场经济体制转轨下的农村集体经济资源"双轨"配置方式

在计划经济向市场经济体制转轨时期（1979—1993年），农村集体经济资源配置主体由生产大队演变为乡镇一级政府和村民委员会或村民小组，配置方式也因土地承包责任制改革，由政府统一计划转为由村集体发包、农户承包自主经营的政府与市场并存的双轨制，市场色彩逐步加深，甚至比城市经济中的市场化方式更为浓厚。

中国的改革是从农村开启的，而农村改革的突破是从集体统一经营改为家庭承包经营、集体经济资源所有权不变、承包经营和分配权与所有权分离（两权分离）的新资源配置体制机制，由20世纪50—70年代"政府统一计划"的配置方式，变革为"计划"和"市场"并存的"双轨制"方式，并于90年代转变为市场为主的新方式。

转轨时期的"计划"配置方式主要体现在"统分结合"的双层经营体制之中：一是仍然存在的集体统一经营，包括：一部分村庄没有实行家庭承包而继续保持集体化经营，如江苏华西村、河南南街村和黑龙江兴十四村等（陈全功，2018）；以江浙地区为代表的乡镇企业"异军突起"[①]；一些不适合农户分散经营的经济活动，比如抗灾救灾、农田水利建设、农作物的植保和防疫、产前产中产后的服务，仍需要由村集体组织进行统一经营和管理。二是家庭分散经营中带有一定行政色彩的承包制——村集体将土地资源"发包"给村内农户，农户承包后要"上交"一部分收益给集体。也就是说，家庭承包责任制下的资源配置是由村集体"控制"的，参与承包的主体（农户）数量有限制、"资格"有限制（本村内），承包所要承担的责任也是"限定"的（可看作土地收益或价格不是竞争形成的）。因此，这种集体主导、农户接受的资源配置方式也是一种"计划"的表现方式。中国农村土地第一轮承包（1983—1997年）、第二轮承包（1998—2027年）和第二轮承包延长30年（2028—2057年），都可以看作政府主导、计划性配置方式；只是此"计划"方式下逐步融入一些"市场"特征——承包的主体资格可能放宽到村外成员，承包人所承担的责任（承包费或者说土地价格）可能是通过竞争性谈判或竞标方式形成的。

转轨时期的"市场"配置方式主要体现在家庭承包责任制中：一是农业生产经营活动可以由农户自己决定、拥有自主权，成为独立的经济主体；二是生产所得归农户支配，"交够国家的、留足集体的、剩下是自己的"，不再搞平均主义的统一分配；三是土地承包催生了一些明显带有"市场"特征的新体制形成和新制度改革（陈锡文等，2018），例如部分土地可以按市场需求安排生产（紧缺农产品），形成农产品流通和定价"双轨制"、公有制基础上的多种所有制经

[①] 1987年6月12日，邓小平在会见南斯拉夫外宾时说，"农村改革中，我们完全没有预料到的最大的收获，就是乡镇企业发展起来了，突然冒出搞多种行业，搞商品经济，搞各种小型企业，异军突起"。参见邓小平《改革的步子要加快》，载《邓小平文选》第三卷，人民出版社1993年版，第238页。

济——个体经济、私营经济、商品经济等，以及影响至今的户籍制度改革（农村剩余人口流动）。

可以看到，转轨时期中国农村集体经济资源"双轨"配置方式的形成，源于农业经营体制变革。周振和孔祥智（2019）总结指出，"市场与政府两股力量共同左右着农业经营体制的演变"，但是，政府主导的农业经营体制容易"统"得过多或者"分"得过细，二者存在不协调，可能诱导经营体制再次变迁到"多元经营"体制。

3. 市场经济体制下农村集体经济资源"多元"配置方式

在中国特色社会主义市场经济体制建立和建设时期（1994年至今），农村集体经济资源的配置主体出现多种形式：（1）集体：有纵向的中央、省、市、县、乡镇"五级"行政主体，以及代表全体村民进行具体操作的主体——村委会或村集体经济组织；（2）各类经营主体：除原有农户家庭和成员外，还有家庭农场、农民专业合作社、股份合作公司或农业集团公司，以及外来成员和各类经济主体，甚至包括社会公益性组织等。同时，农村集体配置的经济资源更加丰富和多样化——既有山、水、田、林、湖、草、沙、冰等自然性资源，还有房屋、基础设施等经营性和公益性资产资源，以及上级政府扶持的项目和资金资源。这样，农村集体经济资源的配置方式就从"双轨"走向"多元"：既有体现"政府"配置的行政分配式、征用式和发包式，也有体现"市场"配置的股份式、合作式和流转式，还有政府和市场"混合"的招投标式、拍卖式、租赁式等。并且，随着市场经济体制的逐步建设和发展，资源配置方式将更加多样化：不再是简单的"市场+政府"，而是细化为更为具体的多样形式。

表3-2显示，现阶段中国农村集体经济资源的配置方式总体上归纳为政府和市场两种基本方式。其中，政府配置方式是指各类"集体"作为主体对农村集体经济资源进行分配和处置，如政府和村集体组织对集体建设性用地进行征用、对农用地进行发包和出租、对集体企业进行拍卖、对各级行政部门扶持资金进行分解和划拨。因此，"政府"配置不仅包括行政配置方式，还包含市场化方式（比如招投标、拍卖、租赁等），只是政府参与的配置过程和环节不同、作用大

小不同。市场配置方式,则是指"各类非集体组织"主体对集体经济资源进行独立处置、享有部分产权,并以此获得收益的方式,例如农户将承包地自主地流转、出租或入股给其他经营主体,将宅基地进行转让、合作或入股到外来公司,这些活动都由"非集体组织"经济主体完成,政府(集体)并不参与具体每一个环节,突出"市场"角色和作用。当然,因为这些经济资源的所有权属于农民集体,因此,代表集体的"政府"可以在资源配置过程中参与进来,并进行适当指导,使市场化方式更为规范有效,这就产生了"政府+市场"的"混合式"配置方式。

表 3-2　　　　　　农村集体经济资源的主要配置方式

农村集体经济资源	集体为主体的配置(政府)	其他经济主体的配置(市场)
自然性资源	征用式、发包式、统一式	流转式、合作式、股份式
资产性资源	招投标式、拍卖式、租赁式	流转式、合作式、股份式
政策性资源	行政分配式(资格式)	社会慈善捐赠式
特色文化资源	招投标式、拍卖式	合作式、股份式

进入 21 世纪以来,随着农村集体产权制度的改革和完善、农业经营体制不断创新和城乡要素一体化流动加速,农村集体经济资源"混合式"配置中的"政府"角色逐步弱化、配置领域逐步缩小,"市场"角色逐步加强、配置范围迅速扩大,其作用从"基础性"逐步发展到"决定性"。但这种变化也产生了一些疑问,例如"混合式"配置是否会引发新的社会风险等。目前,学术界对有关问题进行了广泛研究,党和政府也提出了一些指导性意见,我们将在后续章节中予以讨论。

二　农村集体经济资源配置的主要方式

1994 年中国特色社会主义市场经济体制开始建立,不再是传统的"统一计划"式配置资源和分配收益,"政府"和"市场"角色更加明晰、分工更为合理;农村集体经济资源配置方式"多元化",根据配置主体可分为政府主导式和市场主导式两大类(陈雪原,2020)。

1. "政府主导式"配置方式

在中国农村，代表政府的有中央、省、市（区）、县、乡镇五级行政组织，代表"村集体"有村党委会和村民委员会（以下简称村两委），其中村民委员会属于基层自治组织，不属于行政系列。但是，村民委员会是传达和执行上级五级政府政策措施的具体组织者和执行者，其工作任务和目标与上级一致，可以视其为基层政府一部分。从经济学角度看，村民委员会的干部（村干部）是上级政府的"代理人"。因此，这里所说的政府配置，包含了以上六个层级的机构组织对经济资源的配置情形[①]（周少来，2019）。依据在农村集体经济资源配置中所扮演的角色、参与强度（配置强度），以及配置资源的类别和所要达到的目标，可将政府主导的配置方式细分为征用式、集体统一式、行政分配式、发包出租出卖式等几类。

（1）征用式

征用式配置资源，是指地方政府直接对农村集体经济资源（主要是农用地、建设性用地和宅基地）进行有偿征用或置换，它带有一定的强制性和"行政指令"特征。人们常说的"政府"配置农村集体经济资源，就集中体现在这种征用土地制度和行为之中。此时，"政府"与"村集体"是分割的两个主体，"村集体"充当农户和政府之间的中介和组织协调角色。

刘守英（2018）指出，中国独特的征地制度和行为是"非市场配置"——地方政府居于垄断地位，对耕地占用实行审批制，对建设用地实行指标控制，介入和控制土地出让和定价；地方政府在征地过程中是"决策者、制定者、组织者、实施者和裁决者的角色"，"管经合一"（管理者和经营者合一）。由于土地是实现经济增长的基本要素资源，征用式的配置方式使得配置主体（地方政府）获得补偿和安置成本的回报（财政收入和经济增长政绩），从而出现经济和社会风险加大等一

[①] 一般认为，党组织是一个政治组织，不是经济治理主体。但中国特色社会主义市场经济体制中，经济活动是在中国共产党的引领下开展，周少来等将其总结为"党政统合"体制，认为它是中国基层治理的基本模式；因此，本书把村党委和村民委员会合并对待，代表村集体。

系列问题。特别是这一资源配置方式所引致的收入分配格局变化，可能会加剧社会矛盾。因此，今后要明确政府角色定位，应专司管理职责，建立兼顾国家、集体和个人的土地增值收益分配机制。

（2）集体统一式

这是"政府"配置农村集体经济资源强度稍弱于"征用式"的一种方式。20世纪80年代家庭承包责任制改革以后，中国农村形成了"统分结合"的双层经营体制，"分"（家庭承包经营）为基础、"统"（集体经营）为补充。从全国范围看，绝大部分村庄"分"得比较彻底，集体经济资源几乎全被承包、出租或出卖给农户，村集体留下的只有少量未"分"的荒山、荒沟、荒丘和荒滩"四荒地"，以及部分山林（林场），但由于未经经营和利用，一度成为"沉睡"的资源。进入21世纪，随着市场经济发展和农村集体产权制度改革推进，一些村集体开始将这些资源进行开发利用，如贵州省六盘水"变资源为资产"，获得了集体经济收入。在改革（"变"）过程中，一些村集体（村委会或小组，以及集体经济组织）作为经济主体对集体经济资源进行"统"为特征的开发、经营和管理，再次走上"集体统一式"配置资源方式。本书将在后续中国农村集体产权制度改革中讨论这一配置方式。

"集体统一式"资源配置方式还集中体现在全国一些没有"分"、保持"统"的村庄，即一些学者称为"新集体主义"和"后集体主义"的典型村，例如河南省的南街村、江苏省的华西村和永联村、天津市的大邱庄、浙江省的花园村、湖北省的官桥村、黑龙江省的兴十四村、河北省的周家庄乡，等等。这些"榜样名村"[①] 现今虽然有的"政经分离"、有的"政经合一"，但在集体经济资源配置上"集体统一"方式特征明显，集体经济得到较好发展，农民社会福利和保障得到较高提升。

[①] "榜样名村"是中国红色文化研究会近年提出的名词，主要指那些在坚持集体（村党委和村委会）领导、实行集体统一经营、发展集体经济、坚持共同富裕（提高全体群众生活和社会福利水平）等方面比较突出的村庄。一定程度上，该名词代表着人们对发展集体经济的期望和对共同富裕的向往。

"集体统一式"资源配置方式不同于改革开放前的"统一计划式"。首先，在于这一配置方式仅仅发生在一部分地区、一部分村庄，例如前述河南、黑龙江、江苏等地的"榜样名村"；其次，这一配置方式的资源类别有所缩小，主要包括未承包、未出租或未变卖的自然资源和经营性资产资源；最后，"统"的力度、方式和影响比改革开放前的"计划"要小得多。因此，"集体统一式"配置方式还不是全国普遍和占主体的方式。

（3）行政分配式

行政分配式是指经济资源的所有者凭借其代表政府（或集体）的身份对经济资源的使用和收益进行处置，行使其处分权能和收益权能，带有较强的行政权力色彩。

随着市场经济改革的深入推进，中国农村集体经济资源配置中的行政分配情形逐步减少；特别是党的十八大（2012年）以来，强调市场在资源配置中的决定性作用，农村集体经济资源中能够依靠行政分配的，主要是各级政府提供的政策性资源，由"村集体"按照相应的政策和规则进行分配，带有行政色彩，故称为"行政分配式"。

当前的行政分配方式实质是一种"资格式"的配置资源方式。因为农村的各项政策性资源，是"村集体"按照党中央和中央政府的战略部署和具体政策来落实的，县级及上级党和政府是这些政策性资源的供给者，例如，产业发展类项目、农业生态修复和治理项目、农村基础设施建设项目、支持集体经济发展专项、扶贫脱贫和社会保障专项等，这些政策资源最终以扶持资金汇集到"村集体"中，"村集体"一般都应专款专用，按照政策发放或者说精准配置给对应的符合条件的农户或经济主体。"村集体"仅仅起到一个政策落实和执行的作用。当然，这种政策性资源配置，因为链条过长、环节较多，也给一些不法村干部"攫取"资源的空间，造成农村"精英俘获"问题（邢成举，2017）。

（4）发包和倒包式

这是农村集体经济资源配置中最为常见的一种方式，主要发生在自然性资源、资产性资源和地方特色文化资源等领域。它一般由"村集体"组织和主导,将村集体经济资源发包、出租、出卖给其成员农户,由成员农户承包或承租进行经营,其收益归集体和成员农户共有。例如,20世纪80年代改革开放初期开始的农村土地经营制度改革,"村集体"把土地、山林、鱼塘等自然性资源发包给村内农户,由农户负责具体生产经营,并将一部分收益上交给村集体。20世纪90年代中期以后,"村集体"将其所有的厂房、设备、基础设施乃至企业等经营性资产资源发包、租赁、转让或出售给村民,也是发包式配置集体经济资源的具体形式。从产权角度看,发包式配置方式是将经济资源的权利进行分解,所有权归村集体,承包权、经营权和收益权让渡给成员农户,成员农户得到和行使的是用益物权。2017年开始的全国农村集体产权制度改革,其主要内容之一就是要明确农村集体经济资源的"三权",为农用地和宅基地的"三权分置"做好基础性工作。

  发包、出租和出卖等活动,可能发生在"村集体"与农户之间,也可能发生在农户与农户以及其他经济主体之间,我们可称前者为初次流转、后者为再次流转[①]。初次流转的主导者(经济资源配置的主导者)为"村集体",它在流转过程中制定规则、定价、确定获得者,以及获取相应收益,因而可以认为这是一种"政府"配置资源方式。前述20世纪80年代开启并延续至今的农村土地承包和90年代乡镇企业改制,都是政府主导式的资源配置方式。再次流转的主导者是广大农户或其他非"村集体"主体,其方式为带有"市场"色彩的转包、转租、转让、合作、入股、抵押等,也即我们常说的"市场主导式"配置资源方式。近年,一些"村集体"将承包地从农户手中返租回来,再集中发包给其他经营者,这种返租倒包形式的土地再次流转行为,是"政府"和"市场"混合的一种资源配置方式;但由于代表政府的"村集体"在其中起着组织、协调乃至主导的作用,因此也可以看作一种"政府主导式"(政府混合式)资源配置方式。

[①] 农村土地流转有广义和狭义之分,广义上既包括农用地承包经营权的流转、农村经营性建设用地和宅基地的使用权流转,也包括土地征用和出让;狭义上仅指农用地承包经营权的流转。土地流转有多种具体方式。参见廖宏斌等《农村土地流转风险控制研究》,社会科学文献出版社2015年版,第10页。

"政府主导式"的发包、出租、出卖和返租倒包等配置农村集体经济资源的主要特点,体现为发包者和承包者均是农村集体内的主体,排除了外来的承包者。这是区分它与市场主导的"市场混合式"的基本要点。市场混合式,是由"村集体"引入一些竞争者或者外来经济主体,与村内成员农户一起参与某些经济资源的承包、生产经营,以及获得相应收益。此时的发包、转让、出卖等流转活动,一般会采用市场经济中常用的招投标、拍卖租赁、出售转让,乃至以股份形式完全让渡其收益权。例如,一些农村集体将其"四荒地"租给外来企业或非本村农户,将集体所有制企业或房屋资产拍卖给村外人员,以及在新农村和美丽乡村建设、扶贫脱贫攻坚中,将一些政策性资源的工程项目招标给外来单位,都是一种"市场混合式"的资源配置方式。在市场混合式资源配置中,参与者不再以是否具有集体"成员权"为依据,而是以是否满足村集体的发展目标和相应的技术性要求为依据,从而决定谁能获得资源的用益物权。在这种配置方式下,价格机制和竞争机制起着重要作用,带有明显的市场色彩。

发包、出租、出卖和返租倒包式的资源配方式,一方面,实现了经济资源和生产要素的流动,提高了资源使用效率,促进了生产力发展,因而成为农村集体资源配置市场化改革的方向;另一方面,导致集体经济资源的权利分解,既能帮助一部分权利拥有者获得收益,也会因权利主体不清而损害国家和集体资源利益的问题(例如集体资产流失、集体所有制弱化动摇),这是中国农村集体产权制度改革中要注意防范的地方。

2."市场主导式"配置方式

本章第一节介绍"市场"与"政府"配置方式的区别,主要有三点:一是资源配置的决策者(主导者或组织者)分别为独立的市场主体与政府;二是资源配置的动力机理分别为市场机制(价格信号、供求关系、竞争选择)与政府机制(计划和调配);三是资源配置的目标分别为单一(经济效率)和多重(经济和社会多方面考量)。在农村集体经济资源配置方式上,"市场主导式"配置一般是指代表政府"村集体"以外的其他经济主体,例如农户(家庭承包户、专业户、家庭农场)、农民专业合作组织、涉农企业和公司以及其他在农村从事第二、第三产业的组织和个人（中介组织、经纪人等）（毛科军等，2013），对其所持有、经营或管理的集体经济资源自主地进行处置，并以此获得相应收益的一种方式。很明显，这一方式下的决策者是各种非"村集体"的经营主体，既有来自本村内成员，也有来自村外的经济组织，突破了原有的集体成员和村域范围。因此，培育和引进各类新型经营主体，是农村经济资源配置市场化改革的具体措施之一。

除经济资源配置的决策者为农户或各类新型经营主体外，"市场主导式"配置方式的突出特征在于对集体经济资源权益的定价和转移流动两个方面：（1）经济资源权益的交易价格是基于成本与收益的比较、市场供求量变化、未来预期等众多因素来确定，而不是由"集体"单方面决定；（2）经济资源权益的转移流动是众多参与者相互竞争而形成的，即竞价流动，不是由"集体"单方面的计划调拨或无偿征用。显然，中国农村土地的征用和承包、经营性资源资产的出租和售卖等行为，不具备以上两个特征，因而不是"市场主导式"配置方式；而农村经营性建设用地和宅基地在土地交易市场（农村产权交易市场）上采用出让、租赁、入股等方式流转，其权益交易价格的确定和权益转移符合上述两个特征，则归为"市场主导式"配置方式。

因此，农村集体经济资源"市场主导式"配置方式主要有：（1）农户将承包地进行自主流转、互换、托管、合作经营或者入股；（2）村集体将集体经济资源进行投资经营、变资源为资产（招标、拍卖、协商、合作经营、入股参股）；（3）农村集体经营性建设用地入市（出让、租赁、入股）和宅基地流转。集中概括为流转式、合作式、股份式、混合式四类。

(1) 流转式（出租式）

这里的流转是前文所定义的再次流转，即由广大农户或其他非"村集体"主体对集体经济资源的使用权（经营权）进行自由处置，以此获得相应收益的一种资源配置方式。这种配置方式主要发生在自然性资源之中，如农用地、经营性建设用地和宅基地。

20世纪80年代中后期，随着生产力提高和人口流动，一些农户开始改变其家庭承包经营方式——将自己承包的土地有偿或无偿地转包、出租、转让给村内其他农户或者外来者,使集体经济资源的使用权发生了转移。2003年开始施行的农村土地承包法明确允许"通过家庭承包取得的土地承包经营权可以依法采取转包、出租、互换、转让或者其他方式流转",这里明确了"流转式"配置方式至少包括转包、出租、互换和转让四种情形[1],流转的是土地承包经营权。陈锡文等(2018)指出,在农业税取消后,转包这种行为已经不存在了,互换和转让行为是承包经营权的整体置换或让渡,"与承包土地经营权的流转无关",因此,在"三权分置"制度下,土地"流转"实际上只能是出租,"流转"的实质是租赁,"流转"的是土地的经营权。按照农业农村部数据,截至2020年年底,全国农村土地承包经营权转让面积为1358.97万亩、互换面积为1878.8万亩,土地经营权流转总面积为5.32亿亩,其中出租(转包)面积为4.75亿亩,占流转总面积的89.3%。农业农村部政策与改革司《2020年中国农村政策与改革统计年报》显示,全国农村家庭承包耕地经营权流转面积占比超过50%的省份有5个,依次是上海(91.11%)、北京(63.76%)、江苏(61.30%)、浙江(60.17%)和黑龙江(56.65%)。

(2)合作式

合作式是指各市场经济主体自愿将其持有的资源以合约、入股或其他约定方式进行联合生产经营,并以此获得相应收益的一种资源配置方式。狭义上,它与出租式和股份式有所区别,其主要特点有四个:自愿联合、合作经营、民主管理、按劳分配。合作式配置资源的方式自有人类活动就开始存在(原始合作)(郭翔宇,2020),但作为一种"主动"的、有组织形式的经济资源配置方式是在19世纪中

---

[1] 转包,是在20世纪80年代中期开始出现的一种情形,鉴于1982年中央"一号文件"明确规定承包地"不准荒废"和1984年"一号文件"提出"鼓励土地逐步向种田能手集中",一些农户将所承包的土地转给其他农户经营,转入户要为转出户承担国家征购和缴纳村提留,还要给转出户一定数量的口粮粮食。互换,是同一村集体内的不同农户相互置换承包地块的行为。转让,是指原承包户放弃承包经营权、经集体同意转让给本村其他农户。出租,则明显带有交易性质,即农户将所承包土地以一定租金形式交给租赁者进行经营,把自己的经营权让渡给其他人。

叶出现（英国"罗虚代尔公平先锋社"）（陈家涛，2013），并在20世纪的苏联和中国作为一种经济制度进行实践（合作经济到集体经济）。作为合作式的典型组织——合作社，它所体现的合作经济在当今世界各国均有存在。例如，美国85%以上的农场主参加了合作社，一个农场主往往会参加几个合作社，日本和韩国都成立了自上而下的农协组织，国际合作社联盟（International Cooperative Alliance，ICA）现有来自112个国家的318个会员组织，是成立（1895年）历史最悠久的非政府国际组织之一。

农业是合作经济最活跃的领域。就当前中国农村集体资源配置来说，合作式主要包括两类：一类是农户将其承包的农地、山林、草场、塘堰、水域等自然性资源与其他农户或经营主体进行互换、转让、代耕、托管、合作经营，典型经营载体有农民专业合作社和家庭农场；另一类是村集体将其经营和管理的资产和资金、未承包地等经济资源与其他经济主体进行合作经营，典型经营载体有各类专业合作社。

自20世纪90年代以来，中国农业经营主体多元化态势明显，家庭农场、农民合作社和社会化服务组织等各类新型经营主体，在农业现代化、新农村建设和乡村全面振兴中发挥了重要作用。截至2020年，根据农业农村部政策与改革司《2020年中国农村政策与改革统计年报》数据，全国纳入农业部门管理的家庭农场超过348万个，经营土地面积4.67亿亩，平均每家农场经营面积达到135亩；全国依法登记的农民合作社超过220万家，农民合作社联合社超过1万家；全国从事农业生产托管的社会化服务组织达到37万个。从土地经营权流转去向看，2020年土地流入家庭农场7100多万亩，流入专业合作社1.1亿多亩，分别占总流转面积的13.4%和21.5%。这种土地流转，一部分采取转包（出租）方式和入股（股份）方式，另有较大比例通过互换、代耕和合作经营即合作方式进行。

合作式配置资源方式不仅发生在农用地领域，还发生在其他自然资源、资金、农机设备等领域。农业部农村经济体制与经营管理司司长张红宇在总结农民专业合作社法实施10周年（2017年）成就时指出,"农民合作形式由'同类'产品或服务的专业合作向资源要素股份合作拓展,业务由生产经营向资金融通、保险互助等内容延伸,领域由单纯从事农业生产向一二三产业融合发展,层级由农户间合作向社际联合迈进"。可以说,合作式已成为农村经济资源配置的重要方式。

(3) 股份式

从广义上说,股份式也是合作式的一种①,只是它以量化股份为标志,以"股"为计量基础来划分所有权和收入分配权。"股份"容易开展转让、出卖、退出、继承、抵押或担保等具有市场性质的活动,因此一般视它为市场化配置的代表方式。在现代企业制度中,股份制是最为常见的一种组织制度安排,它与合作制的主要区别在于以"股"为企业控制权和收益分配权的基石——持"股"多者控制企业,持"股"少者退居其次;"股"多则分红多,"股"少则分红少。而合作制下,企业的控制权和剩余索取权则按合同约定,"人为"干预因素可能要多一些。在中国农村,改革开放以来出现较多的是合作制(专业合作社),以农民的劳动合作为主;股份制则是20世纪80年代中后期出现的,借鉴了城市工商业企业的股份制发展模式,形成了具有中国特色的农村股份合作制。它是"劳动合作与资本合作、按劳分配与按资分配的结合"(徐勇,2015),是"介于传统的集体经济、经典的合作经济和股份制经济之间的一种非常独特的经济组织形式"(韩俊、张庆忠,1993)。这一制度形式不是简单地将股份制与

---

① 关于合作制与股份制、股份合作制的关系一直存在讨论。例如,晓亮(1986)认为,合作经济(合作制)是"劳动者自己结合而成""自愿联合,可进可出,民主管理,平等协商,互助互利""既有集体因素,也不否定个人所有"的一种制度形式;陈锡文(1992)则不赞成"股份制是资金的联合,合作制是劳动者的联系"说法,认为"合作制是资产和劳动者的双重联合""承认合作社成员的个人的产权……财产可以获得一定收益",因此,"合作制是一种特殊的或非典型的股份制……区别在于股份制一股一票,合作制是一人一票"。韩俊和张庆忠(1993)认为,股份合作制是"介于传统的集体经济、经典的合作经济和股份制经济之间的一种非常独特的经济组织形式",它本身是一种中性的东西,"并不代表一种特定的所有制形式",它"所具体体现的产权形式不能简单地采取'非公即私'进行判定,更不能采取'非社即资'进行判定"。陈锡文(1992)认为"股份合作制与经典意义上的合作制是相当接近的",因此应把它作为中国农村重建本来意义上的合作制的一个选择。

合作制混合而成，而是以合作制为本，以股份制为用，组织形式上借用股份制，但宗旨是坚持合作制，确保全体成员实现共同富裕。

20世纪80年代中后期出现、90年代成为农村经济发展热点的股份合作制，表现形式有四种：一是部分经济实力较强地区，农村对集体所有制乡镇企业实行股份合作制改造；二是一部分先富农民的私营企业搞股份合作制改造；三是经济发达的大中城市郊区或新经济开发区的社区型集体经济组织，采用股份合作制运行；四是一些地区的农民和村集体在商品流通、生产技术服务和资金融通领域成立专业股份合作制组织和农村合作基金会（中国经济改革研究基金会，1994）。进入21世纪，股份合作制在中国农村逐渐兴盛，主要表现为成立了各类农村股份合作组织，例如苏州市农村建有社区股份合作社、土地股份合作社、置业股份合作社、劳务股份合作社，以及农民专业合作社。在这些股份合作组织中，一切生产要素（土地、资金、劳动力、厂房和机器设备、技术、管理、村落风景和文化等）均可量化折算为"股"或"份"，并以"股"或"份"为基础进行收益分配（分红）。此时，"股"和"份"的数量、价格、交易等活动具备典型的市场属性，持"股"或"份"成员的进入、退出，以及继承等行为也与"股"或"份"的权属结合，能够较好地保证各经济主体权益[1]。农村集体拥有较多生产要素资源，如果将之量化折成"股份"，采取自营或者入股、参股其他经济主体，就可以"资源变资产""资金变股金"，获得集体性收入。因此，股份合作制被认为是农村集体经济的有效实现形式。当前，全国开展农村集体经营性资产股份合作制改革，就是借助"股份"这一形式，盘活集体经济资源、发展壮大集体

---

[1] 关于农村集体资产的股份权能问题，农业农村部认为农村集体产权制度改革中的"股权""股份"与法律中通常意义上的股权明显不同，也不是对集体所有权的分割，它属于成员权的范畴，不同性质的集体资产股份权能有所不同——经营性资产量化而成的"股权""股份"具有较强的市场属性，可以开放流通；资源性资产和非经营性资产使用权量化而成的"股权""股份"有较强的身份性和社区性，目前不宜转让、担保和继承，未来可以从封闭走向开放、从固化走向流动。参见农业农村部《完善农村集体资产股份权能问题的若干思考》，农业农村部政策与改革司网（http：//www.zcggs.moa.gov.cn/zcygggw/202111/t20211126_6383076.htm），2021年11月26日。

经济。

从资源配置的角度，农村股份合作制就是一种市场主导的配置方式，折股、入股、参股、退股、转股等是其常见表现形式。20世纪80年代中后期的乡镇企业改制、90年代的社区股份合作和21世纪以来的土地股份合作、集体经营性资产股份合作改革，基本上都是村集体或农户将集体经济资源量化折算为"股"或"份"（结合产权权属和权利即为"股权"），然后入股、参股相关公司企业、专业合作社或其他经济组织。可以说，以"股份"为特征的资源配置方式（股份式）正成为农村集体经济资源配置的重要方式。以农村土地流转为例，2020年全国土地入股面积占流转总面积的5.5%，仅低于出租方式（89.2%）。以2017年开始的全国农村集体产权制度改革为例，村集体在"清产核资"和"确权"基础上，将自然性资源、经营性资产和非经营性资产进行量化，折成"份"额或"股"额，配置到全体成员中，让农民成员拥有"股权"意识和权益保障，村集体则将自己拥有的"股份"独立经营或者入股参股其他经济体，以此获得集体收入，发展壮大了集体经济。本书第九章将进行详细论述。

总体来看，20世纪90年代以来，随着市场经济体制改革不断深入，广大农村农民对以"股份"为表征的经济活动日益熟悉，股份式逐渐成为经济资源配置的主导方式：土地、劳动力、农业机械、资金、技术等，都被量化为股份，入股参股农民专业合作社、互助社、家庭农场、农业服务化组织、集体经济组织和社会企业，实现了经济资源的合理有效配置。可以预料，今后随着农村集体经营性资产股份合作制改革的深入，股份式的决定性配置作用将更加明显。

（4）混合式

本书所界定的混合式[①]，是指兼有市场与政府配置的一种方式，"村集体"经济主体和其他经济主体在资源配置中均起重要作用，但

[①] "混合"一词多出现在所有制经济问题研究之中。中国特色社会主义基本经济制度之一是"坚持公有制为主体、多种所有制经济共同发展"。当公有制经济与非公有制经济结合，例如，国有资本、集体资本、非公有资本等交叉持股、相互融合，就形成了"混合所有制经济"。混合所有制经济是中国特色社会主义基本经济制度的重要实现形式。

难以明确何者起决定性作用。这一方式主要体现在农用地和宅基地两类自然性资源，以及社会组织提供的慈善公益性资源的配置之中。

前文提到，20 世纪 80 年代农村家庭承包责任制改革中，一部分未承包到户，仍由集体管理的农用地资源也可以引入一些市场形式进行流转，例如"村集体"把"四荒地"通过招标、拍卖、公开协商等方式出租（流转）出去，"变资源为资产"。在这一流转方式下，主导者虽为"村集体"，但参与流转活动的主体不限于本村内农户，即流转是开放、非封闭的；同时，土地出让租金通过竞价形成，租金还可以动态调整，显然具有市场属性，因此我们把它归为以市场为基础的"混合式"配置方式。尚旭东（2016）介绍了湖南省沅江市草尾镇、安徽省宿州市埇桥区、江苏省无锡市阳山镇等地开展的农村土地经营权流转信托模式，其基本做法是：政府出资设立土地承包经营权信托公司或者引入外来信托公司，在自愿前提下，农户将承包地委托给信托公司，企业大户（或专业合作社）再从信托公司手中连片租赁土地进行经营，并支付土地租金，由信托公司统一分配给农户。也就是说，这种土地流转存在一个中介组织（信托公司），比村集体"返租倒包"和专业合作社租地流转的配置方式增加了企业、信托等市场元素。

农村宅基地也是集体所有的一种自然性资源，在市场经济条件下，它也可以成为一项重要的经济资源和居民收入来源。但是宅基地和附着其上的房屋分属不同所有者，因而其配置方式比较复杂，具有"混合式"特征。1986 年通过、2019 年第三次修订的土地管理法第六十二条规定："农村居民一户只能拥有一处宅基地"，"国家允许进城落户的农村村民依法自愿有偿退出宅基地，鼓励农村集体经济组织及其成员盘活利用闲置宅基地和闲置住宅"。也就是说，宅基地存在有偿退出、盘活利用等变动情形。但是在现行农村宅基地制度下，宅基地的退出和盘活利用，如北京、天津、上海、成都、浙江、重庆、江苏等地的"宅基地置换（换房）"或"补偿"（黄贤金、唐爽爽，2016），基本是政府推动、行政主导，缺乏其他经济主体的竞争和其他社会机构的参与；同时，关于农村宅基地能否对本村外开放、进行买卖或出租等市场活动仍存在一定争议（陈锡文等，2018）。现实中，一些地区存在一些农户将宅基地进行抵押、流转、联建，甚至超面积建房和出售，形成所谓的"小产权房"①市场，一度妨碍农村宅基地管理秩序。党的十八届三中全会（2013年11月）提出，要"保障农户宅基地用益物权，改革完善农村宅基地制度，选择若干试点，慎重稳妥推进农民住房财产权抵押、担保、转让"。这一要求，实际上指出了农村宅基地资源的配置方向是"房地分开、差异赋权"，也布置了两项相互关联的改革任务：一是农村宅基地制度改革，即当前探索的所有权、成员权和使用权"三权分置"，要落实集体所有权、划断农户成员权、审慎拓展使用权；二是农民住房财产权制度改革，即农户可以将宅基地上的房屋作为一种财产进行流转（出租）、抵押和担保。2020年6月30日，中央全面深化改革委员会第十四次会议审议通过了《深化农村宅基地制度改革试点方案》，强调要积极探索和落实宅基地的"集体所有权""农户资格权"和"使用权"的具体路径和办法。可以看到，在宅基地制度和农民住房财产权制度的相互关联下，虽然房地是一体的，但只要宅基地"三权"明晰和规范，则房屋流转附带宅基地是能够随意流转和交易，集体土地资源的配置方式是"混合"的。

　　社会组织提供的慈善公益性资源也成为农村经济资源的一部分。虽然其初始所有权并不归属于村集体，但是其受赠者（受捐者）为村集体成员，村集体往往参与捐赠全流程；甚至在一些偏远农村，公益性资源汇集到村集体后，由村集体"全权"代理完成捐赠活动，成为事实上的配置主体。这样，它就有别于"政府主导"的行政分配，是一种社会、政府乃至市场"混合"的配置方式。

---

① "小产权房"并不是一个法律概念，而是人们在房地产市场上约定俗成的称谓，它主要是指在农村集体土地上（不仅仅为宅基地）未经规划、未办理相关证件、未缴纳土地出让金等费用而由农户自己建设的房屋，其产权证不是由国家房管部门颁发，而是由乡镇政府或村委会颁发，故被称为"小产权"。实际上，该产权仅为农户的使用权，不具备所有权，不受法律保护。2008年7月，国土部下发通知明确指出"不得为小产权房办理任何形式的产权证明"。

第四节　农村集体经济资源配置中的
政府与市场边界问题

家庭承包责任制改革以后，中国农业农村发生了巨大变化，特别是在经营体制、集体产权、乡村治理等方面与人民公社制下的大集体、大一统完全不同。在农村集体经济资源配置方面，市场主导方式的引入和深化，彻底改变了要素流动和配置模式，也改变了农村收入分配格局，产生了一些引人深思的焦点问题。

一　目前仍以政府主导为主体

自20世纪90年代以来，随着市场经济体制改革的深入，农村集体经济资源配置中出现的市场元素（市场规则、市场主体、市场价格、市场竞争等）越来越多，在所有权归农民集体的前提下，市场和政府"混合"的情形也越来越多。以农村集体自然性资源中的农用耕地为例，其经营方式上出现了"家庭经营+新型经营主体经营"的多元经营，在资源配置方式上呈现出"市场+政府"多种方式并存（见表3-3）。

表3-3　农村集体所有的农用耕地经营和配置方式（2020年）

类别	总面积（万亩）	占比（%）	管理与经营	配置方式归类
集体所有的农业地	590729.6	100	集体所有、多元经营	多种配置方式
#耕地	177487.9	30（注1）	集体所有、多元经营	市场+政府
#未承包到户	21746.6	12.3（注2）	集体所有、多种经营	政府主导式（统一）+市场主导式
承包到户	156166.2	87.9（注3）	集体所有、家庭经营	政府主导式（承包）
#承包经营权转让	1358.9	0.87（注4）	集体所有、家庭经营	市场主导式（再流转）
承包经营权互换	1878.8	1.20（注5）	集体所有、家庭经营	市场主导式（再流转）
经营权流转	53218.9	34.1（注6）	集体所有、多元经营	市场主导式（再流转）

续表

类别	总面积（万亩）	占比（%）	管理与经营	配置方式归类
#出租（转包）	47497.2	89.3（注7）	集体所有、多种经营	市场主导式（再流转）
入股	2926.6	5.5（注8）	集体所有、企业经营	市场主导式（入股）
其他形式流转	2795.1	5.3（注9）	集体所有、多种经营	市场主导式（合作）

注1：耕地面积占农用地面积比例；注2和注3：未承包到户、承包到户面积分别占耕地面积比例；注4和注5：转让、互换面积分别占承包到户面积比例；注6：流转面积占承包到户面积比例；注7、注8和注9：出租、入股和其他形式流转面积占经营权流转面积比例。

资料来源：农业农村部政策与改革司：《2020年中国农村政策与改革统计年报》，中国农业出版社2021年版，第3、第15页。

表3-3显示，2020年全国农村集体所有农业耕地中，87.9%已经承包到户，未承包到户的占12.3%，这部分耕地存在多种经营方式：既有集体自己经营，也有土地流转或托管给其他新型经营主体经营；基于经营方式变化，其土地资源的配置方式有政府主导的统一式、发包式，也有市场主导的流转式、合作式、股份式等多种方式。承包到户的耕地资源，其承包经营权转让和互换占2%左右，经营权流转占34.1%，未流转占64%左右，即绝大多数土地经营权仍然在承包户手中，小农户家庭经营仍然是中国农业经营的重要方式。耕地经营权流转中，目前主要以出租（转包）为主、入股其次，耕地资源的配置已经转变到以"市场"为主体的方式。

农村集体自然性资源中的建设性用地，虽然引入了货币补偿、置换和招投标等市场化元素，但总体上仍然是政府主导式的配置。农村宅基地在现有法律法规下，由于涉及地上的房屋财产问题，存在房地一体、两种资源资产和权利的交叉空间，因而其配置方式也出现"混合"情形：既有政府主导的置换退出，也有农户以市场方式出租、抵押，乃至建成"小产权房"售卖。

农村集体资产性资源中的经营性资产，绝大部分在20世纪90年代股份合作制改革（以下简称"股改"）中，转为民营企业或其他经济主体经营，在"股改"中将其所有权"改掉"了；也有一部分所有权没有被"改掉"、仍然由乡镇或村集体以股份方式所有，成为新型农村集体经济发展壮大的基石。党的十八大以来，党中央领导农村进行集体产权制度改革，其核心就是对集体经营性资产进行股份合作制改革，对经营性资产进行量化配股，以股份方式进行配置和流动，市场化改革明显加速。

农村集体政策性资源主要来源于上级政府，因而它的配置基本上是"条件资格式"，是政府主导的一种方式。近年，在一些农业农村发展扶持项目上，开始融入招投标、入股参股等市场化方式，引入更多经济主体参与政策性资源的分配和经营，为项目落实和扶持资金效率的提升探索了新路子。

农村集体的特色文化资源，例如农村民俗文化、历史文化等，目前处于一种初步开发和利用状态，因而其配置方式主要是自营，或者进行政府许可，或者量化入股外来经济主体经营，基本上是政府主导的一种配置资源方式。

表3-4对农村集体四类经济资源的配置方式进行简要归纳，可以看到，政府主导的配置方式仍然占重要地位。中共中央、国务院《关于构建更加完善的要素市场化配置体制机制的意见》（2020年3月30日）指出，今后要"充分发挥市场配置资源的决定性作用……推动要素配置依据市场规则、市场价格、市场竞争实现效益最大化和效率最优化"，推动土地、劳动力、资本、技术和数据等要素市场化配置。也就是说，农村集体经济资源的配置方式应该是市场为主导、政府为辅助。目前，虽然市场配置的农村集体资源逐步扩大，市场化方式不断革新和多样化，政府配置的领域渐趋缩小，但距离"决定性作用"这一要求还有一定距离。今后，我们要在产权清晰的基础上，针对四类农村集体经济资源的不同类型类别，分清和明确哪些适宜政府配置、哪些适宜市场配置、哪些可以混合配置，充分发挥政府和市场的功能和效用，实现集体资源的效益最大化和效率最优化。

表 3-4　　　　　　农村集体经济资源及其主要配置方式

资源类型	主要资源	配置主体	配置方式	具体形式
自然资源	已承包农用地	村集体	政府主导	发包、出租、返租倒包
		农户	市场主导	出租、入股、合作
	未承包农用地	村集体	政府主导	集体自主经营、流转
			市场主导	出租、入股、合作
	建设性用地	政府+村集体	政府主导	征用、租赁
	宅基地	村集体+农户	混合式	置换、出租、非法售卖
	其他自然资源	村集体	政府主导	发包、出租、入股
资产性资源	经营性资产	村集体	政府主导	集体自主经营、发包
			市场主导	入股、合作、租赁
	公益性资产	村集体	政府主导	出租
政策性资源	各类扶持项目	政府+村集体	政府主导	行政分配（条件资格）
特色文化资源	文化历史	政府+村集体	政府主导	行政许可、自营、参股

二　农村集体经济资源配置中的政府"缺位"

农村集体经济资源，不是普通的市场经济资源，它有两个约束条件：一是其权利归属的约束，即所有权归农民集体、不是私有的，不能由其承包者或使用者随意进行处置，但它可以进行"权利分割"，不同权利可以实现不同权能，因而其配置方式也会因"权利分割"出现多种形式，"政府"配置不是唯一方式。二是其特有功能和目标的约束，即它要为"三农"服务，承担一定的特殊功能和任务，不能以一般经济效率来衡量其配置是否合理，因此，其配置方式也不能是百分百的市场化。可以说，政府和市场要"天然"地存在于农村集体经济资源配置之中。

这种"天然性"，也会导致中国农村集体经济资源配置中政府与市场边界不清问题。就政府方面来说有时会出现"缺位"，即本应由政府主导配置，最后却交由市场来完成。例如，对农地资源的配置，在改革开放初期到21世纪头十年，实行家庭承包、双层经营，则是"政府无意为之"，出现去"统"增"分"、由"统减分增、统分并存"到"统少分多、统分失衡"演变，政府没有及时补位，造成

"农业生产中'统'的长期不足"（周振、孔祥智，2019）。

农村集体经济资源配置中的政府"缺位"，主要体现在两个方面：一是生产关系上对集体所有制的保障力度不够，例如一些村庄的集体资产性资源（如乡镇企业用地、厂房、设施、股权）在改革中流失或被少数人侵吞，一些村庄的扶持优惠政策等政策性资源（如财政扶贫脱贫的项目和资产）被闲置或者无人管理，以及一些村庄的特色文化资源如何保护和利用问题，最后导致村集体缺少集体性收入渠道和能力，沦为集体经济"空壳村"。二是表现在政府的制度供给不足、公共服务和社会保障职能未能充分展现出来，例如，农村集体"三块地"的产权制度供给跟不上市场经济发展步伐——在20世纪90年代至21世纪头十年，政府对农用地承包权和经营权"分置"制度不明确，造成部分地区农村土地"抛荒""撂荒"严重，农地细碎化经营问题得不到创新解决，直至2013年年底土地"三权分置"改革启动后，才有所改观。再如，农村宅基地的所有权、资格权和使用权的"三权分置"，以及宅基地与房屋财产权的分离，都需要得到制度确认；但由于政府过去还未将之提上议事日程，一些地方农民自行转用、私下流转，乃至形成隐性市场，致使集体权益受损。至于政府在农村公共服务和社会保障上的缺位，很大一部分原因是地方政府（具体为村集体）缺乏相应资金资源、配置能力不够，无法提供这些公共产品和服务。

当然，关于农村集体经济资源的配置到底是政府起决定作用还是市场起决定作用，也存在一些争议。例如，关于农村集体土地能不能"入市"、由市场起决定性作用问题，陈锡文主张"不能"，是"（政府）规划和用途管制起决定性作用"（冯华、陈仁泽，2013）；而蔡继明（2014）认为"同样要"，政府"规划和用途管制也要尊重市场规律"。我们认为，农村集体经济资源有四大类型，各自所承担的经济任务和所实现的综合功能不同，因而政府和市场到底哪一个起决定性作用，或者二者能不能"混合"起作用、采用"混合式"配置方式，要予以区分和具体对待。政府（包括村集体）主要在制度供给、政策制定和公共服务上发挥作用，例如，确定各类资源的产权结构，

第三章 农村集体经济资源的配置方式与体制机制变迁 / 73

并引导不同产权的市场化改革；在涉及农村集体经济发展方面，可以结合市场机制，采用"混合式"方式配置资源、促进生产要素流动。市场，则要在既定的产权规则下发挥作用，例如，在保证集体所有权不变的基础上，稳定承包权、搞活经营权、实现使用权和收益权的各项权能，以市场规则和市场机制来调配各类经济资源的流动。也就是说，政府和市场既要有分工，又要相互配合，"混合式"配置方式是最终方向。当前，中国农村正在推进的集体产权制度、宅基地"三权分置"和农业现代化经营制度改革，就是为了明晰产权归属，促进"混合式"（股份合作）配置，实现生产要素的合理流动和效率提升。

第四章 农村集体经济资源配置与收入分配的联结机理和现实考察

经济资源的配置，既是生产要素各项权利的实施和实现过程，也是收入分配格局形成和调整的过程。从经济学理论上看，资源配置的收入分配效应，一方面是生产要素供求和价格理论：生产要素的供求情况就是资源如何配置和流动，生产要素价格决定了与之相关的经济主体的收入；另一方面是生产关系理论：经济资源的配置体制机制（方式）影响一国的收入分配制度和原则，即收入分配制度和原则往往要与之匹配，并映射出经济资源配置体制机制，它们共同构成了一国经济体制和基本经济制度的具体内容。

在现代经济体系中，政府和市场是两种基本的资源配置方式，对收入分配的影响不同，前者往往较为平和，还受到缩小收入差距的目标约束；后者则较为激烈，往往会造成收入差距拉大和收入不平等。中国农村集体经济资源的政府或市场配置，所带来的收入分配[①]效应也不相同。例如，20世纪50—70年代政府（计划）配置下，广大农村居民收入呈现"低等化"和"平均化"情形；80年代农村经济制度改革以来，市场配置带来农村居民收入"多元化"和"差异化"。与之相对应，中国农村收入分配制度和原则也由"按劳分配"，转变为"按劳分配为主体、多种分配方式并存"。因此，研究农村收入分配问题要与资源配置相结合，厘清二者之间的联结机理；同时，可以通过长时段和具体典型进行现实考察，理解中国农村集体经济资源配置方式的变迁对居民收入分配的影响。

[①] 收入分配，主要指收入在城乡居民、政府（包括农村集体组织）、企业（包括农村合作组织）等不同主体之间和主体内部进行分配。为了简化，本书主要指居民收入分配。

第一节 所有制、资源配置与收入分配的理论关联

经济学发展史上对收入分配问题的研究有两条路径:一条路径是把它作为生产力的具体体现(生产要素的价格如何决定)展开研究,即把所有制作为既定不变条件,仅仅考察各类收入形式及其份额。这是西方古典和新古典经济学的研究范式。例如,萨缪尔森提出"劳动、资本、土地决定了三种主要收入形式",即收入就是生产要素的价格,其价格决定机制——按生产要素的边际产出贡献和效率进行分配,即收入分配的原则。另一条路径是把收入分配当作生产关系来研究,从所有制变革的视角来考察各种收入的成因、变化趋势和决定因素。这是马克思主义政治经济学的研究范式。例如,马克思和恩格斯提出"生产资料所有制是分配的基础",在生产力发展和所有制变革基础上建立"按劳分配"和"按需分配"方式(刘文勇,2021)。我们尝试将这两条路径进行融合,即把所有制关系和生产要素的价格的决定结合起来,探讨农村集体经济资源配置与收入分配的理论关联。

一 资源配置方式与收入分配关联的两种解释

1. 西方经济学的解释

古典和新古典经济学对资源配置和收入分配关系的解释是:收入分配是生产要素在市场上的价格反映和结果。也就是说,生产要素的定价决定了收入分配的结果,即劳动、资本和土地等要素的价格形成决定了收入分配的结果。西方经济学家按照一般商品和市场供求关系的框架来分析收入分配问题,即居民获得的收入,是其提供要素的边际产出贡献,如工资等于劳动的边际产出,利息等于资本的边际产出,地租等于土地供给固定时使用土地的价格。在这一分析框架里,市场配置资源的方式决定了收入和分配的结果——只要一种经济资源成为生产要素、进入交易市场,就构成了要素供给和需求关系,进而

形成了生产要素的价格（见图4-1），即生产要素所有者获得收入报酬是按照要素的贡献大小获得的。如土地资源的配置，直接表现为土地的供给和需求数量发生变化，进而影响供给者和需求者的收入来源和收入构成。这就是西方经济学的边际生产率分配理论，是"要素分配论"和"效用价值论"的综合。在这一理论中，生产要素的价格和使用量是决定居民（消费者）收入水平的重要因素。因此，要素价格理论在西方经济学中又被看成所谓的"分配"理论（赵家祥，2021）。

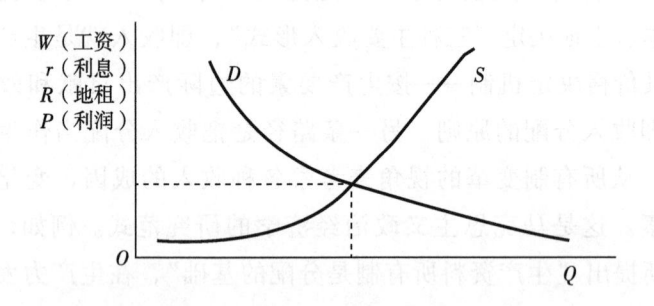

图4-1 生产要素的价格决定（收入形成）示意

在图4-1中，生产要素的供给曲线（S曲线）和需求曲线（D曲线）在市场机制的作用下相交，得到均衡的价格，即为收入。当这个生产要素为资本时，其收入就是利息；当它为劳动力时，收入即为工资；当它为土地时，收入为地租。资本—利息、土地—地租、劳动—工资，即资本创造利息，土地生产地租，劳动获得工资，这种关系被马克思称为"三位一体的公式"，其理论来源是"斯密教条"。马克思对其进行了批判，认为"三位一体的公式""否认了雇佣劳动创造的剩余价值是各种收入的唯一源泉，把收入的来源与剩余价值的创造混为一谈""否认了生产决定分配、生产关系决定分配关系"，撇开生产要素的生产关系属性（赵家祥，2021）。在三要素分配论的基础上，新古典经济学家马歇尔加入第四个要素"企业家能力"，它对应的收入是利润，形成了四要素分配说。新古典经济学认为，在市场经济条件下，按照生产要素的边际收益（MR）等于边际成本（MC）原则，这四种生产要素的供求均衡形成了均衡价格，即表示要素提供者获得了相应的报酬收入。这样，收入分配过程就"内生"于生产要素配置过程中，居民收入多少，取决于其提供的生产要素在生产中的边际收益大小，边际收益高其价格就高，要素提供者分配到的收入就多。因此，西方市场经济的分配过程实际就是资源有效配置的过程。

2. 马克思政治经济学的解释

马克思政治经济学的收入分配理论，并不否定西方经济学分配论的生产要素供求决定价格的内容，但它更侧重于从社会再生产和生产关系角度进行分析，不仅要解释同一社会条件下不同人群或阶级得到不同收入的理由，还要说明这种社会条件得以形成的原因。并且，马克思收入分配理论随着时代发展和各国实践在不断深化和发展，在当代中国就形成了中国特色社会主义收入分配理论。马克思收入分配理论的基本出发点是：生产决定分配，生产关系决定分配关系，有什么样的所有制关系就有什么样的分配形式与之对应，即生产要素的所有制状况是决定收入分配的深层和根本原因。遵循这一出发点，马克思政治经济学证明了"资本主义的所有制关系决定了资本、劳动和土地等生产要素以私人所有权的形式参与产品分配，并取得各种收入的形式"，进而提出社会主义社会的分配是以生产资料公有制为基础的，"在一个集体的、以生产资料公有为基础的社会中……每一个生产者，在作了各项扣除以后，从社会领回的，正好是他给予社会的。他给予社会的，就是他个人的劳动量"（刘伟，2018），这就是有名的劳动价值论和按劳分配论断。它也成为苏联和新中国建立社会主义收入分配制度及分配原则的理论源泉。

可以看到，马克思政治经济学并没有直接阐释资源配置方式与收入分配的关联。这是由于马克思和恩格斯所处的时代正是资本主义自由竞争（市场经济发展比较充分）阶段，经济资源配置的主体方式是市场方式，因此，可以把它作为既定条件不加考虑①，侧重从所有制结构角度来分析其带来的收入分配效应。中国特色社会主义经济建设实践说明，在不同所有制结构和社会制度下，可以有不同也可以有相同类型的资源配置方式——"计划多一点还是市场多一点，不是社会主义与资本主义的本质区别。计划经济不等于社会主义，资本主义也有计划；市场经济不等于资本主义，社会主义也有市场。计划和市场都是经济手段"（邓小平，1993），计划和市场方式都可以达到"消除两极分化，最终达到共同富裕"目标。

二　中国特色社会主义收入分配理论的解释

马克思主义收入分配理论与中国实践结合形成的中国特色社会主义收入分配理论，既承认生产要素由市场评价贡献、按贡献决定报酬的机制，也坚持不同所有制下可以有对应的收入分配权利和机制，从而形成了具有中国社会主义特色的收入分配制度和分配原则：按劳分配为主体、多种分配方式并存。这一基本经济制度和原则，体现了中国特色社会主义收入分配理论吸收了西方经济学要素分配理论的合理部分，同时又坚持和发展了马克思主义所有制决定原理。

1. 生产资料所有制与收入分配的匹配和统一

中国特色社会主义收入分配理论，是对马克思主义的坚持和发展，该理论把生产力和生产关系、经济基础和上层建筑、生产资料所有制度和收入分配制度结合起来，坚持公有制和按劳分配的协同性，找到适合社会主义市场经济体制下的分配制度和实现形式。

马克思主义收入分配理论的逻辑可从内外两个向度来理解（刘灿，2017）：一是从内在向度理解，分配制度包含分配基础、分配原则、分配机制和分配形式四个组成部分。其中，分配基础（所有制）决定分配原则，公有制决定了分配关系要采取按劳分配原则；分

---

① 马克思和恩格斯虽然没有使用过"市场经济"和"计划经济"概念，没有直接论述市场和计划这两种资源配置方式，但对市场、市场作用和功能、市场机制等内容有过深刻论述。他们提出"价值规律是资本主义商品经济下调节资源配置的基本规律"和"未来共产主义社会有计划发展经济"的观点，可视为他们对不同社会制度下资源配置方式的论述。参见钟契夫《资源配置方式研究——历史的考察和理论的探索》，中国物价出版社2000年版，第126—153页。

配机制（市场或计划）是分配基础和分配原则的具体体现，分配形式则是分配基础、分配原则和分配机制综合作用的结果，例如分配机制决定了收入来源渠道和形式，如果没有要素市场就不会有相应的各种要素收入形式[①]。二是从外在向度理解，社会生产力（生产资料所有制）的发展演变决定了分配制度的发展变迁，同时，上层建筑的发展变革将影响和推动分配制度的发展变迁（见图4-2）。

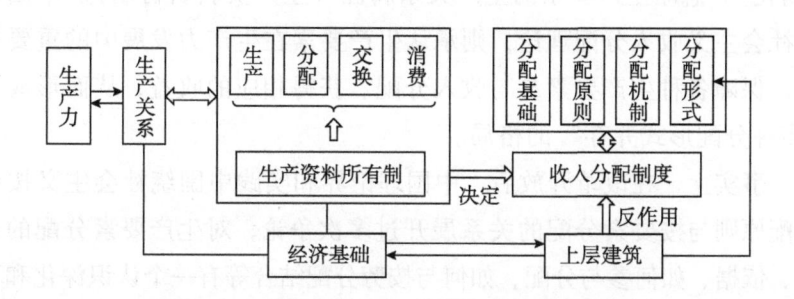

图4-2 马克思主义收入分配理论的解释逻辑

资料来源：刘灿等：《中国特色社会主义收入分配制度研究》，经济科学出版社2017年版，第183页。

按照马克思主义收入分配理论的逻辑，新中国成立以来一直坚守生产资料所有制与收入分配制度的匹配性：改革开放前，实行与公有制一致的单一按劳分配制；改革开放后，实行公有制为主体、多种所有制经济共同发展，公有制有多种实现形式，与之相应实行按劳分配为主体、多种分配方式并存的分配制。可以说，中国实践坚持并发展了马克思主义收入分配理论，"开拓了马克思主义社会主义政治经济学中国化的新境界"（刘伟，2018）。

2. 生产要素由市场评价贡献、按贡献决定报酬

中国特色社会主义收入分配理论批判地吸收西方经济学要素分配论的合理部分。要素分配理论的精髓在于，承认生产要素的贡献和市

---

① 从另一角度说，"分配机制决定分配形式"论断，也说明资源配置方式与收入分配之间存在理论关联。

场机制（市场配置方式）在其中发挥作用。在市场经济条件下，企业需要生产要素（需求），居民拥有生产要素（供给），双方交易达成后供给者理所应当获得需求者付出的交换价格。也就是说，如果剔除生产要素背后的"企业"和"居民"，生产要素可以因其贡献而获得相应报酬，这是要素分配理论的合理部分。马克思批判该理论，其根本点在于认为它没有考虑生产要素背后的人（社会关系），仅把要素"物化"，忽略生产要素的生产关系属性（生产资料所有制）。中国特色社会主义收入分配理论，则承认生产要素在生产力发展中的重要作用，保障各种生产要素参与收入分配、获得相应的收益，从而形成了"多种分配形式并存"的格局。

事实上，在改革开放后，中国理论界和实践中围绕社会主义按劳分配原则与按要素分配的关系展开过多次争论，对生产要素分配的含义、依据、如何参与分配、如何与按劳分配结合等有一个认识深化和不断探索的过程（刘灿等，2017；刘伟，2018）。党的十三大（1987年）提出"在以按劳分配为主体的前提下实行多种分配方式"，这是与改革开放中所有制结构变化相适应的——承认了公有制为主体、多种所有制共同发展，就必然需要承认与之相适应的分配制度。因此，按生产要素进行分配的原则作为社会主义初级阶段的收入分配补充原则，开始被人们所接受。党的十五大（1997年）提出"允许和鼓励资本、技术等生产要素参与收益分配"，并明确提出了"按劳分配与按生产要素分配结合起来"的原则，这是对马克思主义收入分配理论及原则的重要突破（刘伟，2018），中国逐步形成了社会主义市场经济的收入分配理论（刘灿，2017）。党的十五大以后，生产要素分配是收入分配的一部分，成为全党和全社会共识，并得到不断丰富和发展。例如，党的十六大（2002年）确立"劳动、资本、技术和管理等生产要素按贡献参与分配"的原则；党的十八大（2012年）提出"完善劳动、资本、技术、管理等要素按贡献参与分配的初次分配机制"；党的十九届四中全会（2019年）提出"健全劳动、资本、土地、知识、技术、管理、数据等生产要素由市场评价贡献、按贡献决定报酬的机制"，不仅明确了各类生产要素，新纳入土地、知识和数据三类要素，还阐明了各种生产要素的贡献如何决定——根据市场来决定，市场对各种要素的供求关系所形成的市场评价（要素价格）作为要素报酬的客观依据。

党的十九届四中全会关于"生产要素由市场评价贡献、按贡献决定报酬"的论述，实际上阐明了资源配置方式与收入分配之间的一种联结关系：资源配置方式可以决定和影响收入分配，收入分配反过来会影响资源配置。一方面，生产要素要获得收入报酬，可以通过市场这一方式实现（当然也可以通过计划方式），资源配置方式决定了收入报酬的高低。例如，在市场经济下，居民提供劳动、资本、土地等要素给企业，企业会根据需求数量和成本预算，经过双方谈判和交易，最终使要素提供者得到收入报酬、需求者付出生产成本；在这一过程中，企业依据要素的不同质量、不同供求来支付报酬，对稀缺、优质的要素给予高报酬，对富余、低质的要素给予低报酬，体现了一种市场配置（市场机制）的作用。因此，市场配置方式必然会出现收入差距。另一方面，生产要素按市场贡献决定报酬的原则也说明它能提高要素的配置效率。在上例中，企业对生产要素给予高低不同的报酬，就会把稀缺的要素充分动员起来，促进优质稀缺资源的供给，也会促使富余要素的流动和提质增效，最终推动资源配置合理化和高效化。

3. 发展成果由人民共享、实现共同富裕

在吸收西方经济学"要素分配论"和马克思主义"所有制决定论"及"按劳分配论"的基础上，中国特色社会主义收入分配理论还进一步丰富和发展了"效率与公平关系"理论，并将之升华到"发展成果由人民共享""实现共同富裕"的新高度。

经济学界对收入分配理论的价值判断——效率与公平关系，一直存在争论：有坚持"效率优先"的，也有坚持"公平优先"的，还有坚持"效率与公平兼顾"的。二者关系问题，实质上也是关于资源配置方式对收入分配作用的问题。一般认为市场配置资源最有效率，"效率优先"意味着要用市场方式来配置资源；计划配置资源最能实现公平，"公平优先"则意味着要用计划方式（或者政府干预）来配置资源;"二者兼顾"则反映出需要市场和政府在资源配置中共同起作用。

实践中,党的十四届三中全会(1993年)首次提出"效率优先、兼顾公平"的原则,此后党的十五大(1997年)、党的十六大(2002年)再次强调这一原则。党的十六大还明确指出"初次分配注重效率,再分配注重公平",区分了初次分配和再分配所要坚持的原则,也间接说明市场和政府分别在初次分配与再分配中发挥作用。这一新提法到党的十七大(2007年)得到更新——"初次分配和再分配都要处理好效率和公平的关系,再分配要更加注重公平"。有学者认为,这是中国共产党对"初次分配注重效率,再分配注重公平"的重大调整,由"效率优先、兼顾公平"向"效率与公平并重"转变(赵晓雷,2009),是对社会主义分配制度的创新和发展。在明确初次分配和再分配都要处理好效率和公平关系后,党的十九届四中全会(2019年)提出"重视发挥第三次分配作用",指出市场和政府之外的第三种资源配置方式——社会组织配置方式可以在收入分配中发挥作用,这是中国共产党关于资源配置方式与收入分配关系理论的进一步深化和发展。

党的十八大(2012年)进一步把"效率与公平关系论"具体化为"发展成果由人民共享",并明确提出"两个同步"和"两个提高"——实现居民收入增长和经济发展同步、劳动报酬增长和劳动生产率提高同步;提高居民收入在国民收入分配中的比重、提高劳动报酬在初次分配中的比重。党的十八届五中全会(2015年)进一步提出"共享发展理念",注重解决社会公平正义问题。至此,中国共产党对市场经济建设中处理效率与公平问题的认识上升到新的高度。党的十九届五中全会(2020年)提出,到2035年"全体人民共同富裕取得更为明显的实质性进展",拉开了推进共同富裕战略部署的序幕。2021年6月,中共中央、国务院印发《关于支持浙江高质量发展建设共同富裕示范区的意见》,为全国推动"共同富裕"提供省域范例。党的十九届六中全会再次强调推进共同富裕的重大意义,提出"全面深化改革开放,促进共同富裕"(李实,2021),并把"发展成果由人民共享，坚定不移走全体人民共同富裕道路"作为中国共产党百年奋斗的历史经验。可以说，"共享发展、共同富裕"是新时代中国特色社会主义"效率与公平关系"理论的新概括。

三 收入差距的形成及调节与资源配置方式的关联

西方经济学、马克思政治经济学和中国特色社会主义经济学对资源配置方式与收入分配之间关联的论述角度和观点有一定的差别。西方经济学的收入分配过程，实际上是生产要素如何配置的过程；马克思政治经济学的收入分配过程，是生产资料（也可以理解为生产要素）所有制下社会关系的反应过程，资源占有比资源配置更能决定收入分配；中国特色社会主义经济学的收入分配过程，是生产要素有效配置与所有制结构相匹配和统一的过程。在匹配和统一的过程中，形成了初次分配、再分配和第三次分配：（1）初次分配是各种生产要素通过市场或政府（计划）配置的方式进入生产活动，并获取相应的要素收入报酬；（2）再分配是政府利用财税手段将一部分人群的高收入报酬转移给另一部分低收入人群；（3）第三次分配是社会慈善或志愿组织自主自愿将收入或财富直接配置给部分人群，它也是一种"再分配"过程，只是其资源配置和分配主体不是政府。通常认为，市场配置方式中由于存在竞争机制，生产要素的质量高低和供求关系会导致它形成的价格有高有低，因而会产生收入差距。而政府和社会慈善组织，出于公平、共享共富或人道目的，不考虑竞争和激励机制，在配置生产要素过程中不会出现收入差距过大情形，因而起到调节收入差距的作用。

1. 市场"初次分配"中收入差距形成和调节的理论逻辑

在市场经济体制下，居民收入和分配过程是生产要素、分配体制机制与制度政策综合作用的结果，用图示表示如下（见图4-3）。

在图4-3理论逻辑图中，居民收入差距是市场原因和非市场原因共同作用的结果。城乡居民将其所拥有的生产要素提供给市场，就会从企业、政府部门和社会组织等市场需求者那里获得收入，这一过程即"初次分配"。居民收入多寡取决于生产要素数量的多少、质量的高低和贡献的大小，数量多、质量高、贡献大，收入报酬就高；反之

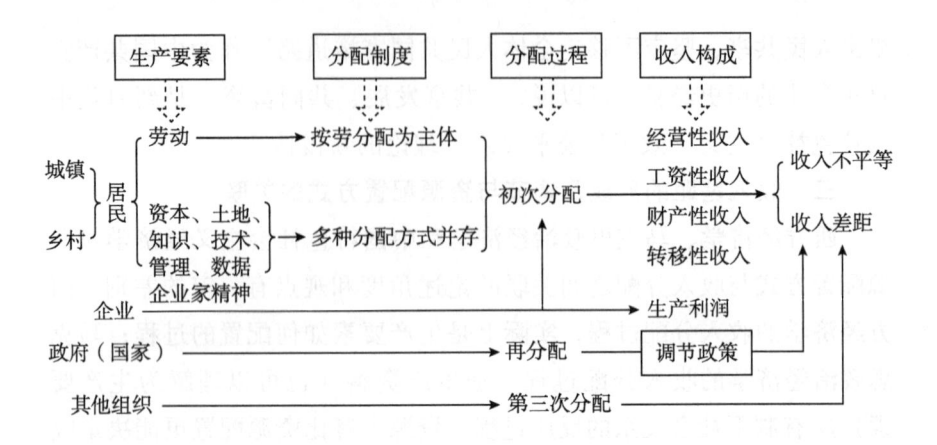

```
                生产要素        分配制度       分配过程      收入构成
                   ↓              ↓            ↓           ↓
                 劳动 ————→ 按劳分配为主体                经营性收入 ┐
         ┌居              ┐                              工资性收入 ├ 收入不平等
      城镇│民  资本、土地、 │                 初次分配                │
      乡村│   知识、技术、 ├→ 多种分配方式并存              财产性收入 ┘ 收入差距
         └   管理、数据   │                              转移性收入
                企业家精神 ┘                                  ↑
           企业 ——————————————————→ 生产利润                  │
        政府（国家）——————————————→ 再分配 ←→ 调节政策 ——————┘
         其他组织 ——————————————————→ 第三次分配
```

图 4-3　市场经济体制下收入差距形成及调节的理论逻辑

就低，于是收入差距就产生了。这是一个市场机制作用和自由竞争的过程。也就是说，在市场经济体制下，如果遵循与之相匹配的按要素分配的体制制度，必然存在一定的收入差距。进一步地，如果存在与市场决定要素价格相违背的情形，即生产要素价格形成的扭曲情形，如垄断、产权不清晰、信息不对称等导致生产要素不能自由流动、要素价格形成不合理，那么它所产生的收入差距就可以定义为收入不平等。因此，研究收入差距和不平等问题首先要把它与市场"初次分配"联系起来，在"初次分配"中努力避免收入差距过大。

更多学者赞同初次分配不公（收入差距和不平等）的产生与市场经济体制的不完善不健全有关。例如，张素芳（2005）指出，市场方式不仅能有效配置生产资源，还能"客观""公平"地分配经济利益，不受任何个人单方面意志和行政强权的支配；之所以出现收入分配不公平，是因为市场分配机制尚未建立和健全。赵学清（2015）指出，现阶段中国收入分配结构表现出要素向资本倾斜、市场向垄断倾斜、主体向政府倾斜、城乡向城镇倾斜等扭曲问题，其产生根源在于市场主体的平等地位没有充分实现、要素自由流动存在障碍、市场秩序不规范破坏等价交换原则、市场竞争不充分导致价格机制扭曲。

应该看到，市场方式下"初次分配"过程必然出现收入差距（市场失灵）并不可怕，一是因为可以通过政府"再分配"和社会组织

"第三次分配"调节和缓和（见图4-3）；二是可以通过制度规则的完善来纠正和弥补市场配置缺陷，即对市场"初次分配"机制进行修补，例如对生产要素的结构和流动进行引导或者限制（偏重劳动、技术和数据等要素，降低资本要素，允许土地要素城乡流动），对生产要素价格的高低予以限定（最高或最低标准），在"初次分配"中实现"公平"而非"效率优先"。

2. 收入差距拉大的四个起始原因

我们还需关注市场"初次分配"过程中收入差距拉大的起始原因（不平等），例如，为什么城乡居民会拥有不同数量和质量的生产要素？生产要素价格为什么不能合理形成？下文从所有制和产权归属、居民自身人力资本、外部条件和国家分配制度及原则四个角度来理解。

首先，从所有制关系和产权归属来理解——生产资料所有制和产权归属决定收入分配。例如，一个国家承认土地私有制，则拥有土地的生产者就会由此获得报酬、失去土地的生产者就丧失了相应报酬。再如，一位技术人员在某个企业单位进行科学研究，申请了相关的专利技术，它归属于谁所有，就会演化出不同的收入结果：如果归该技术人员所有，他就可以凭此专利技术获取相应收入报酬；反之，他不会因此获得任何收入报酬。从法律角度讲，所有制问题就是产权制度问题。例如，现阶段中国对农村土地进行产权改革，就是保证在集体所有制不改变的情况下，将土地产权明晰和细化，进而推动"三权分立"和土地流转与经营制度改革，保证农户可以因土地承包权获得相应收益，集体也可以因土地所有权获得对应收益。

其次，城乡居民拥有不同数量和质量的生产要素与城乡居民自身相关。例如，劳动和技术这两种生产要素，就与居民本身的身体健康程度、接受文化教育程度、对要素运用的技能和意识等有关，经济学称为"人力资本"：人力资本不同，由此获得的收入报酬也就不同。在现实生活中，不同人拥有不同的身体条件、文化学历和能力水平，就会产生收入差距。因此，提高和改善低收入人群的人力资本是缩小收入差距的重要途径。

再次，生产要素如何获得、拥有生产要素的多寡、生产要素能否获得与之匹配的收入报酬，与一个人所处的社会环境、空间地理位置和制度环境等外部条件紧密相关。例如，农村卫生医疗、社会保障等条件比城市要差一些，这就导致城乡居民因劳动要素而产生了收入差距。

最后，市场"初次分配"中出现收入差距过大，很大程度上与国家的收入分配原则和分配制度有关。如果一国政府对国民收入分配遵循"效率和公平同等重要"，而不是"谁先谁后"或"相互替代"，就会谋划在"初次分配"中如何缩小收入差距，在"按劳分配"和"按要素分配"中都要体现效率和公平的统一。例如，中国共产党十九届四中全会（2019年）明确坚持按劳分配为主体，强调"坚持多劳多得，着重保护劳动所得，增加劳动者特别是一线劳动者劳动报酬，提高劳动报酬在初次分配中的比重"；在此基础上，坚持多种分配方式并存，允许和鼓励资本、土地、知识、技术、管理、数据等其他生产要素参与分配，极大地调动了各方面的积极性，有利于缩小收入差距、实现共同富裕。

四 两种资源配置方式的收入分配效应比较

我们可以结合资源配置方式与生产要素价格的决定来理解收入差距形成问题，因为生产要素价格的决定方式和决定过程一般有两种——市场和政府：市场方式下，生产要素价格是一个供求相等、不受"外来力量"干预的结果；政府方式下，"外来力量"干预首先影响了生产要素的供求数量、供求能否实现（要素流动），进而影响到价格形成。也就是说，生产要素价格决定问题可以转化为供求关系问题来理解，而供求关系说到底是资源配置的问题。

假定一个社会中，要素（经济资源）的需求者为单一的生产者（企业或厂商），其行为目标为单一的利润最大化，它对要素的需求视要素价格、产品价值[①]、生产规模、市场前景等诸多市场因素来决定，

[①] 要素价格和产品价值，是西方经济学"边际生产率分配"理论（要素价格决定论）中要素使用的边际成本和边际收益，边际收益等于边际成本是决定需求者作出需求抉择的基本准则。

不受政府要素干预；要素的"原始供给者"①为居民消费者，其行为目标为收入最大化，其供给总量一定，其中可供生产的供给量除受到要素价格、企业需求量以及与"自留"部分效用比较等市场因素的影响外，还受到政府干预的影响。因此，可以从生产要素的供给来讨论市场和政府两种配置方式对价格形成的作用机理。

在图 4-4 中，生产要素的需求和供给分别用曲线 D 和曲线 S 表示。其中，供给线 SS_1 表示市场配置下的供给，SS_2 表示政府配置下的供给，在未达到潜在供给量前 SS_2 线高于 SS_1 线。这是因为市场配置下企业和居民对要素价格比较敏感，对政府配置下的要素价格不太敏感，因而市场下的供需量变动幅度要大于政府下的波动幅度；且政府出于维护社会公平目标，在同等需求状态下，其配置形成的价格一般会高于市场配置形成的价格。因此，在图 4-4 中，市场配置形成的要素价格为 P_1，政府配置形成的要素价格为 P_2，$P_2 > P_1$。一旦要素需求量达到潜在供给量 Q' 时，市场配置与政府配置所形成的价格 P' 也将趋于一致，大大高于企业所能付出的要素报价，必将寻找另一种替代要素。

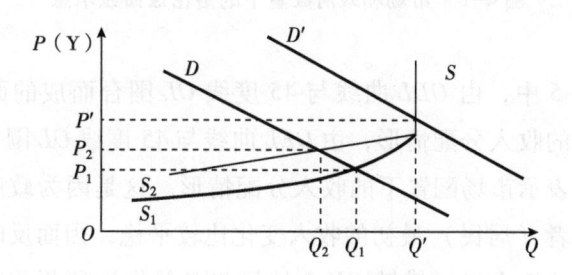

图 4-4 市场和政府配置下的要素价格形成

两种不同配置方式所形成的要素价格不一样，因而对要素所有者的收入构成和收入水平造成不同影响：要素价格高，居民收入就高；

---

① 这是因为要素所有者既有居民消费者，也有企业生产者。企业所生产的中间产品，也可成为一种生产要素，但这些"中间生产要素"往往离不开"原始"要素，如劳动、土地和资本等。一般地，可把"中间生产要素"当作中间产品来对待。

要素价格低，居民收入就低。一般地，在潜在供给量之前，政府配置方式下的要素价格变动比较小、居民收入比较平稳；市场配置方式下的要素价格变动更为频繁、居民收入波动幅度较大，也将造成整个社会的收入分配不均衡。在达到潜在供给量后，该要素无论是市场还是政府配置，都因其价格不可控而出现收入异常分化情形。我们将此收入分配效应以洛伦兹曲线图简要说明（见图4-5）。

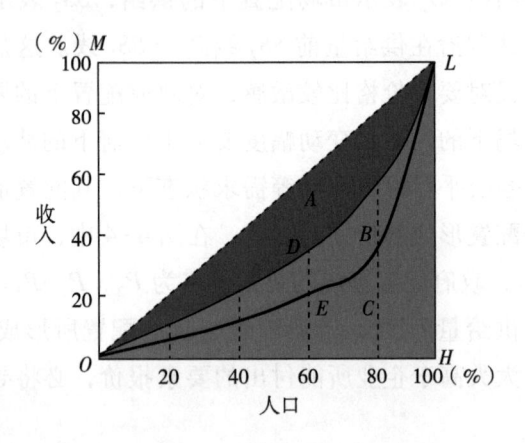

图4-5 市场和政府配置下的洛伦兹曲线示意

在图4-5中，由 ODL 曲线与 45 度线 OL 围合而成的面积 A 表示政府配置下的收入分配情形，由 OEL 曲线与 45 度线 OL 围合而成的面积（A+B）表示市场配置下的收入分配情形。这是因为政府配置下生产要素所有者（居民）最初的收入变化比较平稳，因而反映在洛伦兹曲线图的每一组人口（横轴 OH 上的每20%等份）所累积的收入比例（纵轴 OM 上的每20%等份）变化也比较平稳；而市场配置下的居民收入变动要大一些，低收入人群组与高收入人群组所累积的收入比例变动要大一些，因而其"不平等面积"要大一些。用基尼系数表示，政府配置下的基尼系数计算式为：

$$G_{政府} = \frac{A}{A+B+C}$$

市场配置下的计算式为：

$$G_{市场} = \frac{A+B}{A+B+C}$$

显然，$G_{政府} < G_{市场}$。

以上是生产要素在"初次分配"过程中所产生的收入差距情形，其结论是：出于社会公平目标的政府配置资源方式所带来的收入差距，比出于利润最大化目标下的市场配置方式要小一些。因此，在市场在资源配置中起基础性或决定性作用的情况下，可能会出现社会收入差距拉大和贫富两极分化问题，此时就需要政府和社会组织介入，进行"再分配"或"第三次分配"缓解和调节。

第二节 农村居民收入与资源配置方式演变关联的现实考察

改革开放以来，中国农村集体经济资源的配置，总体上由"政府"（行政计划）向"市场"转化，市场的"基础性"乃至"决定性"作用逐步显现。在此过程中，广大农民家庭收入也在增长中出现差距与分化，经济资源配置方式变革所带来的收入分配效应，具体体现在居民收入增长和差距变化所呈现的阶段性特征中。

一 农村居民收入增长的阶段性变化概况

按照国家统计局数据，2020年全国农村居民人均可支配收入为17131.5元，扣除物价上涨因素，比1978年人均纯收入133.6元增长了20.4倍；40多年年均名义增长率为12.3%，实际增长率为7.6%，实际增速略低于全国居民增速和人均GDP增速[1]。

---

[1] 参见《中国统计年鉴2021》数据：1979—2020年中国国内生产总值平均增长速度为9.2%，人均国内生产总值平均增速为8.2%，全国居民人均可支配收入平均增速为8.2%，城镇居民人均可支配收入平均增速为7.0%；2001—2020年国内生产总值平均增速为8.7%，人均国内生产总值平均增速为8.1%，全国居民人均可支配收入平均增速为8.9%，城镇居民和农村居民收入平均增速分别为7.8%和7.7%。

图 4-6 显示，农村居民人均纯收入（可支配收入）① 自改革开放以来持续保持增长，1994 年突破 1000 元，2014 年突破 1 万元，到 2020 年超过 1.7 万元。按国家统计局公布的数据，2021 年达到 18931 元，名义增长 10.5%，扣除价格因素实际增长 9.7%，名义增速和实际增速分别快于城镇居民 2.3 个和 2.6 个百分点（方晓丹，2022）。总体上，居民收入增长与经济增长速度同步，农民切切实实享受到了改革开放的"红利"。

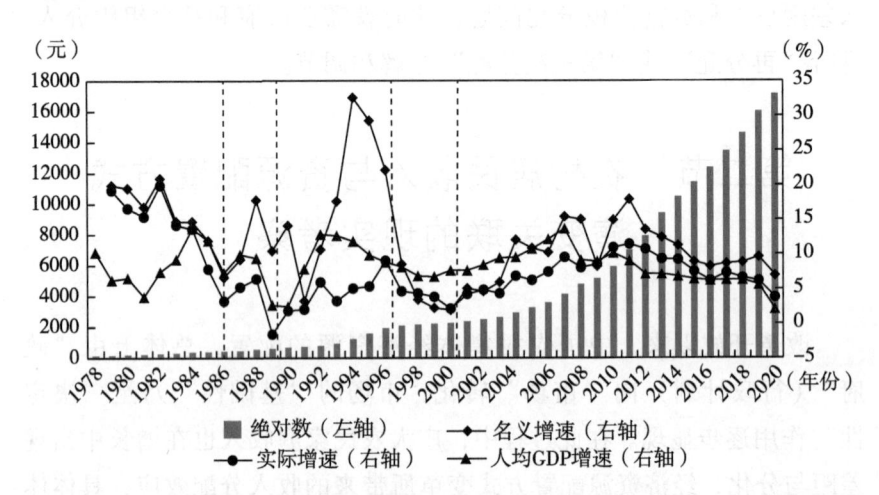

图 4-6　1978—2020 年中国农村居民人均纯收入（可支配收入）增长情况

资料来源：1978—2012 年数据来自国家统计局住户调查办公室高级统计师冯怡琳在官方网站所刊发的《反映居民收入实际增长要扣除价格上涨影响》一文［也可见人民网（财经），2013 年 11 月 14 日，http：//finance.people.com.cn/n/2013/1114/c1004-23540216.html］；2013—2020 年绝对数来自《中国统计年鉴 2021》，名义和实际增速来自国家统计局发布的历年统计公报；1978—2018 年数据也可见国家统计局住户调查办公室编《中国住户调查年鉴 2019》（中国统计出版社 2019 年版，第 39 页）。

按照实际增长速度的波动，40 多年来中国农村居民收入增长变化过程可分为 6 个阶段（见图 4-7）：（1）1979—1985 年高速增长阶段：年均名义增速 16.9%，年均实际增速 15.2%，但增长趋势是下降的，农村土地

---

① 自 2014 年起，国家统计局对中国农村居民收入统计口径进行修订，由此前的"人均纯收入"修改为"人均可支配收入"，家庭收入构成由此前的工资性、经营性、财产性和转移性四类收入修改为工资性收入、经营净收入、财产净收入、转移净收入四类。

"家庭承包制"改革的收入效应逐步减弱。(2) 1986—1988年低速增长阶段：年均名义增速11.2%，年均实际增速4.9%，且增长趋势是上升的。(3) 1989—1996年持续低速增长阶段：由收入负增长（1989年-1.6%）转为低速增长（1996年9%），年均名义增速17.5%，但由于此阶段物价一度高企，造成年均实际增速为3.8%。(4) 1997—2000年收入增速低且下降阶段：年均名义增速和年均实际增速仅分别为4.0%和3.7%。(5) 2001—2011年持续较高速增长阶段：年均名义增速10.9%，年均实际增速7.5%，开放的收入效应得到逐步释放。(6) 2012—2019年较高速增长阶段：年均名义增速10.2%，年均实际增速7.9%，但增长趋势逐年下降，这与中国经济进入"新常态"时期一致。由于新冠疫情的影响，2020年农村居民收入增长速度下降到3.8%，但2021年迅速恢复，两年平均实际增速上升到6.8%。

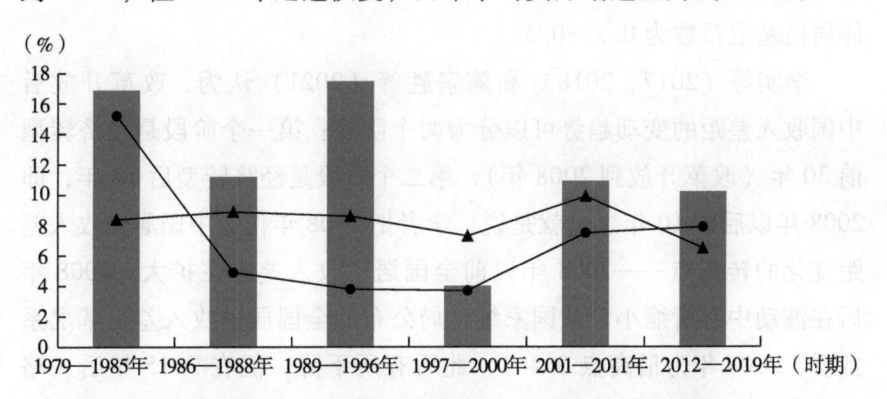

图4-7 中国农村居民收入增长阶段性变动状况

资料来源：根据国家统计局住户调查办公室编《中国住户调查年鉴2020》（中国统计出版社2020年版）中的相关数据计算绘制。

概括来说，改革开放以来，中国农村居民收入一直保持增长（仅1989年为负），从阶段性平均实际增速看，呈现"U"形态势。2010年以前，农村居民收入增长速度低于全国人均GDP增速，2011年以后为收入增速高于人均GDP增速。这说明中国收入分配制度所坚持的"发展成果由全体人民共享、实现共同富裕"原则逐步得到反馈。

二 农村居民收入差距变化的阶段性概况

新中国成立以来，中国城乡居民收入发生较大变化，一方面与国家的经济社会发展紧密相连，另一方面与国家的经济体制和收入分配制度变革息息相关。1956年社会主义制度建立以后，中国消灭了剥削制度，确立了计划经济体制和按劳分配制度，地区之间、城乡之间的收入差距均比较小，呈现低水平平均状态。按陈宗胜和张杰（2021）的研究成果，1949—1978年中国居民总体基尼系数均值为0.3150，农村内部和城镇内部分别为0.2670和0.2102，收入差距不大，处于相对平均的格局。

改革开放以后，随着市场经济体制的逐步建立和完善，分配制度在坚持按劳分配为主的同时，允许多种分配方式并存，收入差距在地区之间、城乡之间、贫富群体之间（全国居民之间）开始显现。总体上，东部地区居民收入是西部地区的1.6—2.0倍，平均在1.8倍左右；城镇居民是农村居民的1.86—3.33倍，平均在2.7倍左右；全体居民基尼系数为0.3—0.5。

李实等（2017，2018）和陈宗胜等（2021）认为，改革开放后中国收入差距的变动趋势可以分为两个阶段：第一个阶段是经济转型前30年（改革开放到2008年），第二个阶段是经济转型后10年，即2008年以后的10年。也就是说，学者把2008年作为中国居民收入差距变化的转折点——2008年以前全国居民收入差距在扩大，2008年后在波动中有所缩小。从国家统计局公布的全国居民收入差距基尼系数看，2008年为最高点0.491，此后有所下降，但在2015年后又略有上升（见图4-8）。

中国国家统计局自2013年开始，不再公布分城乡居民收入差距的基尼系数，但从已有研究成果看，学术界和政府部门都认识到，改革开放以后中国农村居民内部的收入分配差距在波动中有扩大的趋势，并且农村内部的差距大于城镇内部的差距，农村基尼系数略高于城镇（国家统计局，2001、2013；李实等，2017；杜鑫，2021；万海远等，2022）。依据国家统计局公布的农村居民收入数据，分别用收入不良指数（最高收入组与最低收入组的收入之比）和基尼系数来分析1978年以来农村内部居民收入差距情况。

农村居民按收入五等分分组，将高收入组与低收入组的收入进行

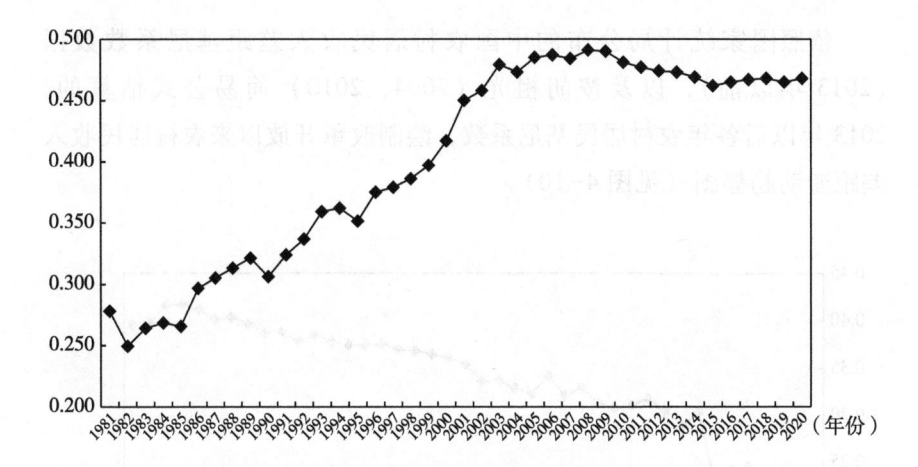

图 4-8 改革开放以来全国居民收入基尼系数

资料来源：2003 年以前数据来自张婵娜《中国居民收入分配差距评价综述》(《当代经济》2008 年第 9 期)；2003—2019 年数据来自国家统计局住户调查办公室编《中国住户调查年鉴 2020》(中国统计出版社 2020 年版，第 391 页)；2020 年数据来自《中国统计年鉴 2021》1-4"国民经济和社会发展比例和效益指标"。

比较，可以发现 2002 年以来均在 6.8 倍以上，平均为 7.99 倍，2016 年和 2017 年差距最大，达到 9.47 倍左右，远高于同期城镇高收入组与低收入组的收入比平均值（5.37 倍）和最高值（5.84 倍），也远远高于 1978 年以来城乡收入比倍数（见图 4-9）。

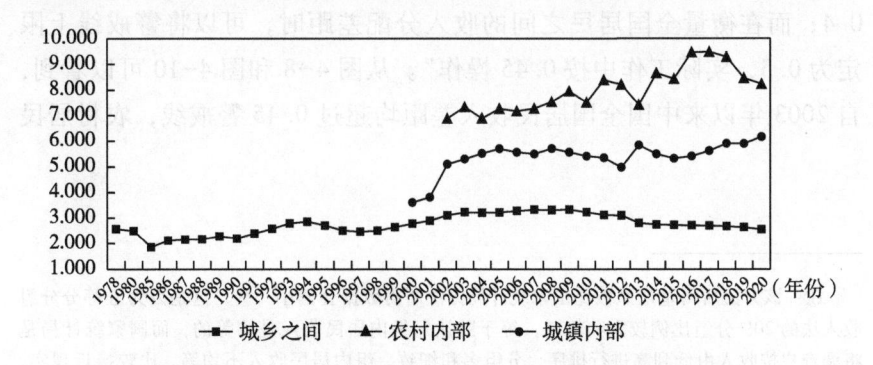

图 4-9 中国农村和城镇居民收入不良指数与城乡收入比

资料来源：国家统计局历年《中国统计年鉴》，其中未报告 1978—2001 年农村居民和城镇居民收入分组情况，2013 年以前农用人均纯收入、2013 年以后用人均可支配收入口径。

依照国家统计局公布的中国农村居民收入差距基尼系数数据（2013年以前），以及按胡祖光（2004，2010）简易公式估算的、2013年以后各年农村居民基尼系数，绘制改革开放以来农村居民收入差距变动趋势图（见图4-10）。

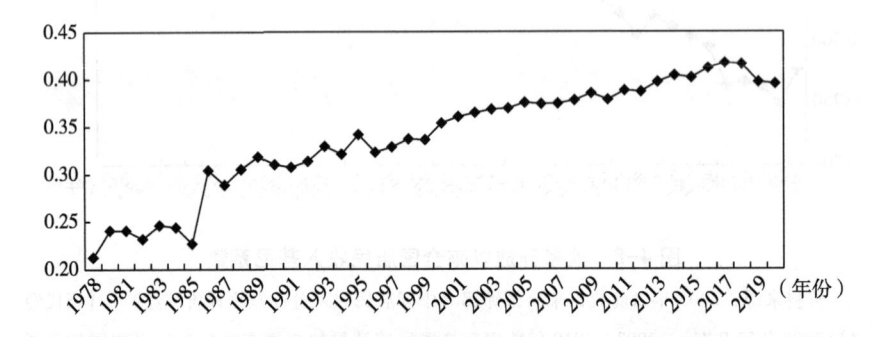

图4-10 改革开放以来中国农村居民收入差距变化情况

资料来源：1978—2012年数据来自国家统计局住户调查办公室编《中国住户调查年鉴2013》（中国统计出版社2013年版，第65页）；2013年以后数据根据胡祖光（2004，2010）农村居民可支配收入五等分分组"最高收入组与最低收入组各自所占的收入比重之差"简易公式计算所得①。

按照国家统计局（2001）的观点，"在单独衡量农村居民内部或城镇居民内部的收入分配差距时，可以将各自的基尼系数警戒线定为0.4；而在衡量全国居民之间的收入分配差距时，可以将警戒线上限定为0.5，实际工作中按0.45操作"。从图4-8和图4-10可以看到，自2003年以来中国全国居民收入差距均超过0.45警戒线，农村居民

---

① 该方法所得基尼系数比国家统计局方法所得数据会偏小一些，这是因为五等分分组收入法的20%分组比例较大和粗糙，等于默认每组内居民收入是均等的，而国家统计局是将调查户按收入由低到高进行排序，分组多和细致，组内居民收入不均等，比较接近现实，故所得基尼系数更为准确。具体方法参见胡祖光《基尼系数理论最佳值及其简易计算公式研究》，《经济研究》2004年第9期；胡祖光等《基尼系数与收入分布研究》，浙江工商大学出版社2010年版，第9—24页；王萍萍《关于我国居民收入基尼系数测算的几个问题》，国家统计局网（http://www.stats.gov.cn/ztjc/ztfx/grdd/201302/t20130201_59099.html），2013年2月1日。

收入差距在 2014—2018 年也超过 0.4 警戒线①，需要政府下力气调节居民收入差距问题。

三 农村居民收入构成与资源配置方式变迁的关联

农村居民收入构成的分析，可将收入来源渠道阐述清楚，进而能够反映农村经济资源配置的收入分配效应。如果收入构成中，以农业经营收入为主，则意味着土地等自然性资源的配置效应比较大；如果收入构成中，以财产性或转移性收入为主，则意味着资产性资源或政策性资源的配置效应比较大。从图 4-11 新中国成立以来中国农村居民收入构成演变看，农村居民收入结构变化发生四个转折，此四个转折点恰好是农村经济体制和资源配置方式发生巨大变化的时间点。

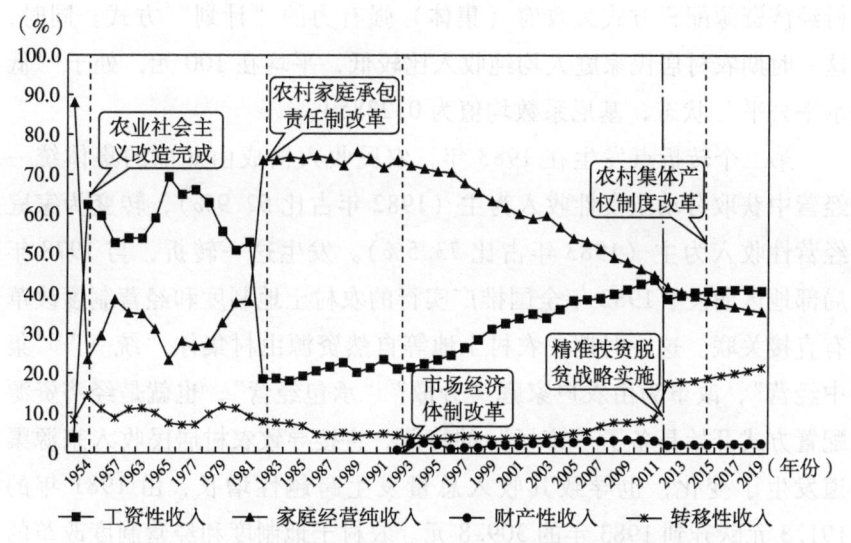

图 4-11 新中国成立以来中国农村居民收入构成演变

资料来源：1954—1977 年数据是依据国家统计局农村社会经济调查总队《中国农村住户调查年鉴 2000》（中国统计出版社 2000 年版，第 14 页）换算，其中"工资性收入"为该年年鉴中"劳动者报酬收入"（从集体统一经营中得到的收入），"转移性收入"为年鉴中"转移性和财产性收入"（其他非借贷性收入）。1978—2010 年数据来自国家统计局住户调查办公室编《中国住户调查年鉴 2011》（中国统计出版社 2011 年版，第 55 页）。2011—2020 年数据来自《中国住户调查年鉴 2021》。2013 年后收入构成为工资性收入、经营净收入、财产净收入和转移净收入四部分。

---

① 由于使用不同数据来源和计算方法，学术界对 2013 年以后中国农村居民收入基尼系数测算有不同结论，典型年份有：2013 年为 0.405（李实等，2017），2018 年为 0.413（万海远，2022），2019 年为 0.4591（杜鑫，2021）。

第一个转折点发生在 1956 年，收入构成由以家庭经营收入为主转变为以集体经营分得的收入为主。1953—1956 年是社会主义改造时期，这一时期农村经济资源配置随着生产资料所有制改造而发生变化，由此前的大地主私有和地主个人配置方式，改造为农民集体所有和政府"行政配置"方式，农村居民收入构成也由家庭经营收入为主（1954 年占比 87.9%），转变为从集体统一经营中劳动报酬收入为主（1956 年占比 62.4%）、家庭经营收入为辅（1956 年占比 23.3%），奠定了此后的农村居民收入单一和低水平平均格局。1956 年农业社会主义改造完成，到 1978 年，农民收入构成中超过 60% 是在集体统一经营中通过劳动获得的报酬，真正体现了"按劳分配"原则，此时农村经济资源配置方式为政府（集体）强有力的"计划"方式。同时，这一时期农村居民家庭人均纯收入比较低，平均在 100 元，处于"低水平公平"状态，基尼系数均值为 0.2385①。

　　第二个转折点发生在 1983 年，农民收入构成由此前的集体统一经营中获取劳动工资性收入为主（1982 年占比 52.9%），转变为家庭经营性收入为主（1983 年占比 73.5%）。发生这一转折，与 1978 年局部地区萌发、1982 年全国推广实行的农村土地制度和经营制度改革有直接关联。这一时期，农村土地等自然资源由村集体"统一""集中经营"，改革为由农户家庭"分散""承包经营"，也就是经济资源配置方式开始具备了"市场"的特征，直接导致农村居民收入来源渠道发生了变化，也导致其收入总量发生跨越性增长，由 1981 年的 191.3 元跃升到 1983 年的 309.8 元。农村土地制度和经营制度改革的头几年（1979—1984 年），也是农民收入增长最快的几年（年均实际增速为 16.5%），改革红利和资源配置方式变革的收入增长效应有了明显释放。

---

① 陈宗胜和张杰（2021）估算 1949—1978 年我国农村居民收入差距基尼系数均值为 0.2670，其中 1949—1951 年分别为 0.5013、0.4911、0.4809，土改开始后的 1952 年为 0.2917，1956 年为 0.2419，此后各年均在 0.2384；土地所有制改造和集体配置资源以及从集体经营中按劳动获取报酬的分配制度彻底改变了新中国成立初的收入不平等状态。详见陈宗胜、张杰《新中国前 30 年中国居民收入差别估算及影响因素分析——兼及改革开放前后中国居民收入基尼系数总趋势及比较》，《中国经济史研究》2021 年第 2 期。

第三个转折点发生于1993年，社会主义市场经济体制正式建立，农村居民收入构成中开始出现财产性收入（1993年占比0.8%），家庭经营性收入由高点（1993年为73.6%）开始下降，外出打工获得的工资性收入占比开始上升。这一结构性变化，表明农民家庭收入渠道开始多元化，除依靠土地、劳动（打工）等生产要素获得收入外，还存在依靠资本（资产）等要素获取收入的可能；这也意味着此后"按劳分配"不再是唯一的分配原则，"生产要素参与分配"成为新的内容。包括农村在内的经济资源配置方式的改革，改变了居民收入结构和收入总量（1994年后迈入千元时代），也开始构建了中国特色社会主义收入分配制度和分配原则。

第四个转折点发生在2015年，农村居民收入构成中工资性收入占比开始超过经营净收入占比（40.%vs39.4%），从农地自然性资源上获取收入，不再是最重要的渠道和方式。巧合的是，2015年中国开启了农村集体产权制度改革工作，对农村集体经济资源的权利归属和配置方式进行新的部署（例如，对集体资产进行清产核资和量化确权，推进经营性资产股份合作制改革，发展壮大农村集体经济），它必将对农村居民收入来源渠道、收入总量和收入差距等方面产生深刻的影响。当然，如果从转移性收入角度看，第四个转折点可提前到2013年，其占比开始上升到17.5%，远远超过此前各阶段中的占比。发生这种转折与2013年中国开始实施精准扶贫、精准脱贫战略紧密相关，政策性资源的配置带来了农村居民收入的增长和结构的变化。

四 农村集体经济资源配置方式的收入分配效应小结

如前所述，改革开放以来中国农村居民收入呈现两个特征：一是数量上持续保持增长态势，由1978年人均纯收入133.6元增长到2020年的17131.5元，扩大了20多倍，年均实际增长率达到7.66%。二是居民收入差距出现扩大化趋势，城乡居民收入比由1985年的1.86倍扩大到最高的2009年的3.33倍，2020年仍有2.56倍；农村基尼系数由1978年的0.21扩大到2017年的0.42，高收入组与低收入组的收入比由2002年的6.88倍扩大到最高2017年的9.48倍。农村居民收入总量增长和差距扩大这两个特征的形成，与农村经济体制变迁和集体经济资源配置方式的变革紧密相关：经济体制和资源配置方式的变迁改变了农村居民收入来源的渠道（收入构成），进而使得收入总量和内部差距出现变化。这种相互关联机理，可分解为收入结构效应、数量效应和差距效应。

一是农村集体经济资源配置方式的收入结构效应，这是从农村居民收入构成角度归纳的。改革开放以来的三次重大制度变革（20世纪80年代初的家庭承包责任制、90年代初市场经济体制建立和2015年农村集体产权制度改革），实质就是改革农村集体经济资源的配置方式，从改革开放前的村集体"统一计划"式配置，逐步改变为"政府+市场"的"混合式"配置方式，使农民家庭"从集体统一经营中获取劳动工资性收入"为主转向"家庭经营性收入"和"打工劳动获得工资性收入"为主，直至增加"财产性"和"转移性"收入，收入构成"多元化"。形成原因上，农村居民收入来源渠道（构成）之所以出现"多元化"，得益于资源配置方式的变革。

二是农村集体经济资源配置方式的收入数量效应，可从1978年以来农村居民收入增长历程得到结论。从收入增长指数和实际增速两项指标看，20世纪80年代开启的农村土地制度和经营制度改革，以及90年代初社会主义市场经济体制建立、2001年扩大开放加入WTO三次大事件（见图4-12圈中时间段），促使农村居民收入在较短时间内保持较高速增长，也是42年来增长最快的三个时期。这三次大事件，实质是经济资源配置方式的三次变革，从"统一计划"转向"市场"和"开放"。没有三次资源配置方式的根本性变革，农民收入也难以保持持续乃至加速式的增长势头。

三是农村集体经济资源配置方式的收入差距效应，可从农村居民收入差距的基尼系数变动趋势来观察。从图4-10和图4-12均可以看到，改革开放以后农村居民收入差距呈扩大之势，特别在2000年前和2010—2018年两个时间段扩大得比较明显，2018年后有所缩小。总体上，农村居民收入差距扩大的过程，也是中国经济体制和资源配置方式市场化变革的过程，二者具有较高的相关性。正如前文理论分析所指出的，市场配置方式下的初次分配必然会出现一定的收入差距。

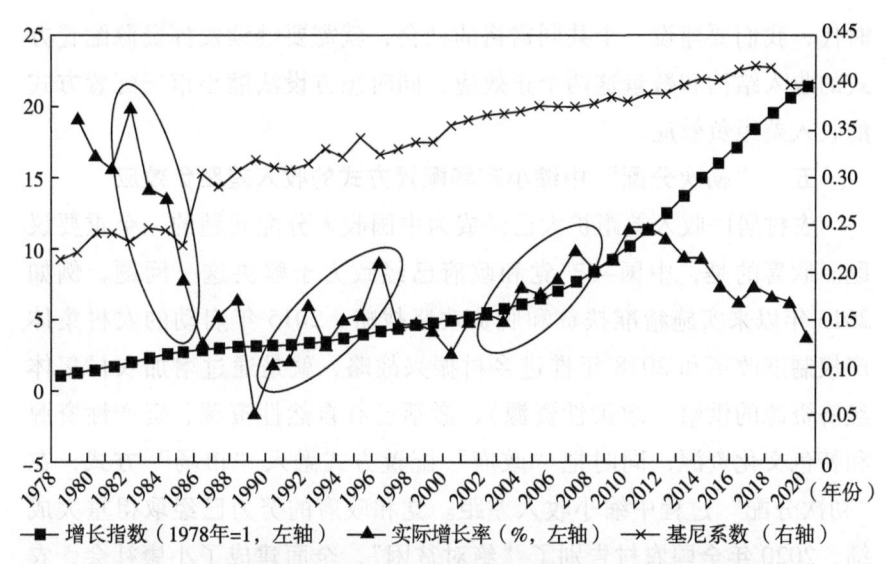

第四章　农村集体经济资源配置与收入分配的联结机理和现实考察 / 99

图 4-12　改革开放以来中国农村居民收入增长和差距变化趋势

注：农村居民收入增长指数一般以 1978 年 = 100 来核算和标示，本图简化为 1978 年 = 1，即将指数缩小到原来的百分之一，以便与实际增速数据在同一数轴上标示出来，并不影响结论。

资料来源：增长指数和实际增长率数据来自国家统计局住户调查办公室编《中国住户调查年鉴 2021》（中国统计出版社 2021 年版）；基尼系数数据来源同图 4-10。

同时，正因为改革开放以来中国农村集体经济资源配置的"市场化"程度还不太高，仍然以"政府主导"为主体，市场的"决定性"作用还不太强大，因而反映农村居民收入差距的基尼系数相对来说一直比较小，仅在 2014—2018 年突破了 0.4 的警戒线。2018 年之后，随着精准扶贫和脱贫攻坚战工作的推进，农村居民基尼系数下降到 0.4 以下，并在不断地缩小。这也说明，政府扶持和帮助（政策性资源）不仅对农村居民收入结构"多元化"和总量"增长"发挥了作用，还对调节收入差距起到关键性作用，"政府"配置是缩减农村居民收入差距的重要力量。

从"初次分配"过程来看，农村集体经济资源配置方式的收入结构效应、数量效应和差距效应的价值方向有所区别。总体上，改革开放后随着农村集体经济资源配置方式由单一的政府"统一计划"方式转向"政府+市场"的混合方式，它所带来的收入结构效应和数量效应是"正向""积极"的，差距效应却是"负向""消极"的。在新时代，我们要建设一个共同富裕的社会，就需要继续发挥资源配置方式的收入结构和数量这两个正效应，同时想方设法缩小市场配置方式的收入差距负效应。

五 "初次分配"中缩小市场配置方式的收入差距负效应

农村居民收入差距扩大已经成为中国收入分配问题的一个重要议题。欣喜的是，中国共产党和政府已经致力于解决这一问题，例如2013年以来实施精准扶贫和脱贫攻坚战略、2015年启动的农村集体产权制度改革和2018年推进乡村振兴战略，就是通过增加农村集体经济资源的供给（政策性资源），激活已有自然性资源、资产性资源和特色文化资源，同时把"政府"配置方式融入"市场"方式，在"初次分配"过程中缩小收入差距。党和政府的努力已经取得重大成绩，2020年全国农村告别了"绝对贫困"，全面建成了小康社会，农村基尼系数一再缩小。

本章第一部分第三节阐明，"初次分配"中市场配置方式的收入差距负效应（市场失灵）并不可怕，它既可以通过政府"再分配"和社会组织"第三次分配"予以调节和缓和，也可以通过扩大经济资源供给路径（如土地产权制度和经营改革，农业供给侧结构性改革）、分配制度的完善（如加大对劳动要素贡献度、贯彻落实"按劳分配为主体"制度），落实生产资料所有制的相关收入权力，在"初次分配"中防止市场配置方式的收入负效应扩大。

扩大劳动要素收入、贯彻落实"按劳分配为主体"制度，对于解决现阶段农村居民收入差距扩大化问题有重要指导意义。事实上，劳动要素和"按劳分配"制度对农村居民收入的影响力要比城镇居民的大得多。1956—1978年计划经济体制时期，广大农村居民依靠体力或智力劳动，从集体统一经营中获取"劳动报酬"、贯彻执行"按劳分配"制度，农村居民收入差距并不大。1978年改革开放之后，特别是1994年正式确认实行市场经济体制后，要素地位和分配体制机制发生较大变革：承认除劳动之外其他生产要素，诸如土地、资本、技术、管理和经验等，均可以获得相应报酬，实行"按劳分配为主体、多种分配方式并存"的分配制度。于是，地区之间和城乡居民之间因为存在拥有生产要素的种类差别、丰富程度和质量高低差距，在"初次分配"过程中逐步扩大和显性化了收入差距。图4-11表明20世纪80年代以来，中国农村居民收入构成中绝大部分是劳动要素收入：依靠"经营土地"（劳动）获得经营性收入和通过"打工"（劳动）获得工资性收入，农民较少因资本、技术和管理等要素而获得相应收入。一些学者早就研究指出，不同收入群体的要素收入来源不同，导致出现贫富差距，高收入群体的绝大部分收入来自资本和财产要素收入，中低收入群体则来自劳动要素收入，特别是财产性收入的"马太效应"会进一步扩大居民收入差距（Atkinson，2000）。20世纪90年代初以来，中国国民收入中的劳动要素收入份额持续下降、税前资本要素收入份额长期上升，是造成城乡居民收入差距扩大的重要原因（吕冰洋和郭庆旺，2012；郭庆旺和吕冰洋，2012；谭晓鹏和钞小静，2016；罗楚亮等，2021）。因此，强调劳动要素收入和按劳分配原则既是对农民劳动的认同，也是缩小贫富差距的重要方略。中国要坚持和落实"按劳分配为主体"的分配制度，就要从农村入手，在"初次分配"中重视劳动要素，以此缩小城乡居民收入差距和全体人民贫富差距。

中国特色社会主义收入分配理论指出，要重视"生产关系决定分配"的马克思主义观点，重视生产资料所有制与收入分配制的匹配和统一；在社会主义制度下，强调生产资料所有制对居民收入的决定作用。具体到农村，就是要落实农村经济资源的产权关系，如土地、山林、塘堰河湖等自然性资源，厂房、机器设备等经营性资源，各级政府的扶持资金和项目资源等，通过"确权"工作落实产权关系，并且通过"股改"途径进行多元化经营，使农民因产权改革而获得相应的财产性收入。

第三节　微观视角下的农村集体经济资源配置典型模式

改革开放以来，中国农村集体经济资源配置方式发生变革，与之对应的经济资源收入在农村集体、农户家庭以及各类经济社会组织之间发生变化，即收入分配效应。资源配置和收入分配二者之间的关联在一些典型村庄的发展过程中得到印证。可以说，一部村庄发展史就是一部农村集体经济资源配置方式变迁和收入分配变化的相互关联史，我们可从村庄的微观视角来观察二者关系。

一 中国农村和村庄发展类型

中国农村发展是不平衡的，一直存在地区差异。魏后凯、杜志雄（2020）测评全国四大地区发展水平指数，最高的是东部地区，2018年达到0.913；中部、东北与西部地区分别为0.746、0.669和0.659；省级层面上发展水平最高的五个省份依次为上海、浙江、北京、天津和江苏，最低的五个省份为青海、云南、贵州、甘肃和陕西，中间层级省份发展水平差距不太大。从衡量农村发展水平的三个重要经济指标——农村居民人均可支配收入、村集体资产和收入来看，农村居民收入的地区差异已有很多统计数据和研究结论予以说明：根据国家统计局的数据，2020年东部、中部、西部和东北四大地区依次为4.1万元、2.7万元、2.5万元和2.8万元，俨然有东部地区"一枝独秀"，中部、西部和东北三个地区"缩小趋同"，最终形成东部和其他地区两种状态之分；根据农业农村部数据，村集体资产东部总额达到5.0万亿元，中部和西部分别为1.4万亿和1.3万亿元；东部、中部、西部村均集体收入分别为183.5万元、83.7万元和52.3万元，呈现出地区发展不平衡的特征。

中国农村发展不平衡已经逐步表现为东部和中西部两大地区发展的不平衡，这一特点在农村基本单元——村庄（含村组）发展中得到体现。中国众多村庄在经济体制（包括资源配置方式）变革中发生较大分化，一些村庄变得更加富裕，也有一些村庄走向衰落乃至消亡。从集体经济资源配置方式看，富裕村和贫困村有一定差异，有的村庄"市场"方式更加突出，有的村庄"政府（集体）"方式更加明显。例如，江苏华西村、河南南街村、黑龙江兴十四村、河北周家庄，它们因集体分配、统一经营和村民生活幸福而成为"榜样名村"；山东东平、贵州六盘水等地的一些村庄，在政府引导下将集体土地或其他资产入股农业专业合作社或股份合作制经济组织，壮大了集体经济（徐勇，2015）；陕西礼泉县袁家村在村党委带动、农户自愿参与下，借助传统特色文化资源，开拓出农旅结合型股份制经济，村集体和农户增收明显；还有在脱贫攻坚和乡村振兴战略实施过程中涌现出来的贵州安顺塘约村、湖北京山马岭村、浙江宁波滕头村等，在村两委和村"能人"带动下配置村内集体经济资源，走出了一条集体经济繁荣、农户收入倍增的"明星村"成功发展道路。

二 农村集体经济资源配置的典型村庄模式

全国各地"榜样名村"和"明星村"的发展历程，贯穿着集体经济资源配置方式和各类经济主体收入分配的相互关联变迁历史。可以看到，这些村庄在集体经济资源配置、集体经济和农户增收等方面，已经形成了各具特色的经验和模式，是观察全国农村集体经济资源不同配置方式下收入分配效应的最佳样本。

改革开放以来，从全国范围看，东部沿海经济比较发达省份的农村，其资源配置方式由政府"行政计划"转向"市场"过程相对快一些，市场起着"基础性"乃至"决定性"作用；中西部经济相对落后省区的农村，其资源配置方式仍然以"政府主导"为主，政府作用更加突出。随着农村集体产权制度改革和乡村振兴战略的推进，全国更多村庄将会发挥政府和市场"双动力源"的作用，市场驱动+政府引导的"混合式"资源配置方式将越来越普遍（陈全功，2018、2021）。本书根据农村集体经济资源类型及其配置方式和收入分配效应，归纳出五种乡村模式：

（1）最早开启家庭承包经营、承包制（市场方式）为特征的安徽省小岗村——小岗模式；（2）以坚持集体统一经营和分配的集体（政府）方式而闻名的河北省周家庄乡——周家庄模式；（3）依靠村民自觉和村两委带领、重走合作化经营之路的重点贫困村贵州省塘约村——塘约模式；（4）依靠村党支部带领、坚持集体资产不流失、对集体土地等资源进行再集中和资产股份合作制改革的四川省战旗村——战旗模式；（5）以农村集体产权制度改革为主体内容、实行股份合作经营和管理的股份合作制改革模式。

需要说明的是,学术界近年已经从不同角度总结了农村集体经济资源的不同配置模式。例如,从每一类集体经济资源的配置角度进行分类,最典型的是对农村集体经济资源中建设性用地(宅基地)配置模式的总结,有重庆的"地票交易"模式①、天津的"宅基地换房"模式②,以及浙江的"两分两换"或"三置换"模式③。再如,毛科军等(2013)从配置的主体角度分为政府主导有偿征收集体土地模式、置换宅基地和其他建设用地模式、社区股份化改革模式、村集体主导的土地非农化资本化模式;董景山(2012)从集体土地所有权行使方式总结为农村社区股份合作、"公司+农户"、土地承包经营权流转、土地合作社、"公有公用"五类模式;尚旭东(2016)总结了农村集体土地经营权流转的信托模式,有湖南益阳"草尾镇模式"、江苏无锡"桃园村模式"和安徽宿州"朱仙镇模式"。本书所总结的五种农村集体经济资源配置模式,是基于全国范围内、在农村集体经济发展壮大和农民生活富裕幸福两个方面做得比较有特色、有影响的"榜样名村"或"明星村",从微观视角进行总结归类的。这种总结归类方法,不再局限于某一类集体经济资源的配置情况,是把农村集体经济资源看作一个整体,分析它们是如何配置的,以及这种配置方式所带来的收入分配效应。

---

① "地票"是建设用地指标凭证的通俗说法。它始于2008年12月重庆实施的《重庆农村土地交易所管理暂行办法》,将农村宅基地及其附属设施用地、乡镇企业用地、农村公共设施和公益事业用地等建设性用地复垦为耕地,经有关部门验收后由国土房管部门发出等量面积建设用地指标凭证,进而在土地交易所公开竞买交易。"地票交易"模式开启了当前各地实施的"城乡建设性用地增减挂钩"政策。可参见杜茂华《农村集体土地市场化实现路径研究》,经济科学出版社2017年版,第71—82页。

② 天津于2009年8月起实施的《天津市以宅基地换房建设示范小城镇管理办法》中对"宅基地换房"模式作出的基本要求是:村民以宅基地按照规定标准置换小城镇中的住宅,迁入小城镇居住;原宅基地经统一整理复垦以实现耕地总量不减、占补平衡。全国其他地方,如北京、上海、浙江等也实施了类似的"宅基地换房"模式。可参见毛科军等《中国农村资源资产市场化资本化研究》,山西经济出版社2013年版,第176—181页。

③ 浙江嘉兴实施的"两分两换",是指宅基地和承包地分开、搬迁与土地流转分开,以宅基地换城镇房产、以土地承包经营权置换社会保障。浙江余姚实施的"三置换"办法,是指近郊村和城中村的"农村住房和宅基地置换城市住房、土地承包经营权置换社会保障、村级集体发展留用地置换物业经济产权"的情形。可参见黄贤金等《"三块地"改革与农村土地权益实现研究》,南京大学出版社2016年版,第74—79页。

还需要指出的是，对农村集体经济资源配置方式的总结（本书第三章）与配置模式的总结既有区别也有关联。对配置方式的总结，是以经济学理论中的政府和市场两种角色和各自作用为基准来划分；而对配置模式的总结，则以在农村集体资源配置方式、集体经济与居民收入生活等方面比较有影响、有特色、有推广价值的村庄为基准进行分类的，它不局限于经济学理论中政府和市场的角色讨论，还从农村经济与社会福利变化、乡村治理等多个方面综合起来分析，即配置模式的总结主要考虑了配置方式所带来的收入分配效应，是一个更为综合和全面的分类方法。

第五章　农村集体经济资源配置小岗模式及其收入增进与分化

20世纪50—70年代，中国农村处于集体化发展阶段，农业推行合作化和集体化，农产品执行统购统销，行政治理实行人民公社制和城乡二元户籍制，从而构建起以"集中""计划"为特征的农村经济体系。在这一经济体系下，集体资源配置效率较低，农民的生产和劳动积极性不高，居民收入分配呈低水平均等状态。据统计，1957—1978年中国农村居民家庭人均纯收入由73.0元增加到133.6元，年均名义增长率仅有2.9%；到1978年全国有2.5亿人口温饱问题还没有得到解决。在这种情况下，以土地资源配置和经营制度为突破口，安徽省凤阳县小岗村率先将集体土地"包干到户"，开启农村经济改革的大幕。此后，"大包干"为主的家庭联产承包责任制在全国得到推广，农产品价格和统购统销制度随之放开，基层治理也由人民公社改为"乡政村治"，直至90年代迎来全面的社会主义市场经济体制改革。可以说，小岗村以"大包干"和"分"为特征的土地经营制度改革，改变了中国农村、农业和农民，改变了中国经济发展道路。从经济学角度看，小岗村改革既是一种资源配置方式的改革，也是一种收入分配制度的改革，它对于20世纪80年代以来的广大乡村发展，有着重要影响和启示作用。

第一节　走向家庭承包和分散经营的小岗模式

1978年以前，中国农村实行高度统一的政府计划体制，经济资源和收入分配均由政府支配和实施，农民没有自主进行资源配置和多种经营的权利（杜润生，2005），农业效率较低。党的十一届三中全会后，工作重心转移到现代化经济建设上来，提出要把农业尽快搞上去，为农村经济体制改革提供了机会和条件。

一　小岗模式原型：大包干和家庭联产承包责任制

1. 大包干缘起与推广

安徽省小岗村从空间地理位置和集体经济资源条件看[1]，在20世纪50—70年代并不算全国生产条件最恶劣的村庄，但却是一个相当贫穷的岗地山村。很多学术论著和文学作品描述小岗村当时是"吃粮靠返销、用钱靠救济、生产靠贷款"的"三靠"生产队（朱道才，2011；贾鸿彬，2018；陈学云等，2019）。1978年年底，在当时农村政策有所放宽情况下[2]，18户农民摁下手印、秘密地把生产队集体所有的生产资料（包括土地、种子、耕牛、农具）按人头分到各家各户，由各户自行生产经营，并约定上交国家和集体应交粮款，剩下的

---

[1] 小岗村地处安徽省滁州市凤阳县城东南部，离县城25千米、京沪高铁蚌埠南站40千米、京沪铁路凤阳站20千米，G36宁洛（南京—洛阳）高速公路凤阳出口15千米，省道307和101线依村而过，离附近淮河航运码头约20千米。1978年的小岗是梨园公社严岗大队的一个生产小队，全队20户、115人，人均耕地有5亩左右，种植小麦、水稻、玉米、大豆等粮食作物，以及花生、芝麻和油菜等油料作物，一年两熟或两年三熟。1993年3月，小岗队和大严队从严岗村分离出来，合并组成小岗行政村，全村57户、312人，耕地面积1600多亩。2008年3月，原小岗村与邻近的石马村、严岗村合并，成立现在的小岗行政村，隶属小溪河镇。现小岗村共辖23个村民小组、1040户、4173人（2022年数据），村民集中在3个小区居住；村域面积15平方千米（2.25万亩），可耕土地面积1.45万亩，另有产业园区1个、规划面积5平方千米。参见张庆亮、王刚贞《小岗村经济》，合肥工业大学出版社2021年版，第7—10页；凤阳县政府信息公开"小溪河镇小岗村简介"，凤阳县人民政府网，2022年2月1日，https://www.fengyang.gov.cn/public/161055574/1109629187.html；以及小岗村"大包干纪念馆"展示资料。

[2] 当时政策放宽主要表现在：（1）1978年年初邓小平在广东等地讲话中提出"尊重生产队的自主权，反对'一平二调'、瞎指挥"；（2）1978年4月《人民日报》刊文提倡家庭副业和多种经营，恢复并适度扩大自留地，发展社队企业；（3）党的十一届三中全会制定《中共中央关于加快农业发展若干问题的决定（草案）》，其中第三条允许包工到组，肯定了联产计酬管理方式，总体上提倡思想解放、制度创新（参见杜润生《杜润生自述：中国农村体制变革重大决策纪实》，人民出版社2005年版，第96—101页）。

留给自己，搞"大包干"（包干到户）生产责任制①。这一改变集体资源配置方式和生产经营及分配制度的行动，得到了凤阳县和安徽省委主要领导的肯定和支持，并被其他村庄仿效；肥西县还实行了"包产到户"试点，并推广到全县（杜润生，2005），由此拉开中国农村经济改革大幕。

与此同时，广东、贵州、云南等地许多生产队也采取了类似做法，得到了当地党和政府的支持。1980年5月，邓小平肯定了安徽省肥西县的包产到户和凤阳县小岗村的包干到户，"双包到户"改革成为农村乃至中国经济改革的突破口。中央75号文件（1980年9月）提出，在集体经济比较稳定的一般地区，可以不搞包产到户；对于边远山区和贫困落后的地区，可以包产到户，也可以包干到户②。到1981年年底，全国实行包产到户的社队已近半数（陈锡文，2018）。《全国农村工作会议纪要》（常说的第一个中央一号文件，1981年12月）发布，肯定了包产到户和包干到户，并宣布"长期不变"。至此，以包产到户和包干到户为主要内容的家庭联产承包责任制全面铺开，农业生产超常规发展（杜润生，2005）。到1982年年底，实行承包制的生产队占全国总数的86.7%，农户数已达90%。1983年1月，中央颁发《当前农村经济政策的若干问题》（第二个中

---

① 鉴于当时国家政策对"包产到户""包干到户"和"分田单干"有限制，为避开这些字眼，当时小岗村农民把他们搞的"包干到户"概括为"大包干"，意思是比之前实行"包产到组"和"包产到户"的程序和方法更为简单、责任更为具体、利益更加直接，其顺口溜是"大包干、大包干，直来直去不拐弯，交够国家的，留足集体的，剩下都是自己的"。

② 包产到户和包干到户都是家庭联产承包责任制的形式。最早报道"大包干"事件的新华社记者沈祖润（2018）回顾当时的"包产到户"与"包干到户"区别，前者有烦琐的程序，如四定一奖（定亩产、定成本、定工分、定上缴、超产奖励）和五统一（统一种植计划、统一育种、统一使用大型农机具、统一管水放水、统一植保治虫），后者"方法简单，一听就明，利益直接，一看就清"；大包干到户后，农民有了种植自主权、经营自主权，才有了多种经营和工副业发展。陈锡文等（2018）指出，"大包干"（包干到户）中包的不是承包土地上的产量，而是承包者应承担的国家征购任务和集体组织应收提留款，它虽然没有联系产量的指标，但实际上因每个农户对国家和集体应承担责任而有了产量要求。实践中，"包干到户"比"包产到户"更受欢迎。吴象（2019）也回顾指出，"大包干"责任制形式与当时生产力水平、农民文化水平和干部管理水平相适应，受到热烈欢迎。

央一号文件），对家庭联产承包责任制给予高度评价，认为它"发挥了小规模经营的长处，克服了管理过分集中、劳动'大呼隆'和平均主义的弊病"；到1983年年底，全国已有1.75亿农户实行了包产到户，占农户总数的94.5%。1984年1月，中央颁发《关于一九八四年农村工作的通知》（第三个中央一号文件），要求"继续稳定和完善联产承包责任制"，把土地承包期延长15年，并鼓励土地逐渐向种田能手集中。到1984年年底，全国569万个生产队中，99%以上实行了家庭联产承包责任制，其中96%以上实行的是包干到户（陈锡文，2018；国家统计局，1985）。1986年6月土地管理法颁布，以法律形式确立了农村土地承包制的合法性："集体所有的土地，全民所有制单位、集体所有制单位使用的国有土地，可以由集体或者个人承包经营，从事农、林、牧、渔业生产。土地的承包经营权受法律保护。"至此，以小岗村发源的农村集体经济资源承包制，真正成为中国一项基本国策和经济制度。

2. "大包干"引发的体制变革

小岗村的"大包干"，不仅包含对集体经济资源的处置方式进行变革（承包到户），还包含了对经营体制和分配制度的变革，并引发了乡村治理体制变革。在经营体制上，它改变了此前的"大集体"统一经营体制，以一家一户为单位开始实行"分散经营"，使农村生产经营方式二元化。此后，1983年中央一号文件指出，联产承包责任制采取了统一经营与分散经营相结合的原则，使集体优越性和个人积极性同时得到发挥。1986年中央一号文件首次提出"统一经营与分散经营相结合的双层经营体制"，并指出"由于各地社会经济条件差异较大，统分结合的内容、形式、规模和程度也应有所不同"。据统计，1987年年底，全国约有1.8亿农户告别集体统一经营、改由家庭分散经营，占全国农户总数的98%。1991年11月，党的十三届八中全会通过《中共中央关于进一步加强农业和农村工作的决定》，明确"把家庭联产承包为主的责任制、统分结合的双层经营体制，作为中国乡村集体经济组织的一项基本制度长期稳定下来，并不断充实完善"。1993年3月，全国人民代表大会审议通过宪法修正案，正式确立了这一中国农村基本经营制度，一直延续至今。在分配制度上，小岗村打破了之前的"大锅饭""平均主义"，采取"大包干"形式，在保证完成国家征购和集体提留任务后，剩下留给自己，完全体现了按劳分配、多劳多得、少劳少得的原则。

小岗村"大包干"还引发了中国农村治理体系变革。因为实行大包干之后，家庭农户成为农业生产经营的主体，国家的农产品征购任务和集体组织的提留款直接由农户完成，不再需要生产队（大队和小队）来直接组织生产经营活动和统一核算与分配；生产队的职能将更多转向对土地等集体资产进行管理，以及为农户提供服务。与之相对应，"政社合一"的人民公社体制就需要调整①，分为承担经济管理和公共服务的两个体系，即经济和行政上的分开（政社分开）。1983年中央一号文件提出："人民公社的体制，要从两方面进行改革。这就是，实行生产责任制，特别是联产承包制；实行政社分设。"1983年10月，中央发出"政社分设"通知，建立乡政府和村委会，实行"乡政村治"；至此，存在了25年的人民公社体制停止运行。根据《改革开放简史》数据，到1985年6月，全国5.6万多个人民公社改建为9.2万多个乡（镇）人民政府，54万多个生产大队改为82万多个村民委员会，"政社合一""政经一体"的乡村治理体系和经济体制发生了巨大变化。

3. 小岗模式原型总结

小岗村的"大包干"，将集体资源"承包到户"、农业生产"分散经营"和收入分配"按劳分配"有机结合，形成了一套与当时普遍推行的"集体化"截然不同的资源配置模式。它最初由农民自发组织和实施，虽然后期得到政府的支持，但在当时的历史环境下，这种自发性、自下而上的变革更值得宣传。特别是在这一模式形成过程中，改变了原来生产队集中决策和集体经营的规则，变为分户决策、

---

① 从经济理论上看，人民公社体制体现的是一种合作经济和集体经济，其运行的组织基础是合作组织和集体组织，如合作社、集体组织（生产大队或小队），由其实行统一经营、统一核算和统一分配。大包干后，集体组织（生产队）的经济功能弱化和转向，导致建立在此基础上的人民公社运行方式没有必要继续存在下去。

第五章 农村集体经济资源配置小岗模式及其收入增进与分化

分户经营,可谓引入了市场经济的运行规则①,因此,本书把它称为"萌芽期"的"市场主导式"资源配置方式。1983年中央一号文件发布后,家庭联产承包责任制得到全面推广,此阶段的"承包到户"是在各级政府的公开组织和推动、自上而下进行的,可以说是"政府主导式"的资源配置方式,一直贯穿到20世纪90年代中期出现新的"市场主导式"土地流转形式。为了区别20世纪80年代的承包制与90年代中期的土地流转制,本书将80年代至90年代中期的"分田到户、大包干"为内容的家庭联产承包责任制称为"小岗模式原型",将90年代中期之后的土地流转制称为"小岗模式延伸"。

小岗模式原型的核心内容是"包"和"分"。"包"是指家庭承包,强调农村集体经济资源在不改变所有权的前提下,由本村集体成员农户进行承包,即农民仅获得该资源的承包经营权。"分"是指分散经营,强调以家庭为单位进行小规模经营,不再实行以集体组织为单位的"集体化"生产经营。实践中,"包"和"分"是同时进行的,我们进行区分是为了说明前者是对集体资源的处置方式、后者是农业生产经营的方式,也就是常说的承包权和经营权的不同。可以看到,小岗模式原型区分了所有权和承包经营权,二者分离。在20世纪90年代中期,出现了农户将自己承包的集体土地转包或出租给其他农户经营,此时承包权和经营权发生分离,形成"三权分置"局面。

家庭联产承包责任制实施过程中,一些村庄不仅将田地、山林等自然性资源进行发包和承包,还把一些生产工具和生产资料"分"给农户;80年代中期,承包的范围进一步扩大,一些资产性资源和经营性资源,如房屋、库存物品、机器设备,以及种养殖场和社队企业都被"卖"给农户,造成集体经济资源全部分散经营的局面。这时"分"已经突破"分散经营"的初义,一度成为家庭联产承包责任制内容的总括词。

---

① 刘奇(2019)在总结小岗村的历史贡献时,认为它探索了一条中国特色社会主义市场经济的发展道路,小岗村的家庭承包经营是按市场经济规则进行的。

二 小岗模式延伸：土地流转多元化

1. 土地流转新形式出现

小岗村"大包干"和家庭联产承包责任制的实行，一方面调动了广大农民的生产积极性，提高了土地的投入产出效率（阮文彪，2007），另一方面也暴露出土地小块分割细碎化、难以开展规模经营的缺陷（李远行、何宏光，2012）。随着农业生产力提高和农村分工分业的发展，部分农户有可能要退出农业生产不再承包经营，农地有可能再次被要求集中进行规模经营，"收益+需求"成为农地流转的重要原因（邓大才，2009）。也就是说，原承包到户的农地，可能出现农户自己进行的流转，也可能出现由村集体或上级政府出面进行的流转，这两种流转形式分别为"诱致性流转方式"和"强制性流转方式"（许建明、邓衡山，2016）。本书从资源配置方式分为"市场主导式"和"政府主导式"土地流转①。

党中央和国务院早已预估到农村集体土地承包到户后会出现新的土地流转，1984年和1986年中央一号文件明确承包地可以交由集体安排或转包。1987年，国务院作出建立农村改革试验区的决定，在山东平度开展"两田制"，在北京顺义和苏南三县开展"规模经营"，在广东南海开展"股份合作"试验（杜润生，2005），以及在湖南怀化等地进行"荒山拍卖"试验，政府主导的市场配置开始出现。

20世纪90年代中期，随着农村剩余劳动力外出就业和城镇化加速，"市场主导式"和"政府主导式"土地流转开始增多，主要表现为：一部分农户自发将自己承包的农用地转包或出租给村内其他农户，或者农地代耕、互换和转让；村集体将农户抛荒土地收回再承包或出租给其他农户，返租倒包成为新形式；在建设性用地上，政府采取了征用式的流转方式。自此，农村集体土地的"农—农"之间（农用地）、"农—非"之间（建设性用地）的流转制，已经不同于80年

---

① 本书第三章以不同主体主导的土地流转来划分资源配置方式，其中政府或村集体主导的发包、出租和出卖行为，属于初次流转，将村集体返租倒包的再次流转情形界定为"政府主导式"资源配置方式，而将农户和非村集体主导的互换、出让、出租、入股、合作等再次流转界定为"市场主导式"资源配置方式。

代家庭联产承包责任制下的初次流转,是第二次乃至多次流转(再次流转)。进入21世纪之后,一些农户将其承包地以出租、合作、入股等形式,自主地流转给非本村集体成员或经济主体,村集体将农户承包地回收集中形成规模,出租给农民专业合作社或龙头企业,形成更多元的流转制,市场元素和特征更为明显,带动农业农村改革持续深化。据农业农村部数据,全国家庭承包耕地流转面积从1994年的900万亩增长到2020年的5.65亿亩,增长60多倍(见图5-1)。2020年流转面积占农户承包耕地面积的36.2%,其中出租(转包)形式占89.3%、入股形式占5.5%。到2020年年底,全国已建有乡镇土地流转服务中心2.2万个,省、市、县三级流转市场总数达到1589个,覆盖全国60%涉农县[①]。

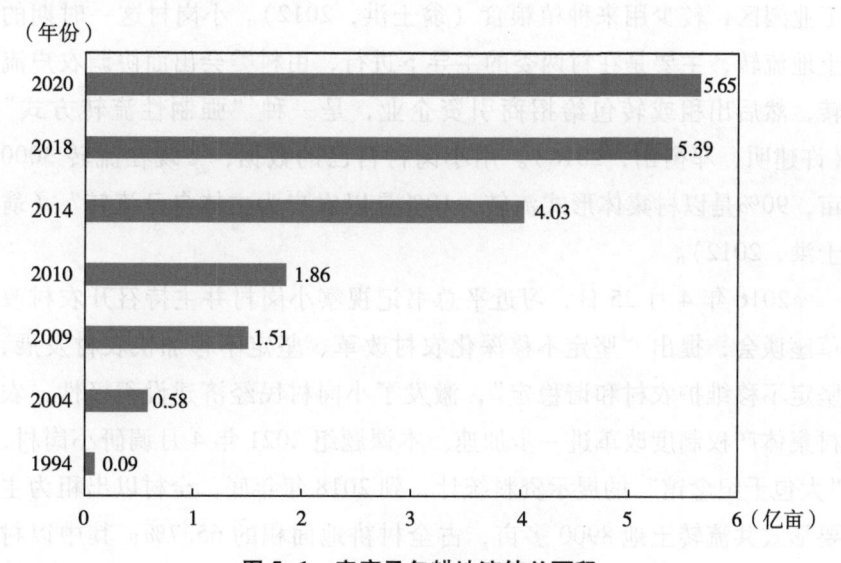

图5-1 家庭承包耕地流转总面积

年份	亿亩
2020	5.65
2018	5.39
2014	4.03
2010	1.86
2009	1.51
2004	0.58
1994	0.09

资料来源:1994—2018年数据来自农业农村部《数说新中国70年农业农村巨变》,《农民日报》2019年11月22日第6版;2020年数据来自农业农村部政策与改革司编《2020年中国农村政策与改革统计年报》,中国农业出版社2021年版,第15页。

---

① 2020年统计口径将土地流转分为土地承包经营权转让和互换、土地经营权流转(出租、入股和其他形式)两大类;2020年数据含转让和互换面积。参见农业农村部政策与改革司编《2020年中国农村政策与改革统计年报》,中国农业出版社2021年版,第140—141页。

2. 小岗模式延伸的主要表现

小岗村在 21 世纪初也出现了新的土地流转形式。2001 年，对口支援小岗村的江苏省张家港市长江村来村投资建立葡萄种植园，按每亩 500 元/年的租金从 17 户农户手中租赁 80 亩农地，由此拉开小岗村土地再次流转的序幕。此阶段的土地流转规模小、流转期限短、租金较少（翁士洪，2012）。2004 年，安徽省财政厅干部沈浩同志被委派到小岗村任第一书记，他带领小岗村民走现代农业之路，开发旅游业和招商引资办工厂，推行承包地流转集中。据《经济参考报》报道，到 2008 年小岗村 60%的承包地实现了流转，流转的形式主要是出租，占 51.9%，此外还有转包、转让、代耕等方式（柴向南，2010）；流转出去的土地主要被用于发展养殖业和深加工，以及建立工业园区，较少用来种植粮食（翁士洪，2012）。小岗村这一时期的土地流转，主要是在村两委的主导下进行，由村委会出面协调农户流转，然后出租或转包给招商引资企业，是一种"强制性流转方式"（许建明、邓衡山，2016）。用小岗村自己的数据，"现在流转 3000 亩，90%是以村集体形式流转，10%是以农户为主体自己流转"（翁士洪，2012）。

2016 年 4 月 25 日，习近平总书记视察小岗村并主持召开农村改革座谈会，提出"坚定不移深化农村改革、坚定不移加快农村发展、坚定不移维护农村和谐稳定"，激发了小岗村民经济建设积极性，农村集体产权制度改革进一步加速。本课题组 2021 年 4 月调研小岗村，"大包干纪念馆"的展示资料统计，到 2018 年年底，全村以出租为主要形式共流转土地 8900 多亩，占全村耕地面积的 65.7%；其中以村集体为中介的规模流转 6800 多亩，农户之间的零散流转 2100 亩，分别占流转面积的 76.6%和 23.4%。另外，小殷组还在 2018 年成立了土地股份合作社，实现 800 多亩承包地的村内"农—农"流转，探索"股田""小田变大田""一家一田"等多种经营形式，取得较好效果。

小岗村从 1978 年"大包干"到 21 世纪"土地流转"，由"分"（分散经营）到"合"（合作经营），可谓两次"变革"，区别是前一次属于村民主动、自发而为，后一次是在村集体"半强制"下被动而成。从资源配置角度看，两次变革中都存在"市场主导"和"政府主导"方式，但总体上是朝市场化方向前进，不断探索和适应着市场经济体系。可以说，21世纪的"土地流转"，是1978年"大包干"的延伸和深化，是小岗模式的一个组成部分（见图5-2）。

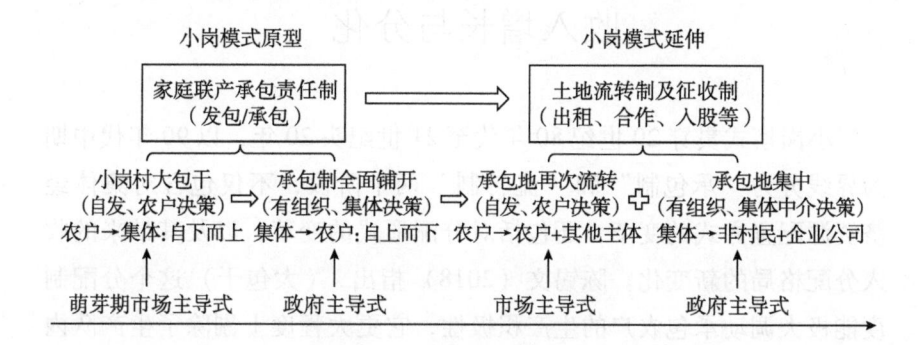

```
        小岗模式原型                              小岗模式延伸
   ┌─────────────────┐                     ┌─────────────────┐
   │ 家庭联产承包责任制 │  ═══════════▶      │ 土地流转制及征收制 │
   │   （发包/承包）    │                     │ （出租、合作、入股等）│
   └─────────────────┘                     └─────────────────┘
   小岗村大包干      承包制全面铺开      承包地再次流转      承包地集中
  （自发、农户决策）⇒（有组织、集体决策）⇒（自发、农户决策）＋（有组织、集中中介决策）
  农户→集体：自下而上  集体→农户：自上而下  农户→农户+其他主体  集体→非村民+企业公司
   萌芽期市场主导式     政府主导式           市场主导式          政府主导式
   ─────────────────────────────────────────────────────────────▶
```

图5-2　小岗模式的演变历程

20世纪80年代至90年代中期，由小岗村发轫的"大包干"进而推广到全国，确立了家庭联产承包责任制，成为转轨时期中国农村集体经济资源配置的基本形式，属于小岗模式原型。它是一个自下而上的制度变迁过程，很多学者称之为"诱致性制度变迁"。到90年代中期，一些乡村开始萌发新的土地再次流转形式，与"大包干"类似，也是先由农户自发形成、农户自行决策而成[①]，进而由政府支持或引导推广到全国，再次呈现"诱致性制度变迁"特性。2015年，随着农村集体产权制度改革试点工作的开启，在政府的引导和推动下[②]，农村集体经济资源配置形式更加多元化，征收式、出租式、合作式、股份式不断涌现，"市场+政府"的混合式配置方式成为主导方式。

[①] 小岗村的土地再次流转发生2000年之后，且最早不是由农户自发形成、农户自行决策，是在村两委作中介进行的；2008年后才有了自发的土地再流转。

[②] 陆益龙（2013）把政府通过具体的政策实践和创新策略来影响社会成员行动，进而达到制度变迁目的的过程定义为"引导性制度变迁"，并认为推动小岗村发展过程中，政府的引导作用比主导作用更有价值。

此阶段的集体资源配置模式可称为"小岗模式延伸",它以多元化土地流转为主要内容,以"市场+政府"为特征,展现出中国特色社会主义市场经济配置资源的特色。

第二节 小岗模式的收入分配效应:收入增长与分化

小岗模式贯穿20世纪80年代至21世纪头20年,以90年代中期为界线分为"承包制"和"流转制"两个阶段,不仅包含对集体经济资源配置方式的变革,还包括对分配形式的变革,以及其带来的收入分配格局的新变化。陈锡文(2018)指出,(大包干)这个分配制度能极大调动承包农户的生产积极性,它更大程度上剔除了生产队内人与人之间的平均主义因素。从一个较长时间段来看,土地承包制和流转制一方面促使农民家庭收入结构变化和总量增长,另一方面也带来居民间收入差距拉大、分化的问题,同时使村集体与农户利益分享不均、出现集体经济发展不足问题。

一 小岗模式下的农户收入增长

1. 农业生产和小岗村民收入变化

小岗村1978年开启的"大包干",改变了人民公社制下土地和生产资料由集体配置和生产经营的模式,实行"承包"和"分散经营",并在"保证国家的,留足集体的,剩下是自己的"收入分配约束和激励机制下,充分激发了农民生产的积极性,使农业生产取得了突破性进展。据介绍,实行"大包干"的第二年(1979年),在遭遇罕见大旱情况下,小岗队仍然取得大丰收:粮食总产量达到13.3万斤,相当于1966—1970年五年产量的总和;上缴粮食6.5万斤,是合作化以来第一次向国家交售余粮。油料总产量超过3万斤,相当于过去20年产量总和;卖给国家2.5万斤,超任务80多倍。此外,各家各户还饲养生猪共135头,农副业得到同步发展,全队告别了20

多年吃"救济粮"的历史①。根据本课题组 2021 年 4 月调研小岗村的资料，据估计全队当年收入达到 47000 多元，人均 400 多元，是 1978 年 22 元的 18 倍之多；最富的家庭达到 5000—6000 元，人均 700 多元，最穷的家庭人均也在 250 元以上（1979—1981 年全国农民人均纯收入分别为 161 元、191 元、223 元）。

"大包干"不仅解决了小岗村民温饱问题，也基本解决了全国农村人口温饱问题。据统计，1978—1984 年中国粮食总产量由 6095 亿斤上升到 8146 亿斤，增长了 33.7%；人均粮食占有量从 633 斤增加到 781 斤，增长了 23.4%（陈锡文等，2018）。林毅夫（1994）曾测算，中国 20 世纪 80 年代农村各项改革措施中，家庭承包经营制对 1978—1984 年农村产出增长的贡献率为 46.89%，高于化肥和其他投入要素的贡献率（45.79%）。1985 年以后，全国农业生产虽有几年波折，但总体上保持了向上态势，粮、棉、油等农产品产量不断攀升，到 1999 年粮食总产量超过 1 万亿斤、棉花近 80 亿斤、油料超过 520 亿斤。农村居民人均纯收入持续增长，到 1999 年增加到 2210.3 元，扣除价格因素后是 1978 年的 4.7 倍，年均增长 21.5%，高于城镇居民人均可支配收入年均增长速度（城镇为 16.4%）。进入 21 世纪以后，随着农村土地流转形式多元化，农业经营出现家庭"分散经营"与新型经营主体"规模经营"齐头并进局面，全国农业生产继续保持上升态势，2007 年粮食产量超过 5 亿吨，2012 年超过 6.1 亿吨，此后持续保持在 6.6 亿吨水平上，2020 年达到 6.7 亿吨，创历史新高（见图 5-3）。

---

① 小岗村"大包干纪念馆"展示资料显示：1966—1976 年全队粮食总产量维持在每年 3 万斤左右，最低的 1968 年仅 2 万斤，全年人均口粮 105 斤（日均 0.29 斤）；最高的 1969 年有 4 万斤，全年人均口粮 330 斤（日均 0.9 斤）；平均吃供应粮（救济粮）时间在 5—7 个月，1975 年达到 10 个月。全年人均收入在 25 元左右，最高的 1969 年为 40 元，最低的 1966 年为 16.5 元。另据陈学云和程长明（2020）考证，1966—1976 年的小岗队，每年粮食总产量基本维持在 3 万斤，收成最好的 1969 年人均日口粮不到 1 斤，最差的 1968 年仅 0.23 斤，农民全年有一半时间要靠救济粮生活。

图 5-3　1978 年以来中国主要农产品产量变化

资料来源：国家统计局编：《中国统计年鉴2021》，中国统计出版社2021年版。

小岗村最早开启"大包干"，使农民获得了农业生产的自主权，此后五六年比其他地方的农民生活略微富裕一些（张庆亮、王刚贞，2021）。但随着经济体制改革的全面推进，乡村工业（乡镇企业）和城市化建设加速发展，越来越多的生产要素流向工业和城市，小岗村人和全国其他绝大多数地区的农民一样，依靠农业生产获得收入的能力逐渐减弱，始终徘徊在"温饱有余、'富裕不足'"境地。据介绍，1998年小岗村人均纯收入只有1800元左右，低于全县平均水平，村集体欠债3万多元。2004年，沈浩担任村第一书记后，主张调整产业结构和生产经营形式，大力推动招商引资和土地流转，拓宽了农民增收渠道。在他和村两委的努力和上级政府的支持下，小岗村民家庭收入快速增长，到2008年人均纯收入达到6600元，高出凤阳县农民人均纯收入2000多元，比安徽省人均水平高39%（朱道才，2011）。"十二五"时期和"十三五"时期，小岗村持续推进产业结构调整和集体经济产权制度改革，农民收入得到较快增长。根据本课题组2021年4月的调研，2018年小岗村人均可支配收入达到21000多元，村民还从村集体资产股份公司（小岗村创发公司）中人均分红350元，从40年前"户户分田"到40年后"人人分红"的巨大转变，土地"改革红利"继续释放。

2. 农民家庭收入结构和总量变化

1978年小岗村实行"大包干"和1983年全国普遍推行家庭联产

第五章　农村集体经济资源配置小岗模式及其收入增进与分化

承包责任制后，农村居民家庭收入结构发生了根本性变化——在承包地上经营性收入占了家庭收入最大份额，改变了人民公社体制下劳动收入（工资性收入）占最大比重情况。第四章第二节回顾中国农村居民家庭自新中国成立以来收入变迁时指出，居民收入构成变化的第二个转折点发生在1983年，经营性收入由此前一年的38.1%（工资性收入占比52.9%）提高到73.5%（工资性收入占比18.6%），此后家庭经营收入一直占最大比例，直到2015年第四个转折点——工资性收入再次超过经营性收入。可以说，土地承包制和流转制改变了中国农村居民家庭的收入来源和渠道，带来了结构效应，在此不再详述和讨论。

小岗模式还带来农村居民收入总量效应，即收入总量持续增长。据统计，实行"大包干"和家庭联产承包责任制早期（1978—1984年），全国农民人均纯收入从134元增长到355元，扣除价格因素后实际增长1.5倍，年均增长16.2%（陈锡文、罗丹、张征，2018），是改革开放以来农村居民收入增长最快的时期。1985年以后，随着承包制的"改革红利"逐渐缩减，农村居民收入增速有所下降，其中1986—1990年年均实际增速为3.0%，1991—2000年为4.6%，2000年人均纯收入为2282.1元，扣除价格因素后是1978年的4.9倍。进入21世纪以后，农村居民收入增速有所上升，2001—2020年年均实际增速为7.7%，到2020年达到17131.5元，扣除价格因素后是1978年的21.4倍（见图5-4或第四章第二节"农村居民收入增长的阶段性变化概况"）。

在收入增长的同时，小岗模式带来最大的变化是农民温饱问题逐步得到解决，绝对贫困人口逐年减少。据统计，在贫困标准提高情形下[1]，全国农村贫困人口从1978年的2.5亿人下降到1985年的1.25亿人，贫困发生率由30.7%下降到14.8%，是中国减贫史上贫困人口减少最多的时期。图5-4显示，在不同贫困标准下，中国农村绝对贫困人口大幅下降，直至2020年全部脱贫，创造了人类历史上的伟大奇迹。

---

[1] 1978年标准为年人均纯收入不足100元；1985年标准为年人均纯收入低于206元。

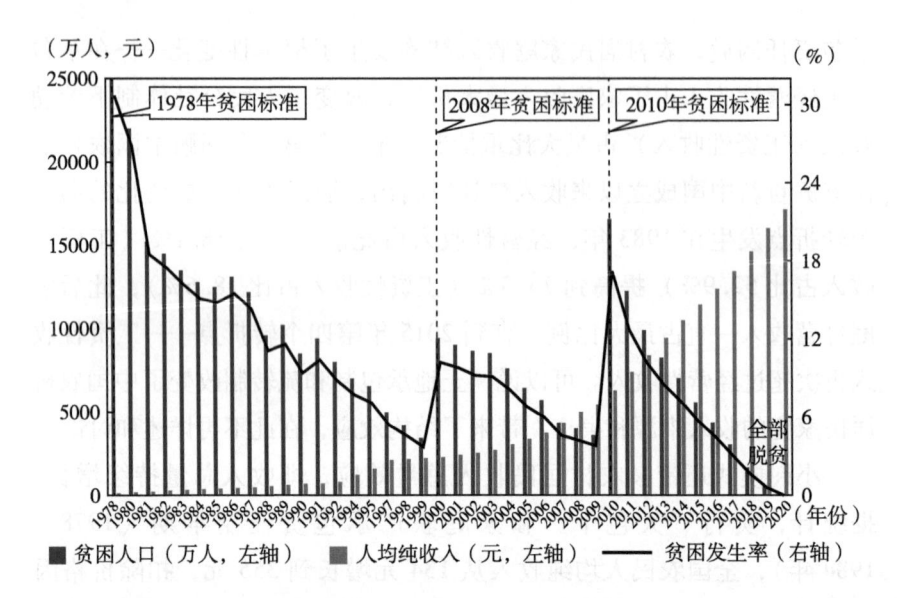

图 5-4　1978—2020 年中国农村居民收入变动和绝对贫困状况

资料来源：国家统计局编：《中国统计年鉴 2021》，中国统计出版社 2021 年版；国家统计局住户调查司编：《中国住户调查年鉴 2021》，中国统计出版社 2021 年版。

二　小岗模式下的居民收入分化

小岗模式是一个市场导向的资源配置和收入分配模式，其原型和延伸模式中均含有农户自主决策、自我定价等市场元素，体现出市场经济的运行规则。正如第四章所述，在市场机制作用和运行体系中，生产要素的初次分配必然会出现收入分化与差距。

1978 年前，中国农村居民之间、东中西部地区之间、城镇和乡村之间的收入差距并不太大。农村居民中，至少有 2.5 亿人口处于绝对贫困状态、温饱问题都没得到解决，居民之间的收入差距很小：1949—1978 年基尼系数平均为 0.2670；如果剔除 1949—1952 年国民经济恢复和 1953—1956 年农业改造时期，那么 1957—1978 年平均为 0.2384，处于低水平"平均"状态（陈宗胜、张杰，2021）。根据《新中国五十年统计资料汇编》，从各省份来看，1957 年农民收入最高的北京与最低的贵州和河北相比为 2.1250∶1，1978 年农民收入最高的上海与最低的甘肃和山西相比为 2.78∶1。从城乡居民收入比来看，

第五章 农村集体经济资源配置小岗模式及其收入增进与分化 / 121

1949—1978年平均为2.2473∶1，最高的1961年为2.5096∶1，最低的1967年为2.0517∶1，与中国二元经济体系相一致，低于改革开放后平均2.7410的水平（陈宗胜、张杰，2021）。

1978年之后，随着大包干和土地承包制的实施，以及20世纪90年代中期部分地区承包地再流转，农民家庭收入结构逐步变化，收入差距拉大。在承包制早期（1980—1985年），因为都是通过在承包地上进行农业生产而获取收入，农村居民家庭之间的收入差距并不大，基尼系数维持在0.2267—0.2461；自1986年开始，随着非农生产收入（第二、第三产业获取工资性收入）和非生产性收入（转移性和财产性收入）的增加，农民家庭不再单一在承包地上从事农业生产获得收入，农民之间的收入差距开始拉大：1986年农村基尼系数超过0.3，为0.3042，此后维持在0.31—0.34到1999年。进入21世纪以后，农村家庭收入渠道更加多元化，在承包地上生产经营获得的收入（第一产业经营净收入）占总收入的比重逐年减少，从2000年的48.4%下降到2010年的37.7%，再到2015年的27.6%和2020年的23.2%[①]；而比重更大的工资性收入则从31.2%增长到41%左右，并且转移性收入也从2012年的10%以下上升到2013年后的17.5%以上，导致农村居民之间的收入差距逐步拉大，基尼系数从2000年的0.3536上升到2012年的0.3867，再到2014年超过0.4的警戒线。总体来说，1986年后农村居民收入出现分化和差距拉大，其原因是多方面的，但从收入渠道来看，土地承包制和流转制所引发的农村产业结构变化、人口流动就业以及国家惠农支农政策的实施，是其重要原因。

1978年后，地区之间和城乡之间的收入差距也有所变化。从四大经济区域看，东部地区农村居民收入与其他三个地区的差距拉大：1980年东部与中部、西部和东北地区之间收入差距不大，分别为

[①] 国家统计局对农村住户收入调查的口径中，农村居民纯收入由工资性收入、经营性收入、财产性收入和转移性收入四个部分组成，其中家庭经营性纯（净）收入包括第一产业（农林牧渔业）和第二、第三产业经营纯（净）收入。该数据为第一产业收入与总纯收入之比。

217.9元、172.1元、172.7元和233.7元，东北地区甚至还超过东部地区，这种状况一直持续到1984年；1985年后，东部与其他地区差距持续拉大，基本上保持在1.5倍左右，特别是东部与西部地区差距在1995年和2006年一度达到2倍；2013年后，四大经济区域农民可支配收入差距有所缩小，中部和东北地区差距不大（见图5-5）。

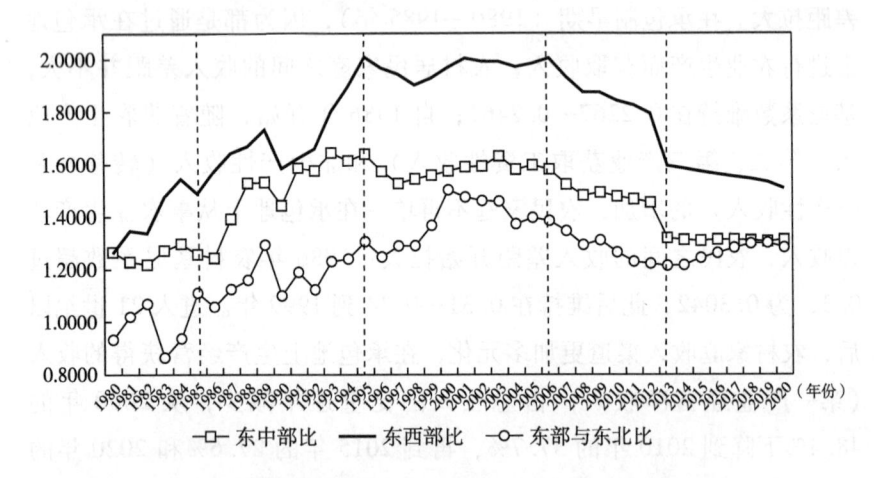

图5-5 中国四大经济区域农村居民人均纯收入比较

资料来源：《中国住户调查年鉴2014》和《中国住户调查年鉴2021》。

从城乡居民收入差距看，1978年以来城镇居民可支配收入是农村居民纯收入的1.86—3.33倍，平均在2.7倍左右（参见第四章第二节中的"农村居民收入差距变化的阶段性概况"）。城乡居民收入差距在1978—1985年有所缩小，这是农村实行承包制的最初阶段，"改革红利"快速帮助农民获得农业生产性收入，缩小了城乡差距。但随着城市企业改革的开启，以及工农业收入剪刀差的显现，农民在承包地上进行农业生产所获得的收入要远低于城镇职工工资收入，城乡收入差距逐步拉大，到1994年达到第一个高点2.86∶1。1994—1997年，城乡居民收入差距一度有所缩小，但随着市场经济体制的不断发展，1998年后收入再次扩大，直到2007年和2009年达到第二个高点3.33∶1。2009年后，在多种政策作用下，城乡居民收入差距有所缩小，到2020年下降到2.56∶1（见图5-6）。

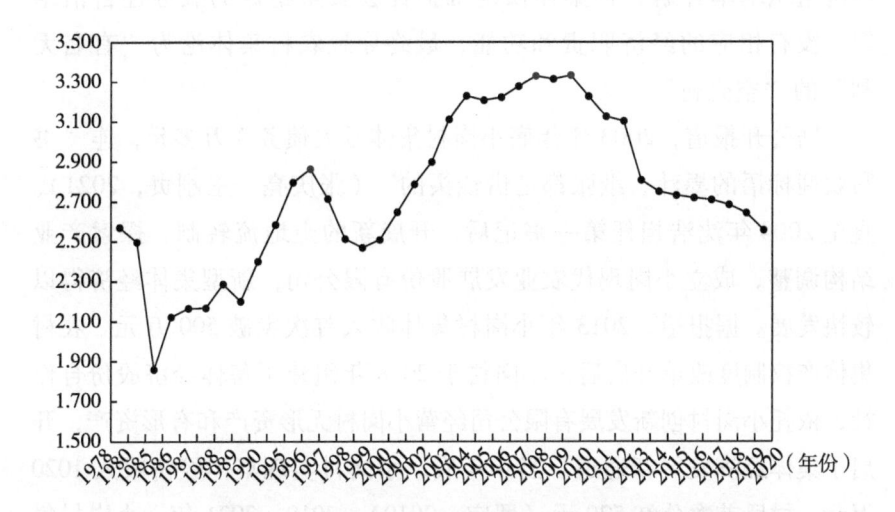

第五章　农村集体经济资源配置小岗模式及其收入增进与分化 / 123

图 5-6　1978—2020 年中国城乡居民收入比

资料来源：根据国家统计局住户调查办公室编《中国住户调查年鉴 2021》（中国统计出版社 2021 年版）中的相关数据计算绘制。

1978 年以来中国农村居民之间、地区之间和城乡之间收入差距拉大，其原因是多方面的。从资源配置方式和生产要素流动角度看，与小岗模式所孕育的市场化原因分不开。比较显著的是，在实行承包制最初阶段（1978—1985 年），三大收入差距能够迅速缩小，社会公平性得到较好保障。在市场经济逐步深化的 21 世纪（2001 年以后），三大收入差距则表现不一：农村居民之间差距逐步拉大、四大经济区域之间差距逐渐缩小、城乡之间差距一度达到最高点后逐步下降。

三　小岗模式下的集体经济分散经营

小岗模式下农村集体经济资源被"分"（承包）给农民，由各家各户分散经营和自主分配，一方面带来农户家庭收入的增长与分化，另一方面也让集体经济从传统走向"新型"，集体经济有了新的实现形式，如依靠出租、出卖、入股集体资源获得收入，或者开展新的生产服务获得收入。但是，一些村庄在承包制改革过程中，将集体经济资源基本"分完卖完"，并且未主张这些经济资源的集体所有权权益，导致村集体没有了收入来源；同时，由于人民公社制改革后农村集体经济组织基本瓦解，村集体仅是维护社会安全稳定的服务性自治组织，没有相应的经济职责和功能，最终导致农村集体沦为"有名无利"的"空壳村"。

据公开报道，2003年年底小岗村集体亏欠债务3万多元，连"书写欢迎标语的墨汁、纸张都是借钱买的"（张庆亮、王刚贞，2021）。直至2004年沈浩担任第一书记后，开展新的土地流转制，探索产业结构调整，成立小岗现代农业发展股份有限公司，新型集体经济得以较快发展。据报道，2013年小岗村集体收入首次突破500万元。农村集体产权制度改革开启后，小岗村于2018年组建了集体经济股份合作社，依托小岗村创新发展有限公司经营小岗村无形资产和有形资产，开启了集体经济发展新通道。当年年底，小岗村实现集体经济收入1020万元，村民首次分红520元（罗宝，2019）。2019—2021年，小岗村集体经济收入稳步增长，村民连续五年分得红利。据报道，2021年村集体收入达到1220万元，村民人均分红620元（姜刚、曹力，2022）。

就全国其他实行承包制的农村来看，部分集体经济也同样经历弱化和"空壳"的过程。以农村集体经济的标志性指标——村级集体经营性收入和债务来看，除东部部分省份乡镇企业未改革前有一定经营性收入，全国绝大部分村庄的集体经营性收入在减少、债务在增加。王文彬（2018）介绍过一个典型案例：W村因建有3个制砖厂，在20世纪90年代能够为村集体创收20万—30万元，但2005年因竞争力不够而关闭，使村集体完全没有收入。有数据显示，1996年全国72.6万个行政村中，集体经营性收入在5万元以下的村占42.9%，其中经营收益为零和负债村数占30.8%，这种状况一直未得到明显改观，甚至出现恶化趋向（陆雷、崔红志，2018）。据农业农村部数据，"十一五"时期中国农村村均集体经营性收入在波动中减少，到2010年年末为21.4万元，当年无经营收益和收益在5万元以下的村有48.2万个，占村总数的81.4%；村集体平均负债124.4万元；"十二五"期末，村均集体经营性收入增加到24.6万元，2015年当年无经营收益的村31.1万个，占村总数的53.6%，收益在5万元以下的村有13.1万个，占22.7%，二者相加占76.3%；村集体平均负债

186.9万元，年均增长8.8%（农业部，2016）。习近平总书记在深度贫困地区脱贫攻坚座谈会上（2017年6月）指出，全国12.8万个建档立卡贫困村"四分之三的村无合作经济组织，三分之二的村无集体经济，无人管事、无人干事、无钱办事现象突出"（习近平，2017），发展新型集体经济任务非常繁重。

第三节 小岗模式的肯定与升级优化

小岗模式作为当代中国农村土地经营制度的重大创新，实现了土地等集体经济资源的所有权与经营权分离，释放了农民自主权，带来了分配制度的创新，成为新中国经济建设旅程中的标杆模式。

一 小岗模式的肯定

学术界和新闻媒体关注小岗村有三个时间段：一是1998—1999年改革开放20周年左右；二是2006—2011年沈浩任第一书记将土地再流转和宣传其事迹阶段；三是2018年改革开放40周年之际（倪小凡、刘勇，2020）。在中国知网上以"小岗村"为主题词，搜索到1205条结果，其研究趋势如图5-7所示。

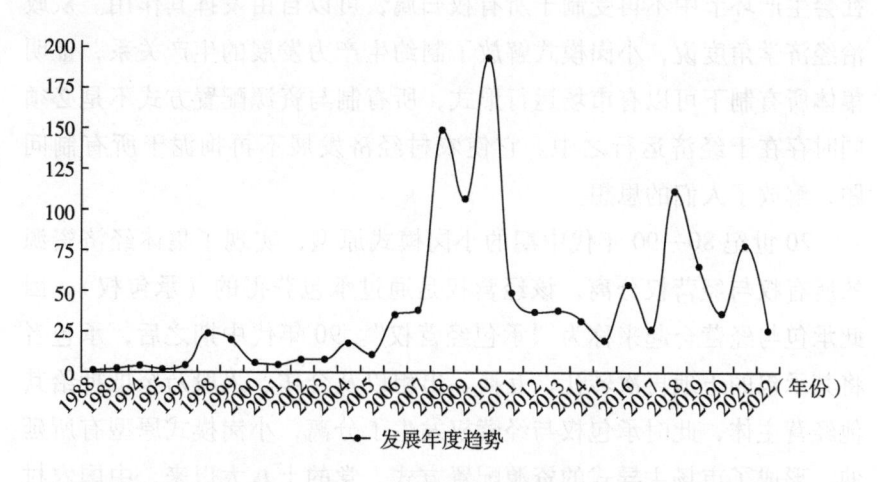

图5-7 中国知网上关于"小岗村"研究趋势（2022年7月17日）

学者高度肯定小岗村"大包干"模式的历史意义。例如,张谋贵(2008)认为它冲破了"一大二公"的人民公社经营管理体制,克服和纠正了中国农村长达 20 多年的平均主义错误;解决了中国人的温饱问题,为城市工商企业改革提供了经验,促进了农业分工分业和商品经济的发展,带动了乡镇企业兴起,导致了劳动力转移,为中国农业的现代化开辟了一条新路。周珉(2018)评价小岗村为中国农村改革的开启做出了两个贡献:一是"包干到户"的形式,即不搞包产、包工、包费用的"三包"和生产队核算,直接把国家征购和集体提留任务落实到户,办法简单、利益直接、责任具体;二是"大包干"的名称更具历史性,该用语在 20 世纪 50 年代就见诸报端并曾得到毛泽东批转,宣传和示范效应更明显。刘奇(2019)评价小岗村创建了一座"敢闯敢试的改革创新"精神高地、解决了一个世代难题(温饱问题)、探索了一条"中国特色社会主义市场经济"发展道路、揭示了"以家庭经营为主体"的农业规律,认为该模式"其价值和意义远远超出实践本身,她代表的是路径、是方向、是前途"。

小岗模式在资源配置方式上实现了革新,它在不改变集体经济资源所有权情形下,通过承包方式将其经营权、分配权转移给农户,实现了所有权和经营权的分离。正因为有了这种分离,才使生产要素在社会生产环节中不再受制于所有权归属,可以自由发挥其作用。从政治经济学角度说,小岗模式解放了制约生产力发展的生产关系,证明集体所有制下可以有市场运行形式,所有制与资源配置方式不是必须同时存在于经济运行之中。它使农村经济发展不再拘泥于所有制问题,解放了人们的思想。

20 世纪 80—90 年代中期的小岗模式原型,实现了集体经济资源的所有权与经营权分离,该经营权是通过承包获得的(承包权),因此承包与经营合起来称为"承包经营权"。90 年代中期之后,承包者将其承包的土地再次转让、互换、出租以及合作、入股乃至抵押给其他经营主体,此时承包权与经营权发生了分离,小岗模式原型有所延伸,形成了市场主导式的资源配置方式。党的十八大以来,中国农村推进土地"三权分置"改革工作,就是将小岗模式延伸情形予以落实落地，促使"市场主导式"转向"市场决定式"配置方式。

此外，过去我们更多地关注小岗模式中的分散经营问题，并以"分"来概括该模式的主要内容，并与人民公社制下的"统一经营"和一些仍然坚持"集体化"经营管理模式的村庄进行比较，争论是"分"好还是"统"好。实际上，"统""分"乃至21世纪以来的"合"（合作化），都可以成为现代市场经济体系下的经营方式和资源配置方式。从资源配置方式角度说，我们要允许一些地方"分"，也要允许一些地方"统"或者"合"，只要它没有改变集体所有制、集体所有权没有丧失，政府就没必要进行干预，让地方自由选择，由市场决定其前途命运。

小岗模式以"承包"和"分散经营"为主要内容，展现了农村集体经济资源配置方式由"政府计划式"逐步走向"市场"方式，是中国经济历史的一大变化。它所蕴含的市场意识、个人权益，以及"经济人"思维都值得称赞。特别是它将农民作为经济主体参与集体经济资源的配置，使人们认识到农村经济主体不只有村集体一个，还有政府、企业以及社会主体，是一个多元主体的体系；只有众多经济主体参与进来，才会分散资源配置的权力，形成竞争关系、价格信号等市场元素，即市场配置方式才会出现，市场配置的优势才能体现出来。可以说，小岗模式打破了农村集体经济资源仅由集体或政府配置的局面，是中国经济资源配置方式改革的起点。

小岗村在20世纪90年代后期以来所面临的困惑与困境，例如，是继续"单干"还是回归"集体"经营，是发展农业还是工业，是靠外力还是自己发展，这也是当前中西部山区乡村普遍面临的问题（陆益龙，2013）。从农村集体经济资源的形成与配置角度看，这些困境和困惑说明小岗模式存在着优化升级和改善的必要性。

二 小岗模式升级：多要素融合+共同富裕发展模式

小岗模式有过升级与优化。其原型中，以家庭承包和分散经营为主要内容，解决了生产积极性问题和人民群众温饱问题，但是没有解决生产效益问题。用经济学公式解释，小岗模式原型仅仅解决了总收益公式（$TR=P\times Q$）中的农产品产量 Q 所需的劳动力和土地要素问题，还有一系列影响农产品价格 P 以及更多影响产量 Q 的其他要素问题（例如，农业技术、经营规模、机械化等）未得到解决。在随后 10 多年，中国进行了价格和流通领域、所有制和户籍制度方面的改革，解决了部分影响价格 P 和产量 Q 的制约因素。但随着市场化不断深入，小岗模式原型下的小农生产局限性逐渐体现出来，农产品产量 Q 增长并不明显（见图 5-8），甚至在剩余劳动力外流到工业和城市就业后，农业产量 Q 还有所下降（1991—2003 年粮食产量年均增长率为-0.17%，13 年内有 7 年为负增长）。21 世纪以后，土地再次被流转，出现了规模经营，使小岗模式在原型基础上进行了优化与升级（小岗模式延伸），允许农户将自己承包的土地进行再次流转，解决了农业生产中的部分问题（产量 Q 增长问题）。

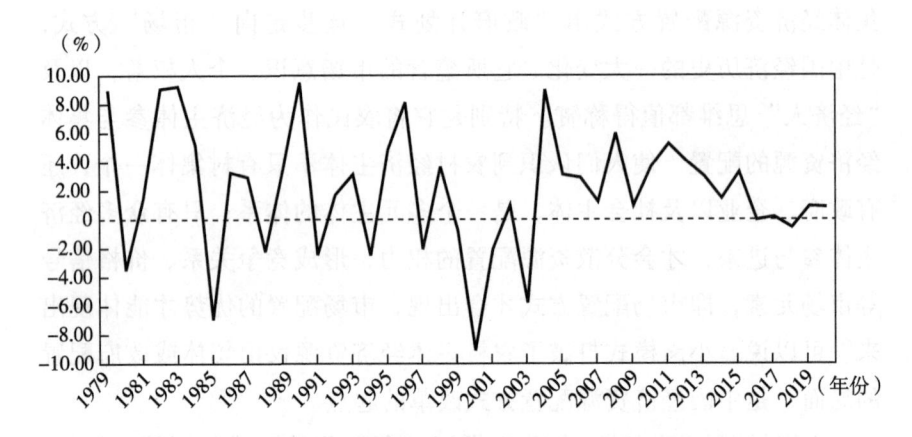

图 5-8　1979—2020 年中国粮食总产量同比增长率情况

资料来源：国家统计局编：《中国统计年鉴 2021》，中国统计出版社 2021 年版。

小岗模式原型中的"包"和"分"，以及延伸中的"再流转"，能够解决劳动力和土地要素问题，但解决不了生产农产品所需要的其他要素问题，例如资金、技术、服务组织等要素，以及配套的经营管理制度，造成土地和劳动力资源没有得到其他生产要素的支持，成为"沉睡的资源"。当前，很多农村承包地被闲置和荒废就是例证。因此，小岗模式要在 21 世纪继续发挥效用，就要提高农业生产技术，允许外来企业（资本）的进入，建立服务性经济组织，将分散小农组织起来，把技术（包括数据）、资金、组织要素与土地和农民劳动力要素融合起来，构建一个多要素"融合"的资源配置模式。

还需指出的是，在集体经济资源产权利益不够明确、集体经济组织存在欠缺的情形下，小岗模式的"分"与"再流转"造成了集体经济的弱化。小岗模式可能缺乏凝聚村民的经济和文化载体。所谓经济载体，就是要有集体经济收入，以保证全体村民的共同福利；文化载体，则是要营造一种集体主义氛围和共同富裕的思想，以文化促进经济发展长久维持下去。当前，全国各地积极发展新型农村集体经济，加强农村基层党组织建设工作，就是从经济和文化两个方面优化和升级小岗模式，从而实现农村共同富裕目标。

在构建"多要素融合+共同富裕"发展模式中，可以采取政府引导的方式，通过自上而下的制度变革与政策实施，把各类集体经济资源的效率和共同富裕分配效应发挥出来，例如引导农村集体经济资源"三变"改革（资源变资产、资金变股金、村民变股民），将其收入增长效应发挥出来；允许"三块地"（农用地、宅基地、建设性用地）合法流动，实现其资产功能；推动集体经营性资产资源、政策性资源和特色文化资源的流转（租赁、出让、入股），实现其市场价值等。要通过强有力的措施和政策支持，进行农村集体经济组织建设，帮助其进行经济运营，把乡村共同富裕的经济载体和文化载体落实下来。当然，这一发展模式也可以采取自下而上的"市场+政府"混合方式来完成，例如近年一些地方出现工商资本、企业家和市民自主下乡，发展现代农业或者农旅结合新产业，帮助农民增收和新型农村集体经济发展，进而得到政府支持和推广，为乡村振兴探索出新路子。

总之，小岗模式深刻影响着中国农业、农村和农民的发展，其收入分配效应有正负两个方面。这一模式及其收入分配效应，在当前中西部山区农村体现得较为集中，成为"三农"发展的重要组成部分。我们要实事求是，结合时代变迁背景和经济体制改革的大环境来评价小岗模式，挖掘其"承包""分散经营"和"土地再流转"内容所体现出的市场机制实质，以便推进下一阶段农村集体经济资源配置方式的改革，为乡村振兴做出理论贡献。

第六章　农村集体经济资源配置周家庄模式及其福利效应

改革开放以来，中国农村集体经济资源配置方式总体上向"市场"方向转换，在政府和市场"双动力源"作用下，农村收入分配格局发生较大变化。从微观视角看，一部分村庄变得更加富裕，有一部分村庄正走在"振兴"路上。全国村庄发展的分化和不平衡，与集体经济资源的配置利用、其他生产要素、乡村社会治理的结合紧密相连。一些走"集体化"道路的"榜样名村"和"明星村"，在集体经济资源配置、各类经济主体利益关系协调处理等方面探寻到适宜的路径和方法，形成可供借鉴的村庄发展模式，成为乡村振兴战略的示范村庄样本。

第一节　坚守集体化管理和共同富裕的周家庄模式

1978年开启的农村家庭联产承包责任制改革，既是对农村土地制度、农业经营制度和乡村治理制度的一场变革，也是对农村集体经济资源配置方式的变革——由"计划"方式转向"市场"方式。这场变革对中国农业、农村、农民，乃至整个国民经济和社会发展产生了深刻影响。与这场变革同时发生的还有另一类乡村，它们没有搞"分田到户"，仍然坚持由集体统一经营和分配，走集体化发展道路，其经济资源配置和乡村治理模式有别于家庭联产承包责任制模式，是"政府主导式"（集体统一式）的一种方式，主要特征是由乡村集体

第六章　农村集体经济资源配置周家庄模式及其福利效应　/　131

来统一配置资源、发展集体经济，并在此基础上进行收入分配，实现全体村民共同富裕，被视为"走集体化道路"的榜样名村和"明星村"模式。

据有关数据，1992年全国农业仍然保持集体统一经营的村社有7036个，约占全国总村社数的0.1%，包含的农户占全国农村总户数的1%；同时，全国还有10万个村社在大部分耕地"承包到户"后，对其余土地和其他农业经营项目实行专业队、组承包，保持统一经营，此类村社占全国村社总数的1.9%。也就是上述两种程度不同的"集体化"单位占全国总村社数的2%（陈大斌，2005）。到2000年，全国没有实行家庭联产承包责任制的村有5698个，农户有908.5万户，分别占当年全国汇总村数的0.79%和户数的3.92%（彭海红，2011）。进入21世纪以后，仍然保持集体统一经营、走集体化道路的乡村数量较少，从全国范围看，大约有7000个到1万个行政村（周建明，2017），最为典型的乡村[①]有河北晋州市周家庄乡、西藏双湖县嘎措乡、江苏江阴市华西村、河南临颍县南街村和新乡县村、黑龙江齐齐哈尔市兴十四村、广东中山市崖口村、四川彭州宝山村等"名村"和"明星村"。《开放时代》（广州市社会科学院院刊）于2015年报道了崖口村、周家庄乡、大营街、刘庄村、滕头村五个典型村庄，并举行论坛讨论坚持集体生产、按劳分配的"集体经济村庄"。中国红色文化研究会于2017年编著出版《田野的希望：榜样名村成功之路》（北京日报出版社），介绍周家庄、华西村、南街村等49个坚持发展集体经济和共同富裕的"榜样名村"。本章以周家庄乡为例，把坚持"集体化"管理、发展集体经济、追求共同富裕的乡村资源配置与分配模式称为"周家庄模式"。

一　周家庄乡及其集体经济资源配置和分配方式的变迁

周家庄乡，位于河北省石家庄市下辖晋州市，距离城区5千米，南邻307国道，北靠石黄高速，交通比较便利；其自然条件与华北平

---

① 这里的乡村，包括行政管理和区域范围的三种形式，如以行政乡（镇）为统一核算单位的周家庄乡、以行政村为统一核算单位的南街村、以生产队（组）为统一核算单位的官桥八组三种发展农村集体经济的村域类型。

原上其他乡镇类似，并无特别资源优势，但因为改革开放后仍然坚持集体化生产管理和按劳分配、坚持发展集体经济不动摇而被一些媒体称作"最后的人民公社"。官方媒体和一些学术著作称之为"中国农村唯一乡级核算体制的乡镇"（刘增玉、王盛秋，1993）；晋州市人民政府网市情简介以该乡为标牌——"全国唯一实行乡级集体核算管理体制的乡镇，被评为全国文明村镇"。该乡面积 17.5 平方千米，辖有 6 个自然村（周家庄村、刘靳庄、北王庄、南王庄、东张庄和北捏盘村），设十个生产队，直属乡领导，实行俗称的"两层楼"乡村治理体制①。全乡现有土地 18000 余亩，4500 余户 13500 多人，比一般乡镇的土地面积和农户数、人口数都要小很多②。

从经济角度看，乡村治理体制实质也是一种经济资源配置和收入分配的体制。在周家庄发展历史上，社（乡）队两级治理体制和政社统合关系一直广受关注；总体上，可以分为两个阶段：

第一个阶段是农业生产合作化和人民公社制时期，即 1949—1983 年。1948 年春，周家庄完成了土地改革，第二年就开始创办农业生产互助组，开启了合作化生产经营和村社一体管理的历史。1951 年到 1955 年冬，周家庄村成立了初级农业生产合作社；1956 年春，周边 6 个自然村 1509 户 6686 人并入，成立了周家庄高级农业生产联村大社，并于 1958 年转为人民公社，一直延续到 1983 年。这一

---

① 1962 年，中央政府对乡村治理的"人民公社"体制进行调整，将经济核算单位下放到生产队，人民公社集体所有制调整为生产大队所有制，再调整到生产队所有制，实行公社、大队、生产队三级所有，并以生产队所有制为基础，这就是"三级所有、队为基础"治理体制。周家庄依据中共中央 1961 年颁布的《农村人民公社工作条例（草案）》（"六十条"）中"根据各地方不同的情况，人民公社的组织可以是两级，即公社和生产队"精神，由公社直接领导生产队，成为两级管理、两级所有制。1983 年，全国农村开始实行"政社分开""撤社建乡"，并以原生产大队为基础设立村民委员会，生产队转为村民小组，实行村民自治制度，自此乡（镇）、村、组的治理模式全面取代原"政社合一"的人民公社体制。周家庄仍然沿用"两级所有、一级核算"体制，1983 年成立了周家庄乡和农工商合作社，下设生产队。

② 按照 2020 年农村经济基本数据推算，中国乡镇平均拥有农用地 16.2 万亩、农户 7480 户、人口 2.8 万人。数据来源于农业农村部政策与改革司编《2020 年中国农村政策与改革统计年报》，中国农业出版社 2021 年版。本章所涉周家庄乡农村经济社会发展变迁史料和数据，均来自 2023 年 6 月实地调查"周家庄合作史纪念馆"中展示资料和农户访谈资料，后文不再另作说明。

阶段，周家庄不仅因为农业合作化而摆脱贫困、逐步走向富裕，而且因为集体经济搞得好而多次受到中央和省地市的表彰，成为全国著名的农业生产先进单位。周家庄这一阶段的经济资源配置和收入分配方式与全国实行人民公社制的其他村庄一样，由公社制的三级或两级"集体"进行配置和生产管理，带有强烈的"行政"和"计划"色彩；收入分配则实行严格的按劳分配和部分实物分配，农户之间的收入差距非常小。不同的是，周家庄人民公社在合作化和集体化生产经营中，实行"定额管理"和"包奖管理"制度，调动了社员生产积极性、合理使用劳动力和提高了劳动效率，把合作社和人民公社的统一经营、集中领导与各个生产队分级管理和主动性结合起来了，也兼顾了社员劳动力的差异，"统一性"中融合"灵活性"，因而并没有出现其他村庄资源配置僵化和"干多干少一个样"的平均主义情形。这两项管理制度，在实践中不断修订和完善，直至20世纪80年代中国人民公社制和农村土地经营制度改革之后，周家庄仍然在沿用并保留至今。

第二个阶段是改革开放以来仍然坚守"集体化"管理时期，即1983年至今。这是中国农村治理体制和资源配置方式及收入分配制度发生重大变革的时期——行政治理上，人民公社、生产大队、生产队分别改建为乡（镇）人民政府、行政村和村民小组；经济治理上，"集体化"生产经营转向"分散式"家庭经营为主、集体经营为辅的双层经营，单一的集体经济格局走向家户经济为主、集体经济为辅的二元格局，告别了"政社一体"和"政经合一"的治理模式，乡村经济资源配置方式由"行政计划"逐步走向"市场"，收入分配由按劳动贡献和集体分配的方式转变为按生产要素和市场评价分配的多种方式。到1984年年底，全国569万个生产队中99%以上实行了家庭联产承包责任制；1987年年底，全国约有1.8亿农户告别集体统一经营，改由家庭分散经营，占全国农户总数的98%。与此对应，到1985年6月，全国5.6万多个人民公社改建为9.2万多个乡（镇）人民政府，54万多个生产大队改为82万多个村民委员会，"政社一体""政经一体"的乡村行政和社会经济治理体系发生巨大变化。

1983年3月，按照中央"党政分开、政企分开"部署，"政社合一"的周家庄设立中共周家庄乡党委和周家庄乡政府，同时成立乡农工商联合公司；1989年撤销公司，成立乡农工商合作社，具体负责全乡经济资源配置、生产经营活动和收入分配。原人民公社制下的生产队单位不变，生产队设党支部和队委会，其中队委会是农业生产的直接组织者和管理者，经济事务受合作社领导，行政事务则接受乡政府的直接领导（见图6-1）。

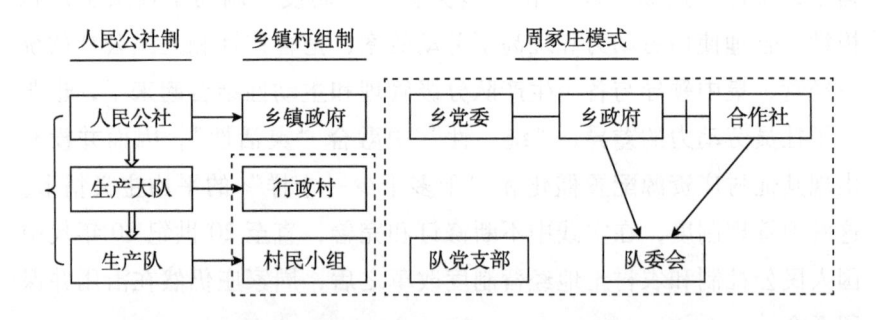

图6-1　改革开放前后两个时期的乡村治理层级和周家庄模式

第二个阶段周家庄的治理层级和政社关系仍然与第一阶段类似，坚持了"两级治理"和"政社一体"，特别是保留了合作社组织，并在乡党委和乡政府的领导下，由合作社具体负责经济发展事项，进行"集体化"生产经营和管理，使集体经济得以保持和发展。这种保有计划经济时代"统"为特征的乡村治理体制和经济发展模式，与当时全国实行以"分"为特征的村民自治、家庭联产承包经营、家户和个体经济为主的发展模式大相径庭，作为"少数派"而引人关注。

周家庄第二阶段的集体经济资源配置和分配方式，仍然以"统"和"集体化"为特征，其具体表现将在下一节详述。这里指出的是，周家庄模式在改革开放中不断适应市场经济环境而完善，它的"统"并不是百分百，也存在"分"的特征和情形，例如，农业生产和企业管理中引进"承包制"；它的"集体化"也与人民公社制下不同，更多体现为"合作化"，在大力发展集体经济的同时也重视家庭经营，支持农户搞"个体"和"单干"①、增加家庭收入。因此，周家庄模式下的收入分配渠道和方式更为多元化，其集体经济收入分配更多体现为公共福利性质。

二 周家庄模式的核心内容：集体化管理、发展集体经济和共同富裕

周家庄乡保留了合作社组织，使经济发展有了具体的组织载体，这与当时全国家庭承包责任制下，没有集体经济组织的其他乡村完全不同，既能够真正实现"政经分开"，也保存了代表"政府"的经济组织对农村集体经济资源的配置基础，因而该组织下的成员（社员）能够获得相应权益，并走上共同富裕之路。

1. 周家庄的集体化管理

20 世纪 80 年代中国农村的家庭承包责任制改革，常被人们用一个"分"字概括其基本特征。周家庄乡则从自己的实际出发，保持原来集体经营方式不变，成立负责具体经济发展的组织（乡农工商联合公司→农工商合作社→经济合作社），仍然保有"统"的特征。

周家庄的"集体化"管理，一是体现在集体经济资源统一配置，农工商业仍然实行统一经营和集中管理：农业土地没有分田到户，工业企业没有卖给私人，商业和农旅新产业则由合作社统一运营、建成集体门市商业和集体旅游业，保留了"统"的特色。

本部分以农业生产经营方式和产业结构调整为例，观察周家庄乡的资源配置模式。首先，由于周家庄乡的土地没有"承包"到各家各户，其所有权和经营权仍归属于代表村集体的乡农工商合作社（2017 年后改为经济合作社），具备开展"大田"作物种植和规模化经营的条件和基础；因此，周家庄乡的农业更容易开展"集体化"生产和管理。周家庄乡的农业是由合作社统一种植计划、统一购置生产资料、统一协调生产、统一市场信息和产品销售、统一财务管理和年终分配，即"十一个统一"（雷传平、尹胜，2021），"统"和"集体

---

① 本课题组 2023 年 6 月调查中了解到，目前周家庄乡 80%以上的劳动力在该乡合作社下属的各个工商企业上班或外出打工，大约 10%的劳动力在本乡从事农业生产，还有 5%左右的劳动力从事个体经营，并且个体从业者越来越多。

化"的生产经营特征非常明显。其次,周家庄乡的农业种植结构调整不是由农户家庭"自发"进行,是由乡合作社作统一规划和实施的。20世纪90年代中期开始,周家庄乡从原来单一的小麦、玉米和棉花种植业调整为五大基地种植业:1万亩小麦良种示范基地、2000亩有机蔬菜大棚基地、1000亩高档苗木基地、3000亩葡萄基地、3000亩出口鸭梨基地。五大种植业中,粮棉种植由各生产队分组生产和管理,果园和菜园则实行专业承包,由承包者"组阁"自主经营,实行"大集体、小分包相结合"的生产责任制。例如,第7生产队的2400亩耕地中有1550亩左右种植小麦,120亩左右种植葡萄,300多亩种植鸭梨,剩余农地用来种植黄豆、谷子、白菜等农产品,满足群众日常生活需要。进入21世纪后,周家庄乡合作社在五大基地基础上,开辟新的农业产业——投资建设高标准奶牛场、打造乡村旅游景点和园区,走上了多种业态并举的现代农业发展之路。最后,周家庄乡农业生产产品不是由各生产队或专业承包者自行处理,而是上交给乡合作社、由合作社进行统一销售和安排;周家庄乡农业生产工具,从大牲畜到农业机械,不是各家各户自行购置和所有,而是由乡合作社统一购买和调配,避免重复浪费,节约了生产成本,提高了使用效率。据介绍,周家庄乡早在1954年就开始农业机械化生产,到20世纪90年代初全乡拥有大中型拖拉机15台,配套拖车15辆,机引农具24部,农田排灌动力机械300多台,机动脱粒机70台,全乡机耕、机械植保和机灌面积达到百分之百,机械播种面积占农作物总播种面积的55%以上,机械化生产水平远远超过周边乡村。

二是体现在乡农工商合作社和经济合作社的定额管理制度上。所谓定额管理,是周家庄乡合作社对生产活动中所需要的人力、物力、财力进行科学量化,并对之进行相应的检查、控制和监督,进而依据劳动成效来计算报酬的一种管理制度。例如,在农业生产中,合作社把各种农活分类、分项、划分等级,然后制定完成单位定额的记工量和质量要求,根据自然条件、生产工具和技术、产业结构和特殊情况进行修订;生产队社员按照定额标准要求,完成相应劳动工作后记"工分",到年终统一核算,凭"工分"获得相应报酬。周家庄的定额管理制度始于 1953 年，在 20 世纪 50—80 年代几经修订和完善，一直沿用至今，仅农业劳动定额就有 10 类 380 多项 13 个等级，在调动社员生产积极性、合理使用劳动力、保证完成农业生产任务等方面产生了明显效果（刘增玉、王盛秋，1993）。

三是体现在周家庄乡的"三包一奖"管理制度上。所谓"三包一奖"，是周家庄乡合作社对各生产队实行"包工包产包成本""超产奖励、减产惩罚"管理制度的简称。它实际上是定额管理制度的一个组成部分，但它主要针对各生产队，协调合作社与生产队的关系；合作社将部分集体经济资源和产业"定额"给生产队或生产小组，如大田粮棉种植由生产队分组管理、果园由专业种植小组专业承包，集体工业企业则实施职工全员承包、厂长负责。可以看到，"三包一奖"制度体现了集体"统一"管理下的"分"和"承包"经营特征，既能明确合作社、生产队、生产小组和农户社员等各参与主体的相互关系和责权利，又能激发生产队和合作社成员的生产积极性（刘增玉、王盛秋，1993），成为调整生产关系和资源配置的有效制度安排。

周家庄乡的"集体化"管理，是由代表集体的乡合作社为主体，对各类经济资源乃至生产经营活动和收入分配进行"统一"的管理。这种"集体化"在 20 世纪 50—80 年代"政经合一、政社一体"的经济治理体制下，带有一定的"行政"色彩；但在 80 年代"政经分开、社管经济"体制下，其"行政"和"计划"色彩逐步减弱，特别是"三包一奖"制体现出"分"和"承包"特色。周家庄的"集体化"更多表现为集体（乡合作社）对经济资源的控制权、生产经营权和收益分配权。因此，这种"集体化"管理模式不等于"计划"配置资源模式，是一种集"政府"与"市场"于一体的"新型集体式"配置模式。

2. 周家庄的集体经济

农村集体经济有多种实现形式和核心要素，例如，代表村集体的经济组织拥有"股份"或"合作"参与生产经营，有实质性的集体收入等（陈全功，2020）。20 世纪 80 年代农村家庭承包责任制改革以后，大部分村庄的集体经济组织解散，家庭经济和私营经济逐渐发展壮大。2017年6月23日，习近平总书记在山西省太原市召开的深度贫困地区脱贫攻坚座谈会上指出，全国12.8万个建档立卡贫困村中"四分之三的村无合作经济组织，三分之二的村无集体经济，无人管事、无人干事、无钱办事现象突出"。因此，在随后的脱贫攻坚战中，贫困村脱贫验收标准专门提出"村集体经济收入达到5万元以上"的指标性要求①。实践中，有村集体经济组织、拥有集体性收入，已成为农村集体经济是否得以发展的两个基本要件。

周家庄乡在20世纪80年代初的农村改革中，没有"分田到户"，保留了合作社经济组织，并由该组织（乡农工商合作社→经济合作社）实行统一经营和管理，每年能够获得足够的集体性收入，集体经济得到较好的发展。周家庄乡在50—80年代就因为集体经济发展较好而获得中央、省地的表彰，1979年获全国农业先进单位称号，当年全公社总收入有630多万元，除开各项开支、贷款和人均分配后，集体留下的待分配资金还有70多万元，明显好于当时全国大部分村庄"收不抵支"的情况。90年代之后，当全国其他地区农村集体经济逐渐消减之际，周家庄乡的集体性收入仍然稳定增长：1991年年底全乡公共积累余额达2322.6万元，社员人均1988.3元（刘增玉、王盛秋，1993）；2015年全乡提留公共积累3819万元，累计公共积累达到52291万元，比1978年前增长104倍（刘家征，2016）；2018年全乡集体纯收入30253万元，分配给社员24401万元，集体留存公共积累5800多万元。相比于2020年年底全国农村集体经济组织村均总收益64.7万元、"空壳村"比例45.6%②，以及晋州市2022年推进

---

① 2016年4月23日中共中央办公厅、国务院办公厅印发《关于建立贫困退出机制的意见》，关于贫困村退出标准之一为"统筹考虑村内基础设施、基本公共服务、产业发展、集体经济收入等综合因素"，对村集体经济收入并未作数量型统一要求；实践中各地制定退出方案中基本在年收入3万—5万元。

② 2020年，全国农村集体经济组织村均收入117.0万元，支出77.5万元，可分配收益为39.6万元；加上上年结转余额后的可分配收益总额村均64.7万元。参见农业农村部政策与改革司编《2020年中国农村政策与改革统计年报》，中国农业出版社2021年版，第143—144页。

集体经济"10万清零"工作，周家庄乡的集体经济发展远远超过平均水平。

3. 周家庄的共同富裕

周家庄模式的第三个内容是走"共同富裕"之路，集体所创造和积累的财富"共享"到全体村民成员，村民的社会福利和社会保障水平得以提升。

早在20世纪50—80年代初（"人民公社"时期），周家庄乡就因为集体经济发展好、社员口粮充足、日子殷实而闻名，1961年就用上了电等（刘国运，2016）。改革开放后，周家庄乡仍然实行按劳分配为主和部分实物分配；由于实行劳动定额和"三包一奖"管理制度，从事农业的农民收入差别不大。同时，为了防止工农收入差距过分悬殊，周家庄乡采取"以工补农"措施：（1）工业企业要向乡合作社交足设备投资利息、占用合作社流动资金利息和固定资产折旧费，农业则无偿占用资金，也不提折旧费；（2）农业生产粮食按中间价（低于市场价高于国家牌价）向全体社员出售，但其收入仅对生产队务农社员分配；（3）从事工业人员与从事农业人员大体平衡，尽量不出现纯农户或纯工户，做到全体社员家庭劳动收入、劳动工种、劳动项目的大体平衡，并对有残疾社员实行劳动照顾，这被称为"三平衡一照顾"，体现出"均衡富裕"的理念。用周家庄乡干部的话说："我们这里没有贫困户，也没有暴发户，贫富差距很小，社会秩序稳定。"（中国红色文化研究会，2017）

周家庄模式最能体现"走共同富裕之路"的是其公共事业发展好、群众社会福利保障水平高。20世纪80年代初，周家庄乡就开展了乡村道路、农户住房、群体活动场所的建设工作，村容村貌得到极大改善。很多到访周家庄乡的人士，都惊叹其整洁的村容、硬化的街巷、绿树成荫的环境，以及统一样式的住宅楼群和群众文化活动场所，赞叹为"乡村里的城市，城市化的乡村"（刘增玉、王盛秋，1993）。1990年，周家庄乡就获得建设部授予的"全国村镇建设先进村"称号；2018年入选农业农村部评选的"中国美丽休闲乡村"。

周家庄乡利用村集体经济为全体村民提供了比较优厚的社会福利

和保障条件。从 1980 年开始，全乡村民陆续享受到集体提供的 10 余项社会福利：60 岁以上老人除享受国家发放的新型农村社会养老保险外，乡合作社按月再发放 80—160 元不等的养老津贴；独生子女老人，由集体负担基本生活费，再在养老津贴基础上发放额外零花钱；65 岁以上连续工作 20 年的农民干部实行退休制，享受在职干部平均收入水平；社员新型农村合作医疗筹资款由集体负担；对本乡社员实行电费补助 100 元；对全乡社员每年每人补贴生活费 500 元；义务服兵役期满复员后，除国家补助外，乡集体给予 3000 元一次性补贴……周家庄乡人将其概括为 12 项福利事业。据介绍，周家庄乡现在每年用于社会福利和公益事业的集体开支达到 4100 多万元，这在当前全国大多数乡村是无法保证和实现的。

周家庄乡模式的"共同富裕"，还在于村民能享受到大体相同的住房、教育、医疗以及文化娱乐服务，同时也能就近就业，工作和生活环境差别不大。在 21 世纪以来的情形下，周家庄模式尤其难得和有意义。

第二节 周家庄集体化配置资源的收入分配效应

周家庄乡的"集体化"管理、发展集体经济和追求共同富裕，体现出其独特的资源配置特征和收入分配效应。从资源配置方式来说，它不是现代经济学理论的"政府"或者"计划"方式，它是一种"集体主导"和"强合作"方式。这里的"集体"，是介于"市场"和"政府"之间的一种组织和机制，比"政府"的作用要弱一些。当然，周家庄乡的"集体"比较独特，行政上为乡政府，经济上是乡合作社，体现行政与经济的分离（政经分离）；但与此同时，该"集体"在机构人员组成上是混合的，乡党委、乡政府和乡合作社相互交叉任职，"一套人马、三块牌子"，党政经是不分离的（政经混合）。这种既分离又混合的"集体"，与 20 世纪 80 年代初农村改革后，全国其他村庄只有行政上的"村集体"、没有经济上的"合作社集体",以及21世纪以后广大村庄建立起与行政"村集体"平起平坐的"合作社集体",有根本性的区别。周家庄乡的"集体"自20世纪50年代以来,其经济上的合作性要强得多,所以称为"强合作"方式。

周家庄乡"集体主导"和"强合作"配置经济资源的方式,所产生的收入分配效应是怎样的?可以从两个时期来观察。

一 人民公社时期"低收入水平均等化"收入分配效应

人民公社时期是指20世纪50年代至80年代初。在当时"乡社一体、政经合一"的社会和经济治理体系下,"政府"配置资源的方式取代了其他方式,带有很强的行政性和计划性,因而使社员的收入分配不可能出现太大差距,处于"低收入水平公平"状态。本书第四章提到1956年社会主义改造完成后,广大农民超过60%从集体统一经营中通过劳动获得报酬,实行"按劳分配",家庭人均纯收入平均100元左右。国家统计局住户调查办公室(2013)公布的数据显示,1978年全国农村居民人均纯收入133.6元,1980年和1981年分别为191.3元和223.4元;扣除实物收入后的现金纯收入分别为56.0元、94.4元、123.4元。与之对比的周家庄,1978年全乡社员人均纯收入为184.96元,1981年为450.2元,扣除集体提留税金和基金后的人均分配收入分别为92元、320元①。

人民公社时期,周家庄乡社员间的收入差距与全国其他农村一样都比较小。陈宗胜和张杰(2021)估算,1956—1978年全国农村居民收入差别的基尼系数均值为0.2385。周家庄乡由于在生产管理上实行"定额管理"和"三包一奖"制度,生产效率高于周边村庄,社员口粮和收入也高出周围县乡,成为全省乃至全国的标兵模范。周家庄乡内部在按劳分配原则下,社员家庭之间的收入有一定差别但比较小。调查中一些老干部回忆,在人民公社时期周家庄乡的劳动日值高低不等,工分多的能达到18元/天,少的只能得到12元/天,相差

---

① 周家庄乡生产投资由集体负担,故社员的人均分配部分主要用来支付口粮款、盖房、购置家电器等,相当于现金收入。参见刘增玉、王盛秋《周家庄之路:中国农村唯一乡级核算体制调查》,河北大学出版社1993年版,第91—92页。

30%。为避免社员家庭之间的劳动收入差距过大，各生产队在劳动安排上尽量平衡，即如前文所述的"三平衡一照顾"，让家庭人口多但劳动力少的农户多出勤多挣工分，全队和全乡社员家庭的工分总量和收入总量基本差别不大，均等化特征明显。

二 以福利为标志的"共富共享"收入分配效应

20世纪80年代初，周家庄乡并没有实行家庭承包责任制改革，仍然坚持"集体化"生产经营管理制，土地、生产资料、生产工具等经济资源和生产经营活动仍由合作社"集体"配置，基本保留了人民公社时期的按劳分配原则，收入分配相对均等。同时，在"集体经济"支持下，周家庄乡为村民提供了较高水平的社会福利和保障条件，一定程度上实现了共富共享目标。

1. 周家庄模式下的初次分配效应

从初次分配看，"集体化"配置资源方式和按劳分配原则保证了周家庄乡居民之间较小的收入差距。周家庄乡合作社对全乡集体企业、生产队和专业承包组的收支进行统筹，对各农户家庭进行分配决算；其总体分配方案是将全年纯收入扣除4个部分的资金（国家税金、集体公积金、公益金和待分配风险基金），余额按社员劳动工分进行分配。由于农户没有生产资料支出，因此其年终分配就相当于纯收入或者分红。例如，1986年全乡纯收入1175.1万元，扣除四项预留157.1万元后余额为1018万元，分配给社员人均可得到894元；1992年全乡扣除四项预留款后余额为1668万元，社员人均分配1431元（刘增玉、王盛秋，1993），相比于周边村庄和晋州市，乃至全国其他地区，周家庄乡人均纯收入要高得多。

周家庄乡的初次分配实行农业劳动集体分配和集体企业内部分配双轨制。在农业领域，由于实行"集体化"统一生产经营管理，社员劳动（周家庄乡称为"队工"）实行工分制，年终按照工分获得收入，因此劳动工分多就多得、少就少得，农户家庭之间存在一定收入差距。刘增玉和王盛秋（1993）曾调查第五生产队三种类型家庭（人多劳动力少户、人劳中等户、人少劳动力多户）1989年农业劳动收入情况，发现三类家庭劳动力平均收入之比为1∶1.04∶1.34，体现了按劳分配原则下的收入差别。在集体企业领域，实行职工全员承包、厂长负责制，企业独立核算，自主经营、自负盈亏；每年按规定向国家缴纳税费，向乡合作社缴足投资利息、折旧费、公积金、公益金、占用资金利息，剩余收入进行自主分配。这样，在集体企业劳动工作的社员（周家庄乡称为"社工"）获得工资性收入。由于各企业生产经营上的差异，"社工"的劳均收入也会存在一定差别。周家庄乡三类家庭中，"社工"劳均收入之比为 1∶0.96∶0.81，也就是说劳动力较多的农户在集体企业中获得的工资性收入要低一些、劳动力较少农户的"社工"工资性收入反而高一些（刘增玉、王盛秋，1993）。

一般来说，工农业存在行业上的收入差别，生产要素（如劳动力）的多少也会导致农户家庭收入差别。调查发现，周家庄"队工"劳均收入是"社工"收入的 88.17%（刘增玉、王盛秋，1993），劳动力多的农户家庭人均收入是劳动力少农户的 2.74 倍。如何调节工农业行业差距、劳动力要素差距所造成的农户家庭收入差距，避免贫富差距拉大、达到社员共同富裕呢？周家庄乡采取"平衡"策略，即前面介绍的"三平衡一照顾"：农业领域中出工量的大体平衡，从工从农人员（队工和社工）大体平衡，以工补农补到明处，尽量避免出现纯农户或纯工户，从而缩小了农户之间的收入差距。前述第五生产队三种类型家庭经"平衡"后，家庭收入比为 1∶1.22∶1.85，人均收入比为 1∶1.47∶2.22（刘增玉、王盛秋，1993）。按照胡祖光（2004，2010）农村居民纯收入五等分分组"最高收入组与最低收入组各自所占的收入比重之差"简易公式计算，其基尼系数为 0.1962，远低于当时全国农村基尼系数（0.3185）水平。正因为有这种"平衡"策略，或者说配置经济资源的方式方法，才能缩小初次分配中的收入差距，这也是周家庄模式对当前缩小贫富差距的一个启示。

2. 周家庄模式下的再分配效应

周家庄模式最有特色之处是在其"集体化"配置资源方式下，将一定的集体经济收入进行再分配，进而提高全体村民的生活福利水平。

周家庄乡的集体经济收入主要来自工农业生产领域。农业中，实行"十一个统一"经营管理，种子、化肥、农机具等各类生产资料支出由乡合作社统一负责，各农业生产专业组的收支由生产队向合作社的会计室报账，年终再进行一次性结算分配（按劳动工分和分值进行年终分红），乡合作社对各生产队收入抽取5%的利润，作为全乡集体福利资金。在1980年以前，农业领域所创造的收入占集体总收入的60%以上；20世纪80年代中期后，随着全乡产业结构调整和非公有制经济的发展，集体农业所带来的收入在总收入中占比越来越低，从1982年的53.27%下降到1990年的28.82%、2000年的7.49%（李芳栋，2010）。工业生产一度是周家庄乡集体性收入的主要来源，为周家庄模式的运转提供了巨大资金支持。周家庄乡在改革开放初期就建有多家工业企业，1982年集体企业收入在总收入中占比44.55%；80年代中期乡镇企业大发展期间，社办集体企业数量增加到18家，例如阀门厂、印刷厂、纸箱厂、建筑队等，到90年代它们所创造的收入占集体总收入的60%以上（刘增玉、王盛秋，1993）。由于周家庄乡的集体企业采取"全员承包、厂长负责"，企业要向村集体缴纳公积金、公益金、管理费、占款利息、固定资产折旧费等费用，这就形成了集体性积累资金，也可称为集体性收入。进入21世纪后，周家庄乡政府一方面对原集体企业进行改制，引入股份制，增强企业活力；另一方面调整产业结构，关闭了一些污染大、效益低的集体企业，建立标准化奶牛场，大力发展乡村旅游业和金融商贸等第三产业，为村集体带来了可观的收入。据介绍，周家庄乡建成的生态休闲旅游观光园每年接待游客30多万人次，集体旅游收入达到1800多万元。

周家庄乡合作社把农工商各业所要上交的资金汇集起来[①]，再分配到生产部门和非生产部门，用于工农业生产、文化教育、集体福利提升、后备保险基金等方面。据介绍，周家庄乡居民自20世纪80年

---

① 周家庄乡合作社也享受到国家支农惠农、"三农"发展方面的财政性政策资金，这构成了集体性收入来源的第四部分。这种政策性集体经济资源，一般会专项使用，没有纳入提高集体福利和社保水平的再分配。

代以来一直享受诸如养老津贴、用电补助、新农合款代缴、退休制等10多项公共福利，起到了较好的社会保障作用。虽然有的保障标准还不太高，未能随国民收入水平而调整提高，但它的覆盖面广，惠及全乡居民，具有浓厚的共同富裕色彩。

第三节　周家庄模式及其收入分配效应的讨论和启示

周家庄模式坚持由代表全乡集体的合作社对集体经济资源进行集中统一配置，并以此为基础延伸到统一生产和经营管理以及收入分配等环节中，"集体化"成为村庄及其模式的名片。这一模式，与20世纪80年代以来的农村家庭承包责任制改革，以及90年代进行的社会主义市场经济体制改革，从形式和内容上有一定的差别。这一模式下的"共同福利"效应在21世纪头10年的历史背景下，又焕发出强烈生命力，对当前乡村振兴、共同富裕和社会主义"三农"事业发展有一定启示作用。

一　关于周家庄模式的讨论

周家庄乡这种"集体化"配置资源和经营管理方式及其收入分配方式，是否意味着效率低、缺乏活力、解决不了"积极性"问题？还是它具有规模生产优势、能就近解决就业和生计问题？（卢晖临，2016；谢小庆，2017；雷传平、尹胜，2021）。这是关于"计划"和"市场"两种方式优劣讨论的延伸。21世纪头十年随着农民专业合作社的兴起，这种讨论演化为对"集体经济"实现形式的讨论。

从中央一号文件（1982年）上看，党和政府对集体资源配置是"统"还是"分"，并没有"一刀切"和"一盘棋"，而是强调"宜统则统、宜分则分"。在北方平原地区，便于农业的规模生产和集中经营，因此可以由乡村集体配置资源、继续"统"起来；对于南方山地和丘陵地区，小规模家庭生产和分散经营更有优势，则可以"分田到户"，因此才有了河南南街村、河北周家庄乡、黑龙江兴十四村等坚守"集体化"的农业村庄，以及以安徽小岗村为代表的"分田到户"村庄。可以说，"统"（集体化）有统的优势，"分"（家庭化）有分的理由，能够促进农业发展、增加农民福祉的都是"好"方式。同时，在经济社会发展的不同阶段，我们可能要面对的问题不同、建设目标不同，例如，当中国农村全部摆脱绝对贫困、全面建成小康社会，以及城镇化水平提高、农业结构变化之后（2020年后），广大农村不仅面临农业生产、农民增收问题，还面临着基层组织建设、产业优化升级、文化和生态可持续发展等多方面问题，此时就要统筹考虑"统"和"分"两种方式的优缺点，探寻适宜的集体资源配置方式和收入分配方案。周家庄模式，不是传统意义上的"统"，也不是一般意义上的"合"，更不是传统上的"大集体"和"人民公社"，而是集"新型集体"和"强合作"于一体的资源配置和收入分配方式。它是经实践检验适合当地的一种资源配置模式，有其值得借鉴的地方。

周家庄模式从经济学角度看是一种资源配置方式，从社会学和政治学上说也是一种村庄治理方式，它能存续60多年且能够不断提高居民生活水平和幸福感，一定程度上即是一个"成功"的模式。我们观察周家庄和周家庄模式，不应先验地给出标签式定义。实际上，周家庄发展过程中，其"集体化"配置资源和收入分配的方式，早就融入了"市场"元素和理念，例如20世纪50年代中期开始的"三包一奖"制和80年代后的专业承包制、集体企业的全员承包和厂长负责制、允许个体私营经济的发展以及对原集体企业进行承包式和股份式改制，都是在主动探索和适应"市场经济"体制。

调查中我们了解到，周家庄模式确实还存在一些问题，例如乡村集体企业的发展、农业结构的优化、全体社员的积极性等。我们总结周家庄模式，强调它对农村经济资源的"集体"和"强合作"式配置，以及它发展集体经济，促进全体村民共同富裕，认为它对当前全国各地推进乡村振兴工作有一定的启发意义。同时，周家庄模式也是经历一个较长历史时间段形成的，想在较短时间内完全照搬或者推广这一模式，"打造"一批周家庄式的乡村，显然也不现实。

二 三个启示

我们认为,周家庄模式对乡村振兴和实现共同富裕有三个启示:

启示一:对农村集体经济资源的配置可以采取"集体化"方式,而不是全员"分散"或全部"承包"。20世纪80年代以来,中国绝大部分农村完成了家庭联产承包责任制改革,对集体经济资源普遍采取了"分"和"承包"的处置方式,以致出现土地细碎化、集体经济空壳化、基层组织涣散化的恶果。正如第五章所讨论的,以"分"和"承包"为基本特征的小岗模式有其独特优势和缺陷,可以借鉴周家庄模式进行弥补与完善,构建一种政府和市场兼有的混合新方式,例如股份制、合作制。周家庄模式不是传统意义上的"集体化"配置资源方式,而是集"集体"与"强合作"于一体的"新型集体化"方式。首先,它有一个"专职"的配置主体——集体,即集体经济组织(乡经济合作社);其次,它的合作是介于"政府"和"市场"之间,有一套党政经混合式体系作"强合作"的保证。因此,当前全国各地在推进乡村振兴工作中,要建立一个实体性的集体经济组织,由其对乡村集体经济资源进行配置和运营管理。欣喜的是,2017年开始的农村集体产权制度改革,倡导和要求各乡村成立相应的集体经济组织,并对其开展登记赋码管理和股份制改造。同时,我们强调新建或改造的"集体经济组织"要与农户进行"强合作",搞真的、实在的合作,破除那些"空壳合作社"和"假合作"。

启示二:资源配置和收入分配过程中要兼顾村集体的利益,发展集体经济、获得集体性收入。因为这些经济资源的所有权是集体的,因此村集体有权获得相应的经济利益。有学者对改革开放以来的新型集体经济的特征及其实现形式进行总结,强调"应有一定数量的集体性收入"(陈全功,2020)。周家庄模式的三大特点之一是发展了集体经济,乡村集体有自己稳定性收入,使得集体经济有实实在在的载体和表现形式,能够对全体村民进行收入分红和提高福利水平,集体再分配有一定保障。当前,中国部分乡村缺失"集体经济组织",没有集体性收入,中央和省级政府每年不得不投入一定量的财政性资金来扶持它们。实际上,各地在农村集体产权制度改革过程中,可以通过股份制或合作制方式，在资源配置环节或集体资产管理与运营环节，设置"集体股"或"集体基金"，内源性地保证乡村集体获得集体性收入。

启示三：强调集体经济资源收入分配的社会福利效应，以及集体文化的培育与维系。周家庄模式中，全体居民能够享受到大体平等的公共服务、社会福利和生态环境，以及就业、教育、养老、医疗和文化生活条件；村民之间贫富差距比较小，整体幸福感比较高。这是其"集体化"配置资源和收入分配方式所产生的必然结果，体现了共同富裕思想。难能可贵的是，这一模式中所倡导和坚持的"集体主义精神"，提高了全体村民的文化素养和思想观念。当前一些社会组织和专家学者推崇周家庄模式，是因为它代表了对集体主义、走集体化道路和发展集体经济的怀念和理想追求。我们提倡在改革集体经济资源配置方式过程中，要兼顾乡村文化，特别是集体主义文化的建设，强调以文促经、经文互动，以实现更高层次的共同富裕和乡村振兴。

第七章 农村集体经济资源配置塘约模式及其收入分配效应

合作是人类在劳动生产和社会生活中，多个成员之间进行联合和协作、共同行动、相互帮助、相互分享的一种行为。从经济角度看，它既是一种生产经营形式，也是一种经济资源配置方式，由成员自主、共同配置生产要素，并分享其经济收益。作为一种经济运行形式，建立在合作行为上的合作制，是近代商品经济的产物，它有着特定的组织形式，反映了特定的经济关系（郭翔宇，2020）。在新中国经济发展史上，合作制占有重要历史地位，1953—1956年农业和手工业通过合作化、资本主义工商业通过公私合营完成了"三大改造"，建立起社会主义基本经济制度。1978年农村家庭联产承包责任制改革后，合作制一度被抛弃和忽视，但在20世纪90年代中期随着新型农村合作经济组织的快速发展而得到"新生"，并在21世纪逐渐成为仅次于承包制的另一项重要制度安排。贵州省安顺市塘约村作为众多实行"承包制"的贫困村庄代表，在对集体经济资源"承包"30多年后，于2014年重新组建村集体合作社，将承包土地再次流转集中，由合作社进行"联股共营"，在较短时间内完成了脱贫任务，集体性收入也有所增加，被宣传为塘约经验和塘约道路[①]，有学者盛赞该村

---

① 塘约道路是因中国作家协会报告文学委员会副主任王宏甲撰写、人民出版社2016年11月出版的《塘约道路》一书而得名，该书着重报告了塘约村在巩固农村集体所有制和加强基层党组织领导作用方面的突出表现。2016年12月，中宣部主管的《党建》杂志社和人民出版社共同主办"塘约基层经验座谈会暨《塘约道路》研讨会"，就塘约村基层建设经验进行探讨；2017年3月9日，时任全国政协主席俞正声参加两会贵州代表团讨论时对塘约道路作出肯定评价（"塘约做到这样，关键是自力更生、艰苦奋斗，这是新时期的大寨"），并认为要发扬"塘约精神"、发现和鼓励这种典型，此后全国掀起学习考察和研究剖析塘约村的热潮。塘约经验则是政府的表达语，比较权威和有影响的是贵州省委政研室联合调研组2017年5月18日发表在《贵州日报》上的《"塘约经验"调研报告》一文。

是"新集体主义"思潮兴起的实践样本（陈雪原，2020），是"农村改革的新起点"。本章以塘约村为代表，介绍农村集体经济资源配置由政府扶持和村集体主导的"新型合作化"方式（以下简称塘约模式）以及该模式所产生的收入分配效应。

第一节　以资源再集中和村集体合作社经营为特点的塘约模式

塘约村位于贵州省安顺市平坝区乐平镇，距离镇政府所在地3.5千米、平坝城区15千米、安顺城区36千米、沪昆高速公路天龙收费站5千米；辖有10个自然村寨、11个村民小组，有农户921户3393人；全村总面积5.7平方千米，以丘陵山地为主，森林覆盖率达到76.4%，耕地面积4481亩[①]。2014年以前，该村与其他贵州乡村一样，实行家庭联产承包责任制，各家各户"分田单干"，以种植水稻、土豆、玉米等农业维持生计和创收。2013年塘约村人均收入3786元，仅约为全省平均水平的70%（全省5434元）；全村公有贫困户138户600人，贫困发生率17.7%，高于全省平均水平的70%（全省21.3%）和平坝区水平（14.9%）。由于种地不赚钱，大部分村民选择外出打工，最多时候有1100多人在外打工，其中年轻人占70%，"三留守"（妇女、小孩、老人）现象突出，30%以上耕地撂荒。同时，由于村集体经济资源基本上都被"承包"和"分完"，集体经营性收入很少，2013年集体经济收入3万多元（30543元），大部分来自上级政府财政支持资金，是国家二类贫困村[②]，也是典型的

[①] 除特别说明外，本节数据和资料来自塘约村史馆"塘约村简介"（2017年11月实地调研）、塘约村广场展板和村主任座谈及村民访谈（2019年9月和2021年8月实地调研）。

[②] 贵州省贫困村识别标准执行国家贫困村"一高一低一无"识别标准。"一高"即行政村贫困发生率高于27%，"一低"即行政村2013年全村农民人均纯收入低于4819元，"一无"即行政村无集体经济收入；达到上述各项数据的70%为二类村。2013年全省和平坝区数据来自《贵州统计年鉴2014》。

"空心村""空壳村"。

2014年6月,塘约村遭遇特大洪灾,农田、房屋和道路被毁,村庄一片狼藉,居民生活和乡村发展面临极大困难。在此情形下,塘约村两委召开会议,决定成立一个村集体主导的种植合作社,引导村民将土地入股合作社,走"合作社+农户"联营之路。该发展思路得到安顺市委书记等领导干部的认可和支持,并结合农村集体产权制度试点工作迅速展开和推进。在上级政府支持、村两委主导和组织、全体村民齐心协力下,塘约村较短时间内走出洪灾冲击,重建了家园,将承包田地汇集到村集体合作社,并突破了合作社专门从事农业生产的常规模式,组建了劳务输出、建筑和运输等公司,扩展了村集体合作社经营范围,形成"村社一体、合股联营"的发展模式。短短两年时间,塘约村农民人均纯收入增加到7859元,村集体经济达到75.6万元,外出务工人员陆续返乡创业就业,被贵州省委树为"发展村级集体经济"的典型。到2016年年底,塘约村人均纯收入超过1万元,80%农户家庭年收入3万元以上,50%农户建起了新房,贫困人口全部脱贫;村集体经济增加到202万元,村级党组织的凝聚力和战斗力增强,村容村貌焕然一新,被评为贵州省首届"十佳美丽乡村"。塘约村的蜕变,引起社会广泛关注和宣传,其发展模式及经验也在全国其他地方仿效和推广,例如贵州毕节、山东烟台大力推动党支部领办村集体合作社,对集体经济资源重新汇集整合,进行规模经营或集体化生产经营管理,走上以"合"为特点的新型合作化发展之路,形成不同于"分田单干"承包制的新的乡村资源配置模式。

一 塘约模式特点之一:集体经济资源再集中

20世纪80年代家庭联产承包责任制全面实施以后,全国大多数村庄的集体经济资源表现出两种情形:一方面,耕地等自然性资源和机器设备、房屋等经营性资源被承包和"分"给各家各户,"剩下"留给村集体的主要是未承包地、四荒地(荒山、荒沟、荒丘、荒滩),以及用于乡村文教卫公共服务的非经营性资产资源。村集体基本上没有可用于生产经营的资源,造成了农村集体所有权虚化和集体经济的逐渐衰落;另一方面,90年代中后期,由于农民外出打工增多、农业经营收益较低等原因，农户将承包田地撂荒闲置，成为"沉睡"的资源。以塘约村为例，2014年洪灾发生前全村30%的承包地被撂荒闲置，村集体年收入不足4万元。从资源配置效率角度看，这一时期的承包制和分散经营制存在较大缺陷，迫切需要改革和完善。

1. 土地流转入股合作社

洪灾发生后，塘约村农田、房屋、道路被毁，给村民生产生活带来极大困难，但也给村集体经济资源的再次配置改革带来机会。村两委经过讨论后，决定将各家各户的承包地汇集起来，成立合作社搞合作化经营。如何汇集起来呢？塘约村采取了当时已在全国其他地方推行的股份合作方式①，把承包地按产量分级定价，以该价格流转给合作社；同时，土地入股可获得股东身份，参与合作社收益的年终分红；这样，农户因土地入股获得了两类收入：流转费（土地租金）和股东分红。据介绍，塘约村按照水田700元/亩、耕地500元/亩、坡耕地300元/亩的流转价格，全村921户农户全部将承包经营土地流转入股合作社，实现了全员股东化和村集体土地资源的再集中，也保证了农户可以获得稳定性收入。

2. 村集体资源权属清晰化

塘约村在土地资源再集中过程中结合产权制度改革工作，对集体经济资源进行了确权和赋权，摸清了家底，清晰了产权归属，保证了集体所有权权益。塘约村通过"七权同确"，搞清楚了全村耕地面积不是当年承包给农户的1572.5亩，实际为4862亩②，不包括山林；把农户侵占多年的集体公房、河滩、荒坡、荒地等集体资产资源全部收回，有效维护了集体产权。

---

① 1987年，国务院决定在广东省南海市（现佛山市南海区）开展以土地为中心的股份合作制改革试验工作，集体把农民的土地承包过来（二次承包）扩大规模后，再返包给专业户；农民把承包地折算为股份，入股到合作社中进行分红（杜润生，2005；杜润生，2018）。90年代初，随着城市化和工业化发展，沿海地区（广东、浙江、上海、江苏）借助乡镇企业股份合作制改革经验，在少数经济发展条件较好的村成立股份合作社、股份公司，对集体产权制度进行改革探索。此后，股份合作制成为农村土地产权制度改革市场化的最优选择。

② 塘约村史馆村情简介中为4791亩（2017年11月调研），该村广场展板和村主任介绍均为4881亩（2019年9月和2021年8月调研），其他公开报道数据为4881亩。

我们在乡村调研中发现，承包制改革中有些乡村集体对其所有的资产资源并不清楚，产权权属不明晰，集体资产资源流失严重。塘约村"七权同确"工作对农村集体产权制度改革有着重要借鉴作用。从2017年开始，中央农办、农业农村部组织开展了全国农村集体资产"清产核资"工作，摸清家底并明晰产权归属，为农村集体产权制度改革做好基础性工作。到2021年年底，改革阶段性任务基本完成，清查核实全国农村集体资产7.7万亿元，其中经营性资产3.5万亿元，集体土地等资源65.5亿亩，村村有了一本"明白账"，有效防止了集体资产被平调、侵占。

二 塘约模式特点之二：村集体合作社经营

2014年6月，塘约村两委讨论决定成立金土地种植合作社，引导农户以土地、资金入股合作社，搞"合股联营"、走合作化发展之路。这一决定得到全体村民和上级政府的支持，形成塘约模式的核心要点。

首先，塘约村的合作社与20世纪80年代全国萌芽的各类专业技术协会、90年代起步并在新世纪快速发展的农民专业合作社不同，它是由村集体创办（党支部领办）的合作社，村两委和合作社"两块牌子、一套人马"，即党支部领导下的"村社一体"治理格局，全村921户农民均是其社员。其次，塘约村的合作社并不专门从事农业种植，还拓展到其他领域，成立了专门生产团队、服务中心和专业公司，形成"党支部+合作社+公司"的组织体系和多元联营模式。目前，除金土地合作社外，全村有独立法人资质的公司还有三个，作为合作社的子公司，拥有独立的运营管理权限（见图7-1），与合作社开展联营。最后，塘约村集体合作社负责全村资源的调配和经营管理，做到"七统一"：全村土地统一规划、产品统一种植销售、资金统一使用管理、财务统一核算、美丽乡村统一规划建设、干部统一使用、村民酒席统一办理。可以看到，塘约村的"统"不仅体现在农业生产经营上由合作社统一经营与管理，还体现在对村内资金、劳动力[①]、收益分配、

[①] 主要体现在合作社把全村劳动力组织起来，进行优化配置，组建建筑队（后改为建筑公司）、运输队（后并入旅游公司）、家政公司，安排本村村民和返乡创业人员就近就业。

村庄建设以及社会治理上的统一安排，实现了经济、社会、政治的"三治合一"。

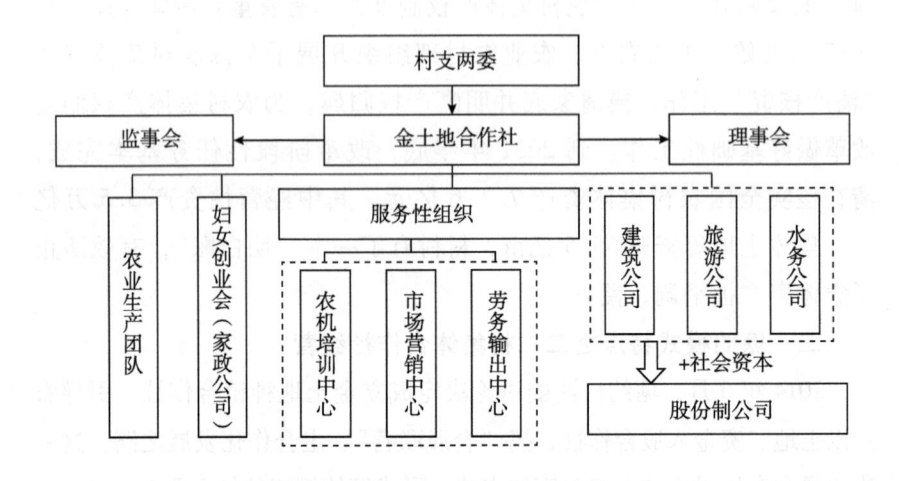

图 7-1 塘约村集体合作社的治理结构

塘约村由村支两委作为合作社的运作主体，负责全村土地流转、产业经营、市场开拓以及资金要素配置等事项，实行村社一体的新型合作化，与传统意义上的"统"和"合作化"有较大区别。一方面，它不是单一的集体统一经营，合作社除了对全村土地进行统一经营，还建立了专业团队分工分业的分层经营，例如组建建筑公司、运输公司、旅游公司、家政公司对内对外承接业务，还通过招商引资方式引入电子厂、服装厂、编织厂等外来企业，帮助村民以劳务打工方式到合作社、股份公司和外来工厂就近就业，形成一种以集体统一经营为主的多层经营形式（张文茂，2017）。另一方面，塘约村的合作化融入现代市场经济资源配置方式，例如引导农户将承包地定价并入股到合作社，合作社引入社会资本组建村属股份制公司，合作领域从农业扩展到全经济和社会链，既有别于沿海地区农村股份合作制下的合作，也有别于其他地区农民专业合作社下的合作，是一种村社一体、合股联营的新型合作化模式。

三 塘约模式特点之三:"村民自主选择+政府扶持"

塘约模式的形成,是村民在村支两委引领下的自主选择的结果。2014年洪灾发生后,面对灾害损坏的土地、房屋、道路,重建面临较大成本和矛盾,最后村两委班子讨论决定把各家各户承包的土地再次集中起来,成立合作社搞合股联营。这一决定得到全体村民同意,并迅速得以实施。在承包制实施30多年后,塘约村人愿意把赖以生存的土地资源和资金存款入股到合作社,不再"单打独斗"、搞抱团发展,代表了中国农业农村发展和资源配置方式的新动向,必将对其他地区带来示范效应[①]。

塘约模式的形成还离不开各级政府的扶持。这主要表现在以下两个方面:一是由村党支部领办合作社,党政引领乡村经济与社会治理,形成了村集体主导下的"市场+政府"混合配置模式。二是各级政府和金融机构给予塘约村项目资金、物资和政策支持,形成较大量的政策性资源。由于塘约村曾是二类贫困村,在扶贫脱贫过程中,政府在该村实施了包括产业、金融、易地搬迁、房屋改造、道路和水利设施建设等在内的多项扶贫脱贫项目,投入了较多资金。2014—2016年塘约村"整合农业、扶贫、水利、发改、交通、财政等部门资金6400多万元,贷款资金1420万元,规划基础设施建设项目、产业扶贫项目、美丽乡村建设项目23个","投资1170万元,与青岛共建380亩的蔬菜产业示范园",还"争取到国开行5000万元的产业扶贫资金注入"。李昌金(2017)据此匡算塘约村获得政府和社会外部援助资金累计高达13990万元,"户均15.19万元,人均4.12万元"。周延飞(2021)统计2019年该村部分基础设施建设项目资金,合计投入5700多万元(见表7-1)。

---

① 智广俊(2019)和陈雪原等(2020)介绍和总结山东烟台全面推进党支部领办合作社的经验,认为它是"对贵州省塘约村党支部开创的塘约道路的继承和发展,与其党支部领办合作社的做法一脉相承","塘约经验迅速在胶东大地生根开花"。参见智广俊《烟台经验:塘约道路的继承和发展》,《经济导刊》2019年第12期;陈雪原等《中国农村集体经济发展报告(2020):走向乡镇统筹"新三级"体制》,社会科学文献出版社2020年版,第5—6页。

表 7-1　2019 年塘约村部分基础设施建设项目及投资情况

序号	建设内容	建设面积（平方米）	总投资（万元）
1	旅游公园入口山门	3000	300
2	公园入口至村委公路	20000	400
3	村寨建筑与景观提升	800	500
4	精品民宿建筑与景观提升	800	100
5	乐平河核心段设计与提升	20000	500
6	生态厕所	100	100
7	游客接待中心	4000	3000
8	旅游观光线	33000	560
9	机耕道硬化（白纸厂至养老院）	7200	60.298
10	机耕道硬化（偏坡寨至湾潭）	1160	98.02
11	产业大道	24000	150
合计			5768.318

资料来源：周延飞：《农村土地新型集体经营模式分析》，《山西农业大学学报》（社会科学版）2021 年第 5 期。

四　塘约模式总结

塘约村的发展，有很多值得总结的地方。贵州省委政研室联合调研组将塘约经验总结为三个方面：一是围绕"地"的问题开展"七权同确"①，通过农村产权制度改革将模糊的产权清晰化、分散的资源集聚化、集体的资产市场化，从而壮大了集体经济；二是围绕"钱"的问题开展合股联营，通过农业经营制度改革推进产业规模化经营，丰富和完善双层经营中"统"的功能，推动农民由"分"到更高层次的"合"，从而获得持续稳定的收益；三是围绕"人"的问题推进抱团式发展，通过乡村治理制度改革增强基层组织化程度，从而巩固党的执政基础。彭海红（2017）认为塘约道路是一条落实集体所有

---

① 七权同确，指的是对农村集体土地所有权、承包经营权、集体建设用地使用权、房屋所有权、林权、小型水利工程产权和农村集体财产权"七权"进行产权归属界定和赋权。2014 年 10 月，安顺市农委将塘约定为全市深化改革试点村，对农村产权制度改革进行试点；该村就此成为贵州省农村产权"七权同确"第一村（全国农村集体产权制度改革试点工作于 2017 年开启）。

权、发展壮大村级集体经济的道路,是一条加强基层党组织建设、巩固执政基础的道路,是一条构建村庄治理体系、实现村庄治理现代化的道路。李汉卿(2020)认为塘约村以产权改革推动农村产业融入市场、以"合股联营、村社一体"的集体经济发展模式助推共同富裕,走出了一条基层党建引领和统合农民的内生性发展之路。周建明(2017)、张文茂(2017)、魏延安(2017)、吕新雨(2017)和杨丽娟(2021)等认为塘约村走出了一条组织起来、重新合作化和集体化的新路,破解了"三农"发展困境;简新华和李楠(2017)、冯道杰和程恩富(2018)和周绍东等(2018)认为,塘约村的发展为实现邓小平关于农业农村"第二次飞跃"思想提供了成功经验,是深化改革和实现农村第二次飞跃的先行者。

从经济学角度,塘约道路是农村集体经济资源配置由"分"到"合"、由"市场"到"市场+政府"混合的转变之路,是农业农村经营体制由"分散经营"到"统分结合"、由承包制到新型合作制的转向之路。塘约村的产权制度改革、农业经营制度改革和乡村治理制度改革,从不同角度体现了农村集体经济资源由谁配置、如何配置以及由配置所决定的收益分配问题(见图7-2)。

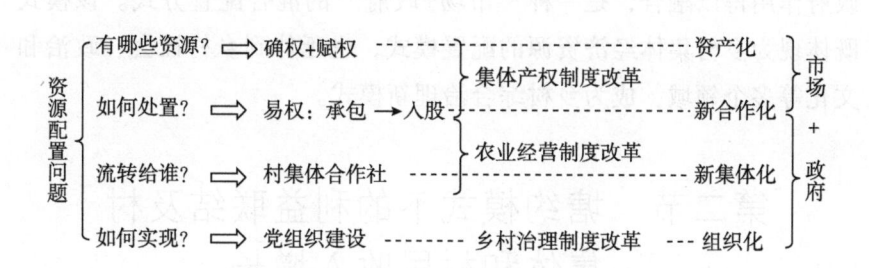

图7-2 塘约模式的生成逻辑

图7-2显示了农村集体经济资源配置塘约模式的形成逻辑:(1)通过对集体资源的确权、赋权工作,摸清家底,搞清楚究竟有哪些集体经济资源和多少资源,例如农田、耕地、宅基地和政府支持资金,都是村集体所有的资源,而非"私产";进而通过集体产权制度

改革将这些资源予以激活，变资源为资产。(2) 对集体经济资源进行处置，这涉及集体产权权利的分置和权能实现途径问题，分为谁来处置、如何处置两个方面。塘约村的做法是，由村集体引导农户将其承包地进行再次流转，实行"合股联营"。这是资源配置方式转向的关键，由农户行为转向"村集体+农户"行为，体现了市场与政府方式的混合。同时，资源配置方式的转向也包含着农业农村经营方式的转向，开启了新合作化之路。(3) 集体经济资源流转给村集体合作社，而不是村内生产大户、农民专业合作社或外来企业。这是塘约村发展模式的独特之处，即"村社一体"，体现了落实集体所有制和发展壮大集体经济的强烈意愿，是市场机制下出现的新集体化情形。(4) 集体资源配置方式如何实现和得到保证？塘约村通过村级党组织建设工作，以"党支部+"（党支部+合作社+公司+农户）治理模式来完成经济、社会、政治、文化等多方面工作，既保证了村集体引导的新型合作化配置模式得以实现，也完成了乡村治理制度改革工作。

总结起来，塘约模式是政府扶持、村集体主导，以村集体合作社为载体进行新型合作（入股联营）的一种资源配置模式。该模式下，既有基层组织和村民的自主选择，也有政府的突出作用，市场机制与政府作用得以融合，是一种"市场+政府"的混合配置方式。该模式既体现为乡村集体经济资源的配置模式，也延伸到乡村社会、政治和文化等多个领域，成为乡村综合治理新模式。

第二节 塘约模式下的利益联结及村集体和村民收入增长

塘约村 2014 年后告别承包制，走"村社一体、合股联营"的新型合作化发展道路，不仅改变了村集体经济资源配置方式，也带来了村集体经济和村民家庭收入的较大变化。

一 塘约模式下的多方利益联结

塘约模式下，村内经济主体和资源配置方式的变化带来利益分配

第七章 农村集体经济资源配置塘约模式及其收入分配效应 / 159

格局也发生变化。从经济主体看，村内不仅有小农户，还有新成立的村集体合作社（金土地合作社）、合作社下属的股份制公司，以及外来企业等多种新型经营主体，这就是新闻媒体所宣传的"村集体+合作社+公司+农户"格局。从资源配置方式看，村党总支领导下的村集体成为全村集体经济资源配置的新主体，改变了承包制下各家各户自主配置土地资源的状态，引导农户入股合作社、汇集全村资源，由合作社进行统一经营管理与分配。这样，塘约村的利益联结分为三类（见图7-3）。

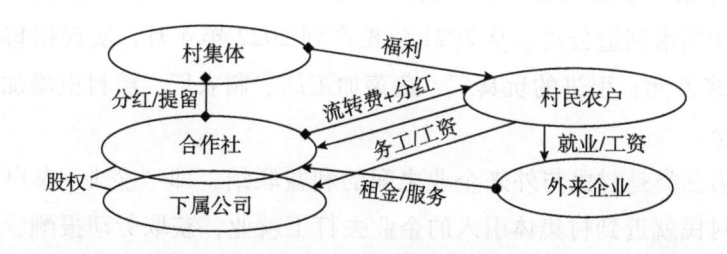

图7-3　塘约模式下的利益联结示意

第一类为"入股联营"形成的"村集体+合作社+农户"利益联结。其中，农户以土地和资金入股合作社后，一方面可以获得流转费和分红；另一方面可以选择到合作社或下属公司去务工就业，获得相应的工资报酬。按照约定，村民到合作社务工，每月工资不少于2400元。合作社的经营收益则按照村集体30%、合作社30%、村民农户40%的比例进行年终分红。据调查，2015—2018年塘约村人均合计分红6760元，最高户将近3.5万元。村集体从合作社中得到的30%分红，10%作为村两委的管理费，20%作为风险保障基金，用于在合作社亏损时给村民的保底分红；如果没有亏损则少量用于帮扶贫困户和改善村民福利水平，例如帮全年无违反"红九条"的农户购买农村合作医疗，奖励考上大学的学生，以及特殊原因的物质救助等，大部分资金存入银行做集体积累。

第二类为合作社与下属专业生产团队、外来资本形成的股份制公司及外来企业之间的关联，即"合作社+公司"的利益联结，这是塘约村合作社也是村集体经济收入的主要途径。其中，合作社下属农业生产团队，进行农业统一经营事务；三个专业公司按股权结构上缴营利给合作社；外来企业则缴纳土地、厂房租金和管理费给合作社。据谢治菊（2020）调查，合作社以土地为依托发展农业经济，2018年营利300多万元，建筑公司营利270多万元，运输公司营利80多万元，家政公司营利10多万元，初步估算集体经济收入达到800万元。《贵州日报》报道，塘约村近年引进旅游公司共同推进农旅融合，仅2022年第一季度就实现旅游收入30多万元；与平坝区产投公司合作建立饮用水制造公司，从2021年投产到2022年4月，实现销售收入4000多万元；引进的玩具厂、蔬菜加工厂、制衣厂，给村里增加了场地租金。

第三类是村民与外来企业之间的利益联结，即"企业+农户"模式，村民就近到村集体引入的企业去打工就业，获取劳动报酬。据介绍，塘约村目前已有多家企业入驻，让村民在家门口有更多的就业选择和创收渠道。

二 村集体和村民收入增长

塘约村集体经济资源配置主体的改变，以及多个市场主体的参与，使利益联结多元化。对于村集体、合作社和村民来说，实现了"三方共赢"：村集体因集体所有权而获得相应财产性收入，合作社因生产经营获得营业性收入，村民因土地流转入股和就近就业获得财产性收入（土地承包经营权的流转费）、投资性经营收入（分红）和工资性收入（劳务报酬），破解了原承包制下村集体无营业性收入、无集体经济组织、无法留下村民的"三无"困境，较短时间内实现了脱贫致富。据该村党总支书记左文学介绍，2015年农民人均纯收入提升到8000元，全村实现整体脱贫；村集体经济从2014年不足4万元增加到2016年的200多万元，摘掉了"空壳村"帽子。图7-4展示了塘约村实行新型合作制后农民人均可支配收入和村集体收入的变化情况。可以看到，塘约村集体经济资源配置方式由承包制转变为新型合作制，为村集体和农民带来了正向收入分配效应。

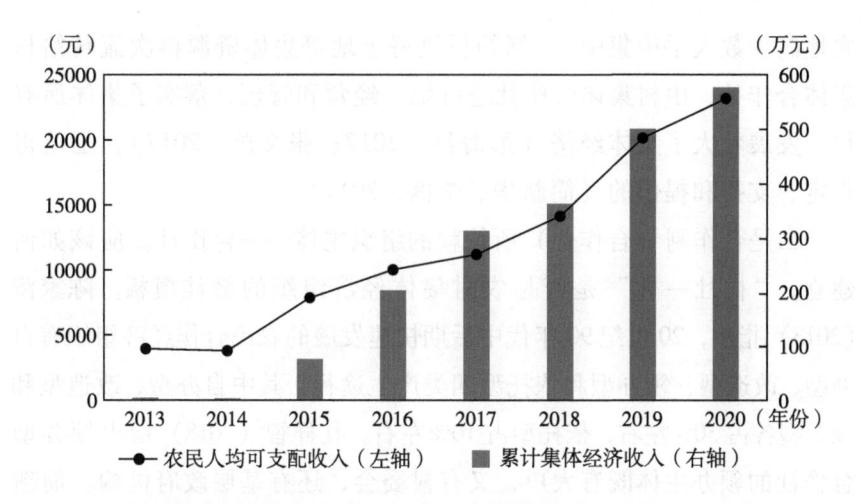

图 7-4　塘约村集体经济收入和农民人均可支配收入（2013—2020 年）

资料来源：根据本书课题组 2019 年和 2021 年实地调查访谈所得数据整理绘制。

第三节　塘约模式的启示

塘约村由贫困村蜕变为小康村，展现了中国中西部贫困山区农村集体经济资源配置方式由承包制转向新型合作制所带来的巨大影响。可以说，塘约道路是农村集体经济资源配置方式和乡村治理模式的转向之路。

一　关于塘约道路的讨论

主流媒体和一些学者对塘约道路、塘约经验给予了高度肯定，从农村集体经济资源配置角度看，关于塘约道路的讨论集中在以下三个方面。

一是包括土地在内的农村集体经济资源流转给谁、由谁进行规模化经营。20 世纪 90 年代中后期开始，农村土地流转逐渐成为常态，特别是"三权分置"之后，集体资产资源将出现更加多元化的"二次流转"形式。现实中，农户多是将其承包地再次流转给代表社会资本的农业企业和打着专业合作名义的大户（种田大户和家庭农场），农地向少数人手中集中[①]。塘约村民将土地等集体资源再次流转给村集体合作社，由村集体合作社进行统一经营和管理，落实了集体所有权、发展壮大了集体经济（彭海红，2017；张文茂，2017），是值得肯定、支持和提倡的（简新华、李楠，2017）。

二是合作制（合作化）所依赖的组织主体——合作社，应该如何建立，"村社一体"是否是农村集体经济组织的最佳模板。陈家涛（2013）指出，20世纪90年代中后期快速发展的农民合作经济组织有自办型、改造型、领办型和依托型四类产生途径，其中自办型、改造型和领办型各占30%左右，依托型占10%左右。孔祥智（2018）指出领办型合作社的领办主体既有大户，又有村委会，还有基层政府机构。简新华和李楠（2017）认为塘约村集体合作社是"新型的社会主义合作社"，实行的是不完全的股份合作制，其发展趋势应该是成熟完善的集体所有制，降低直至取消其股份色彩。程民选和徐灿琳（2018）认为塘约村两委主建合作社、"村社合一"的做法造成经济和社会职能不能分开，使权力过度集中，难免产生"内部人控制"风险，妨碍集体经济组织发挥"统"的功能；而与之映照的贵州雷山县朗德镇南猛村，其合作社虽由村集体领办，但村集体仅入股其中，实行"按股分红""政经分离"，是"更看好"的改革探索。

三是塘约道路能不能推广和复制。赞同者和推动者有之，如周建明（2017）提到山东泰安市大陡山村和德州市陶店村、湖南麻阳县板楠桥村等村庄，在实施承包制多年后又开始以村为单位搞合作化，以村党支部为核心把乡村生产资料重新集中起来统一经营，与塘约村一样通过走合作化道路摆脱"三农"困境。智广俊（2019）将山东烟

---

① 据农业农村部数据，2010年全国家庭承包耕地经营权流转面积占承包面积的比重为14.7%，流转入农户的面积占流转总面积的69.2%，流转入家庭农场、专业合作社、企业和其他主体的面积占比共计30.8%；到2015年和2020年这三个占比依次为33.3%、58.6%、41.4%、34.1%、46.8%、53.2%，承包地向非农户主体集中。（资料来源：农村部农村经济体制与经营管理司、农业部农村合作经济经营管理总站编：《中国农村经营管理统计年报（2015）》，中国农业出版社2016年版，第5—6页；农业农村部政策与改革司编：《2020年中国农村政策与改革统计年报》，中国农业出版社2021年版，第15、第139页。）

台的"党支部领办"合作社做法归为"是对塘约道路的继承和发展"。但也有一些学者指出，塘约经验有推广价值，但不容易复制，因为塘约村取得成功"靠改革""靠有一个好的支部和好的带头人"，其他乡村不能照搬照抄、简单复制（陈雪原和王洪雨，2017）。

二 塘约模式的优势与启示

1. 塘约模式是一种新型合作化模式

塘约村的政府扶持、村集体主导资源配置的模式，反映了农村"新型合作化"的动向。它改变了家庭联产承包责任制下集体发包、农户承包到农户再流转的常见配置方式（第五章"小岗模式"原型和延伸两个层次），把土地再流转模式向前推进了一步，重建了村集体资源配置的主体，实行了由村集体主导的"合股联营"经营模式，合作和股份等市场元素和机制融入其中，形成"政府+市场"混合的资源配置方式。这一模式下，虽然"政府"作用突出，有"统"的部分（如村集体合作社统一经营和集体经济），但与那些坚持"集体化"管理、"统"得较多和发展集体经济村庄（第六章"周家庄模式"）中的"政府"角色比较，则要弱得多，"市场"起了基础性作用；也就是说，塘约模式不是周家庄模式的翻版，它的合作制不同于周家庄的新型集体制。

塘约村的"合股联营"模式体现了新型合作化特征，具有一定的优势。

一是该模式下建有村集体合作社这种专门负责乡村经济事务的组织机构，即集体经济组织，这是合作化的基础，也是合作经济的基本特征。当前，中国农村进行集体产权制度改革，其主要工作之一就是重建集体经济组织，改变原承包制下由村委会代行经济组织之职。据农业农村部公布，全国村级集体经济组织数由2015年的24万多个增加到2020年的53万多个，占行政村总数的比例由40.4%上升到95.0%，村委会代行村集体经济组织职能的村数占比由59.6%下降到5.0%。至于农村集体经济组织的形式，既可以是经济合作社，也可以是股份经济合作社，甚至是现代企业集团。2014年，塘约村集体没有什么经营性资产，未开展股份合作制改革，因此成立的合作社为经济合作社，对全村集体资源进行管理和开发、发展集体经济、服务集体成员，较早完成了集体产权制度改革的相关工作。

二是塘约村的合作目的、合作内容和方式与20世纪50年代所实行的合作制不同，它以发展经济为目标，对土地、资金等生产要素予以定价和量化，并以股份形式加入合作社，带有一定的股份合作制特点，只是其股份具有封闭性，不能转让和交易，合作特点更为突出。并且，塘约村的合作主体和合作层次更为多元，不仅有村社一体的合作、合作社与农户的合作，还有合作社与外来企业的合作，构成"村集体（村两委）+合作社+公司+农户"多元合作态势。据介绍，塘约村还计划与周边村庄合作，突破原有村庄地域范围，朝着"联村""联社"方向发展。同时，塘约村的合作已经突破经济领域，在村居环境建设、社会治理和乡村文化等多方面展现出合作特征。当然，塘约村在合作化过程中，还允许和鼓励发展个体经济，村民既可以自己经营农家乐、小商店和其他商业服务，也可以自由流动到外地打工，合作经济与个体家户经济同存于村庄之中。

三是塘约村的合作制中对村集体和贫困户这类特殊身份"成员"进行了配股，有集体股和成员股在其中。这样做的目的，一是使集体所有权权益得到实实在在的实现，保证了集体经济能够发展壮大；二是帮助贫困农户摆脱贫困，展现出新型农村集体经济的共富功能。前面第二章、第四章和第六章都论及农村集体经济资源的配置应体现集体性、集体所有权权益和共同富裕功能，弥补市场经济体制下初次分配的收入差距负效应。塘约村实践说明，只要有合适的资源配置模式，就能够避免出现贫富差距拉大、收入不平等的极端现象。

2. 合作制是农村集体资源配置的重要方式

合作化既是一种生产经营方式，也是一种资源配置和社会治理方式。郭书田和张红宇（1989）指出，合作化运动有两条运动轨迹：一条是以经济要求为主要取向，另一条是以政治要求为基本准则；历史上，社会主义国家的实践体现了更多的政治意图，经济要求处于附属地位，认识逻辑是"合作化→集体化→社会主义"。中国20世纪50年代发动的合作化运动，把合作化等同于集体化，并结合人民公社制形成"政社合一"格局，造成合作制成为一个效率低、平均主义的代名词，人们对它的印象并不好。1978年以小岗村"包干到户"改革为起点，打破了集体化，承包制逐步取代了合作制。但是，在国家层面并没有宣告废除合作制，主要表现为：一是提出坚持"统分结合的双层经营体制"，这里的"统"就包含了对合作制的期望，二是在1984年中央一号文件中提出要发展合作经济组织，如地区性合作经济组织（后来的农村社区股份合作社）和专业合作经济组织（后来的农民专业合作社）（孔祥智，2018）。而且，实践中合作制仍然在一些村庄被坚持和运用，如河南南街村、河北窦店村、江苏华西村等，在农业生产资料供应和农产品流通的供销环节（供销合作社），以及农村金融服务领域（农村信用合作社）都发挥作用，并被引入乡村集体所有制企业改革（股份合作制改革）。90年代中期，随着农业产业化发展加快，小农户"分散经营"和"单打独斗"的劣势更加突出，农户之间开始横向联合，催生了农民专业合作组织（如协会、合作社、农场等），新型合作制得以形成和快速发展（见图7-5）。

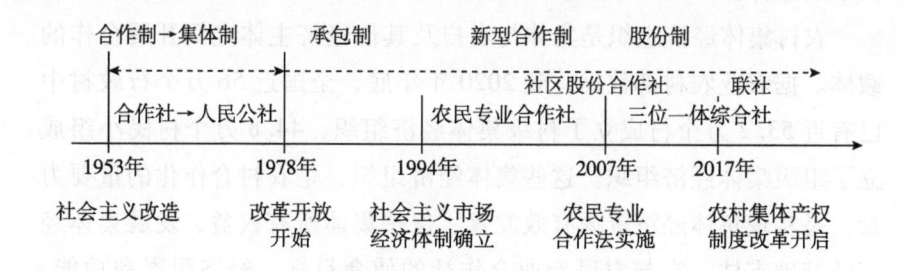

图7-5 中国合作制演化示意

21世纪以来，市场、政府、社会组织等各方力量推动农村合作经济组织不断扩展，创造了不同类型的合作形式：种植养殖合作、农机合作、土地合作、金融合作、社区合作，由单一要素向资金、土地、劳动等多要素的合作；有些地方还出现财政扶贫资金为支撑的扶贫专业合作、养老合作，以及生产—供销—信用"三位一体"的综合合作（郭翔宇等，2020）。在一些地方，还探索出村级合作社之间的再联合，形成乡镇级或县级联合合作社；还有一些地方创建了"村集体+农户+专业合作社+家庭农场+农业公司+协会+专业合作社联社"等多类主体整合起来的"农业发展合作联合会"，合作范围更加广泛，形成"统分结合、双层经营、共建共享"的服务体系（北京农禾之家咨询服务中心综合农协研究组，2022；杨团，2022）。

据农业农村部数据，到2020年年底全国成立了201.2万家农民专业合作社[①]，入社成员达到6277.2万个，其中普通农户占95.8%，家庭农场、企业和其他成员分别占2.6%、0.4%和1.2%；入社成员出资形式多样，其中以货币和土地经营权作价的成员分别占32.0%和13.6%。农民专业合作社统一购买农业生产投入品、统一销售农产品、统一种养养殖，以及内部信用、互助保险、休闲农业和乡村旅游等多方面的合作。同时，农民专业合作社之间的联合与合作蓬勃发展，规模效应逐步显现。到2020年年底，全国成立了11660个合作社联合社，入社的成员（农民专业合作社）达到20.3万个，平均每个联合社拥有17个成员社；还成立了合作社联合会1784个，合作层次不断延伸。

农村集体经济组织是集体与农户及其他经济主体之间开展合作的载体。据农业农村部数据，到2020年年底，全国近56万个行政村中已有近53.2万个村成立了村级集体经济组织，44.8万个村民小组成立了组级集体经济组织。这些集体经济组织，是农村合作化的重要力量，是实现集体经济资源有效配置、保护集体所有权益、发展集体经济的基础支柱。它与农民专业合作社的使命目标、经济职责和功能，以及在乡村治理体系中的角色与作用有所不同。以塘约村集体经济组织为例，这种"村社一体"合作社不仅是一个服务性组织，还是一个经营性组织，更是承担多重目标任务的功能性组织，例如对贫困农户帮助（贫困成员股）、全体村民福利改善（集体股）等，它并不完全以营利为目标，还兼有集体公益和共同富裕目标。当前，中国农民专

[①] 据国家市场监管总局统计，截至2020年年底全国依法登记注册的农民专业合作社为224.9万个，其中包含部分已停止运行但未注销的合作社、新注册的合作社、西藏自治区的合作社。

业合作社的发展并不十分规范和成熟,以村集体为组建主体的合作社,一定程度上弥补了"异化"的农民专业合作社在农业农村合作上的缺陷与不足,并且将它融入乡村社会政治大系统中,推动经济、社会、政治和文化的良性互动。

综上,改革开放以来,农民专业合作实现了农村集体经济资源的"市场化"配置,村组集体经济组织则实现了农村集体经济资源的"市场+政府"混合式配置,新型合作制已成为农村集体资源配置和调节收入分配的一种重要方式。

三 塘约模式的两个理论问题

塘约模式以政府扶持、村集体主导,实行新型合作,重构了农村集体资源配置方式,使村集体和农民家庭的收入在较短时间内快速增长,彰显了该模式的优势和特色。该模式下党支部领办合作社的做法,也在全国其他一些地方"复制"和实践,其长期效果还需观察。这里提出与之相关的两个理论问题。

一是农村集体经济资源配置中的政府角色问题。塘约模式引入了较多的"市场"元素和机制,例如承包地按产量定价、以股入社、合股联营,农户自主选择入社入股和就业、村集体合作社与下属公司和外来企业的股份合作等。政府[①]不仅为塘约村"创造"了新的政策性资源,还主导了村集体合作社的成立与经营管理工作,可以说在集体经济资源的配置中政府起"决定性"作用,市场只起"基础性"作用。

政府在农村集体经济资源配置中应发挥相关作用。段浩(2018)认为,当前中国农村土地流转中政府角色发生偏离,政府参与不足、协调能力不强、立法工作滞后、监管不到位和提供服务不够,致使土地流转严重滞后、农民权益受到侵害;而在塘约村的土地流转过程中,政府扮演好了自己的角色,即组织和领导者、推动者、监管者、制度和服务提供者,组织村民走集体化道路、搞好以土地确权为核心的制

---

① 这里的"政府"是从经济资源配置两大主体(政府和市场)角度来说的,包括乡镇以上政府、基层党组织和村集体,并非严格意义上的政府定义。

度设计、提供土地流转服务，发挥了较好作用。塘约村开展"七权同确"工作，党支部引领组建村级合作社，为集体经济资源配置后续工作打下了坚实基础，相当于搭建好资源配置平台，那么此后的土地流转、合作社经营和管理等工作均可交由市场。我们主张农村集体经济资源配置宜采用"市场+政府"混合式方式，例如股份合作制，以股份形式开展农村集体资源的合作；至于能不能进一步发展为股份制，则要视不同经济资源类型以及未来整个国家经济发展阶段来区别对待。对于塘约村来说，我们主张"村社一体"合作社应进行内部调整，朝着"村社分离""政经分离"和股份合作制治理结构方向前进。

二是农村集体政策性资源的调配和经营管理问题。塘约村是在中国精准扶贫脱贫工作中涌现出来的典型，各级政府和社会力量给予比较多的资金、物资、技术以及政策优惠的支持，因而形成了比较丰富的政策性资源。李昌金（2017）匡算2014—2016年塘约村得到近1.4亿元的资金支持。如何调配、经营和管理好这些集体政策性资源，则是脱贫地区农村发展面临的新问题。当前，各地在推进乡村振兴工作中，以产业项目或者发展资金等形式发展壮大集体经济，形成了新的集体资产资源，对其有效配置、合理运营和管理成为难点问题。我们在调查中发现，目前存在的主要问题有：（1）政策性资源究竟有哪些类型、多大资金资产量、经营和管理情况不明、底数不清；（2）政策性资源与经营性资产资源的相互转化和产权权属相互交织、情况复杂；（3）政策性资源由谁配置、成效如何，缺乏监管和评估。因此，我们建议在农村集体产权制度改革"清产核资"过程中，应将这些来自各级政府和社会力量的政策性资源单列出来，把它与"原产地"集体经济资源予以区分，厘清各类资源的来源和出处。同时，以村集体为主体，对这些政策性资源分类配置，对于经营性资产可以通过市场主导方式（如引入多个市场主体、量化股份、入股投资等）来配置，对于非经营性资产则通过"行政+市场"方式（如招投标、委托等）来配置，以此实现较高的经济和社会效率。塘约村的成功之处在于把"原产地"自然资源和"外来"政策性资源有机结合起来，由村集体进行"一体化""行政式"配置和运用,把政策性资源的经济和社会效能充分发挥出来了,这是其他乡村难以复制和实现的。塘约村下一步需要探索的是,当各级政府支持力度减弱以后,如何通过引入社会资本和发动本地村民力量,以及扩展乡村特色文化资源,以市场机制来实现村集体经济资源的有效配置,实现村庄持续稳定发展。

第八章　农村集体经济资源配置战旗模式及其共同富裕效应

20世纪80年代以来，中国农村集体经济资源方式因实施承包制而出现分化现象，一方面，土地承包给各家各户后，由农户自主自行处置，从而出现转包、转租、合作、入股等多种"再流转"形式，具有"市场"配置资源的特征；另一方面，村集体因资源"分"给农户家庭和私人，以及村级集体经济组织因行政治理改制而瓦解之后，缺乏"统"的资源基础和组织基础，"政府"配置资源的能力和方式逐渐减少。这种"市场为主导"配置资源的格局带来一些消极后果，其中之一是农村集体资源所有权益受到侵害、村集体丧失了调节村民共同富裕的能力和基础。四川省成都市郫都区战旗村在改革开放后，仍然紧抓集体经济资源所有权益不放手，并在21世纪将"分"给农户的土地资源再次集中起来，把承包给私人的集体企业权益收回来，结合外来资本和企业的引进，加强居住环境改善和社区建设，走出了一条"资源集中、权益分明、配置多元、共同富裕"的可持续发展之路。该村配置集体经济资源的方式表现出"政府+市场"混合的特征，我们称之为战旗模式，它对于当前各地推进乡村振兴战略有一定的借鉴价值。

第一节　村集体主导混合式配置资源的战旗模式

战旗村隶属四川省成都市郫都区唐昌镇，位于成都平原西北边缘，地处郫都区、彭州市和都江堰市三区交界，境内柏木河、柏条河双河环抱，土地肥沃、水利资源丰富；距离唐昌镇 2 千米、成都市 40 千米，贯通成都市与都江堰市的交通要道"沙西线"穿村而过，目前开通了两条连通唐昌镇的公交线路。该村 20 世纪 60 年代在兴修水利、改土改田活动中成效明显、成为一面旗帜，取名战旗大队，后为战旗村。全村面积 2.06 平方千米，耕地 1930 亩，辖 9 个村民小组，有 529 户 1700 余人①。在 21 世纪，战旗村因为乡村建设出色、村民生活富足再次成为一面旗帜。2018 年 2 月 12 日春节临近之际，习近平总书记视察战旗村，称赞"战旗飘飘，名副其实"，并嘱托战旗村要在乡村振兴中继续"走在前列，起好示范"。这个一度"隐入尘烟"的普通村庄，之所以再次成为"旗帜"，得到国家领导人的赞许，从农村集体经济资源配置角度上说，是因为做到"一统、两制、三集中"（屈锡华，2013）：统一规划全村发展、实行村级资产集体所有制和土地经营股份合作制、土地集中经营、村民集中居住、产业集中发展，在市场经济中发挥基层党组织和村集体的主导作用，有效配置资源、合理分配收入，实现了农业农村现代化和全体村民共同富裕。

一 战旗村集体经济资源配置方式的演变

改革开放前，战旗村与全国其他村庄一样，是人民公社体制下的一个基层单位，实行集体所有制下"统一经营、统一分配"的集体化和计划化配置资源模式。1978 年安徽省小岗村开启"大包干"改革序幕后，战旗村也开始了集体经济资源配置方式的变革：一方面，于 1982 年遵照上级指示走上了家庭联产承包之路，将土地"分"到各家各户，实行分散经营、发展家户经济；另一方面，村集体牵头创办了多家工厂②，推动村庄工业化起步与扩张，形成了新的"集体经

---

① 2020 年 6 月，郫都区进行行政区划调整，将原来的金星村和战旗村进行合并成立新战旗村，面积达 5.36 平方千米，耕地面积 5400 多亩，农户 1445 户 4493 人。本章主要报告合并前的战旗村情况。

② 1979—1992 年，战旗村拥有多家村集体企业，如先锋第一机砖厂、先锋酿造厂、凤冠酒厂、树脂厂、豆瓣厂、预制构件厂、铸造厂、农机厂、面粉厂、复合肥料厂、商贸公司等。在这时期，企业倒闭和新建现象共存，最多时有 12 家同存。1994 年全国乡镇企业股份合作制改革，战旗村集体企业数量减少到 6 家，为规模较大的砖厂、豆瓣厂、酿造厂、面粉厂和复合肥料厂，另有铸造厂由于联营未参加"第一次改制"。

济"和"统"的形式与基础。战旗村的集体经济资源组成及其配置主要分为集体企业和集体土地两大块，其中集体土地包含工厂企业所占用的建设性用地、农业生产耕地和农户宅基地（"三块地"）。

20世纪90年代开始，战旗村的集体经济资源经历了不同的配置方式转换过程。图8-1简要回顾了该村四类资源的配置方式变迁情况。其中，集体土地经历了由"分散"到"集中"的过程，使农业经营由"分"（家庭承包）到"合"（股份合作）、农户居住由"分散庭院"到"社区集中"、建设用地权益得以实现；集体企业由承包制到股份制再到租赁制的转换，防止集体资产流失和集体所有权"改没了"。同时，战旗村还在2004年企业"二次改制"和2010年农村集体产权制度改革中，保有村集体股权，形成了新的经营性资产；并多次享受政府政策优惠和社会资金支持，充分利用了一定量的政策性资源。

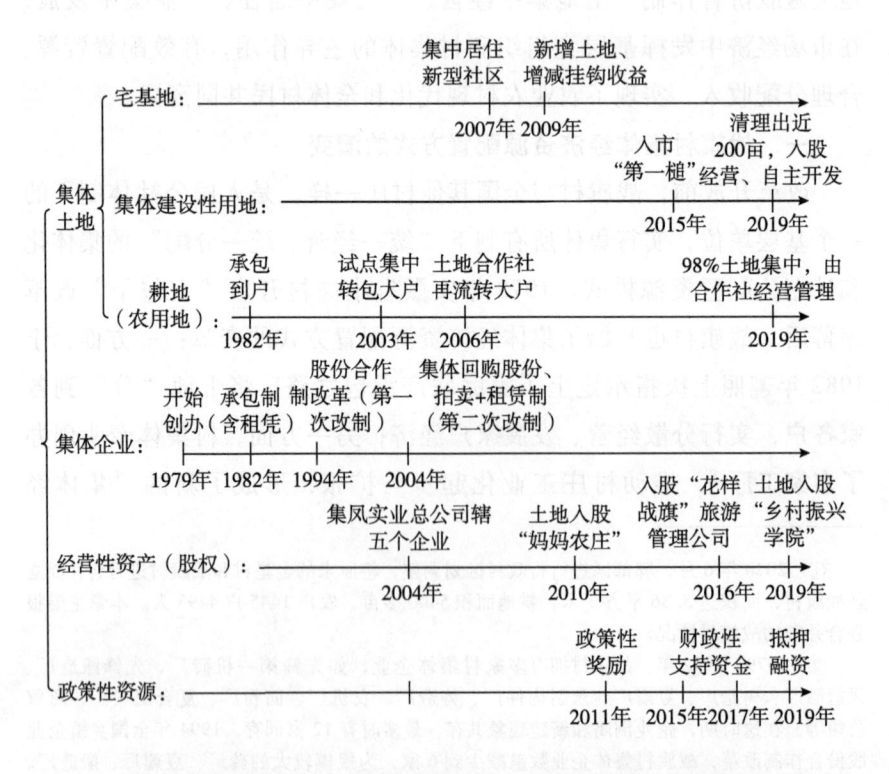

图8-1 战旗村集体经济资源配置方式变迁（1978—2020年）

二 村集体主导资源再集中及其配置

改革开放后，战旗村集体经济资源配置方式的一个核心特征是"再集中"——土地资源再集中、村集体企业的经营管理权和收益权再集中，从而壮大了集体经济、保有了集体所有权和利益，为后续其他改革奠定资源和资金基础。

1. 土地资源再集中和"政府+市场"混合式配置

战旗村自1982年开始实行家庭联产承包责任制，农用地由村集体"发包"、农户"承包"，交由各家各户分散经营。20世纪80年代后期至90年代，随着战旗村办企业和外部经济的发展，村民在村内企业就业和外出务工逐渐增多，农户对土地的依赖性逐渐降低，一些村民不愿或无力种地，就将承包地转送给其他人种植。据该村时任村书记介绍，在2000年左右战旗村全村1600多人中有400多人在企业上班或外出务工，大部分人自愿自发地将承包地送给别人种植（董筱丹，2021）。在此背景下，由村集体主导的土地再次流转和再集中成为可能。

2003年，成都市开始实施"统筹城乡一体化发展"战略，推进以"三个集中"（工业向园区集中、农民向城镇集中、土地向规模化经营集中）为核心的一体化改革。战旗村村两委经过讨论决定采取"三分地"集中先行试验的方式，即在自愿基础上，各家各户按人均拿出3分地[①]交给村集体，由村集体对集中起来的土地进行整理改造，并负责再流转承包给村内种植大户，所得的租金收益替村民缴纳农业税费，多余部分作为集体收入纳入集体资产。这一试验在5组和7组得到响应和推行，每组集中了约50亩土地，由村集体出面承包给村内农业大户种植蔬菜、苗木花卉，流转租金收入由村集体代管，替农民代缴了农业税和独生子女等费用；2006年农业税费全面取消后，这两块地的流转租金分别按人头平均分配给组内农户。这一试验的成功打消了村民顾虑，强化了村民对集体的信任。这样，战旗村在实行土

[①] 1分=0.1亩=66.7平方米。战旗村在土地承包制期间，每年秋收后进行承包地调整，使人均承包耕地面积一直保持相对均等，约1.3亩。

地承包制20年后,开启了新的土地资源配置模式——再集中、再流转,实行规模经营。

2006年,战旗村成立土地股份合作社①,引导村民以土地承包经营权入股,并承诺合作社按"800元/亩保底+50%二次分红"进行分配,再次集中了500亩土地,由合作社将土地流转给村外人员为主的种植大户,用来种植蔬菜和水稻。2009年9月,战旗村合作社再次集中流转农户承包地1097亩,一部分再次承包给种植大户、另一部分自己用于育苗和种植高端蔬菜。2010年8月,战旗村两委发布了《土地集中实施办法》,将"拆院并院"后的宅基地整理为耕地,原使用者不再享有使用权,由集体集中加入承包地面积,参加承包地的确权分配;承包地确权后,村民按自愿、有偿原则入股合作社,由合作社统一经营,实行"保底+分红"分配,并对入股村民发放养老补助金。这一办法推出以后,村民纷纷将承包地入股合作社,当年年底集中了土地约1600亩,约占全村耕地的80%。2011年,战旗村借助土地确权和入股工作②,集中土地1820亩,约占全村耕地的95%。合作社集中土地后,建成现代农业产业园,一部分采取自己经营(建成蔬菜育苗中心,试种示范),另一部分转包出租给外来业主和龙头企

---

① 2006年下半年,战旗村计划采取农民以土地承包经营权入股、村集体注资50万元的方式,组建土地股份合作社;但因为当时政策不允许注册为土地股份合作社,战旗村两委称之为"战旗村农业股份合作社",对土地进行集中经营和分红管理。2008年11月,战旗村合作社正式注册为"郫县战旗金针菇专业合作社",2009年2月更名为"郫县唐昌镇战旗蔬菜专业合作社",注册资金10万元,2013年变更为106万元,其中村委会出资50万元、土地入股作价56万元。2014年8月,战旗村又成立了土地股份合作社,但合作社并无业务,村内实际运营的合作社依旧为蔬菜专业合作社。2017年10月,战旗蔬菜专业合作社更名为"成都市郫都区战旗蔬菜合作社",成为该村的一个集体经济组织,充当村集体土地经营管理者、种植品种协调者和融资平台的角色,还是农业政策的实施机构。参见屈锡华等编《战旗村变迁纪实录》,四川大学出版社2013年版,第35页;蓝红星、张正杰《中国乡村振兴示范村:战旗村》,东北大学出版社2020年版,第51页;董筱丹《一个村庄的奋斗:1965—2020》,北京大学出版社2021年版,第174—175页。

② 2010年新型社区建设项目(拆院并院)和宅基地整理工作完成后,全村80%的土地都已再流转入股合作社统一经营,因此有必要明确村民所享有的土地承包经营权,并加以量化和分配。2011年3—4月,战旗村实测确认全村集体耕地总面积为1938.36亩,承包户529户1704人,村委会为发包方将耕地平均分配(承包)给村民,每人分得1.137亩,并签订土地承包合同,以户为单位颁发承包经营证。本次确权到户,村民获得的仅是承包经营权,并不实际经营土地,土地由村集体合作社统一经营管理。

业，发挥出土地规模经营效应。据村干部介绍，到 2019 年年底，合作社共运营管理 1937 亩农用承包地，有 1670 人入社，占全村确权人数（1704 人）的 98%，其他人仍然可以选择自己经营承包地。

战旗村农户宅基地集中（拆院并院）是其土地资源集中合理配置的另一表现。2007 年 8 月，战旗村两委主导启动川西新民居式的"新型社区建设"项目，将分散居住的村民集中到新社区居住。到 2009 年年底，9.1 万平方米的新社区建成，安置了全村 469 户 1655 人入住，集中居住率达到 96%（其余农户在社区外道路两旁自建房居住）。这项"拆院并院"集中入住新社区工作，使战旗村通过整理原有的农民宅基地和院落，新增土地 440.8 亩，其中 215 亩用于新社区及基础设施建设，剩下 208 亩整理为耕地；同时，新增的 208 亩建设用地指标采取城乡建设用地"增减挂钩"方法挂钩到城市使用，实现土地出让收益 1.3 亿元（其中，1.15 亿元用于偿还建设新社区融资本息，剩余约 1500 万元大多通过政府补助等形式用于战旗现代农业产业园的基础设施配套建设）（董筱丹，2021）。

战旗村建设性用地"入市"是其土地资源市场化配置的一个亮点。2015 年 2 月，郫县被纳入全国 33 个农村集体经营性建设用地入市改革试点。借助这一制度改革契机，战旗村将原村办企业——复合肥料厂、预制构件厂和老村委会办公楼所占用的地块集中起来，总计 13.447 亩，放在郫县公共资源交易服务中心挂牌交易。2015 年 9 月 7 日，四川迈高旅游资源开发有限公司（以下简称"迈高公司"）以 52.5 万元/亩的价格取得该地块 40 年使用权，敲响了全省农村集体经营性建设用地入市交易"第一槌"，使得战旗村集体获得土地收益 706 万元。同时，战旗村与迈高公司共同出资成立运营平台，对该建设用地地块进行商业开发。如今，该地块已经建成"第五季香境"商业综合体和大型停车场，成为战旗村 4A 级景区的重要组成部分。这次经营性建设用地入市交易为战旗村"发现"了土地价格和集体资源价值。截至 2019 年年底该村共清理出集体建设性用地近 200 亩，资产估值超过 2 亿元，通过入股经营、自主开发方式建成"四川战旗乡村振兴培训学院"①和"乡村十八坊"②等项目。2020年,战旗村还利用村民闲置的后房或偏房(宅基地),打造出集纳各类成都特色小吃的美食"壹里老街",让沉睡的土地资源变为"资产"。

至此,战旗村的土地资源不再被"分割"到各家各户,村集体牢牢把握了"三块地"的所有权,并通过再集中、再流转或自主经营方式,由村集体经济组织进行统一经营管理,既实现了土地资源的高效利用,也充分挖掘出农村土地的资产价值,成为改变农业产业结构、增加农民资产性收入、发展集体经济的有效路径。

2. 村集体企业资产与经营管理权的回收

战旗村的集体资源再集中,最初是从村办企业开始的。在承包制普遍施行的20世纪80年代,战旗村对村办集体企业实行"抓大放小",对上规模的集体企业采用承包制,由村内能人承包,每年上交村里一定承包费,企业自负盈亏,并按"工资+奖金"模式管理;对规模较小的集体企业实行租赁制,由村民承租,没有工资和奖金,完成任务后其余的都是企业自己的③。90年代初期,全国乡镇企业开始进行股份合作制改革,战旗村5家规模较大企业也参与了"改制",合并成"成都市集凤实业总公司"的股份制公司,设置董事会和监事

---

① 据介绍,四川战旗乡村振兴培训学院是由唐昌镇战旗资产管理有限公司与郫都区国有资产投资经营公司共同投资建成,两家公司组建"成都蜀源战旗企业管理有限公司"作为投资办学主体,采用公司化管理、专业运营机构服务的方式实现发展,资产收益由区国有资产投资经营公司与战旗村集体经济组织按股分成。学院选址为原村铸造厂地块,占地面积28亩、建筑面积6500平方米,是经四川省民政厅批准成立、四川省农业农村厅主管的具有独立法人资格的民办非企业单位。2019年2月12日正式揭牌成立,本课题组于2019年9月参加了该学院"新时代村庄与集体经济转型高级研修班"活动。

② 据介绍,"乡村十八坊"是战旗村利用原村集体空闲建设用地资源,自筹资金、自主设计和修建、自主经营和管理的以传承非物质文化技艺为核心,集产品制作展示、参观学习和体验销售于一体的旅游商业文化综合体。该综合体总投资近3000万元,超过70%来自银行贷款,另有集体土地入市"第一槌"所获700多万元和战旗村资产管理有限公司(2015年8月注册成立,作为集体建设性用地入市主体和全村集体资产管理组织,全体村民为股东,注册资本1704万元,每位村民拥有1万元股本)对村内干部和村民筹资50多万元。2017年3月开始一期修建,2018年9月开始二期修建,到2019年1月招商,对入驻商户由村集体收取押金管理,押金在三年后开始退还。商户入驻第一年,村集体不收取任何租金和提成,第二年起由村集体资产管理公司收取10%的营业收入提成,形成集体性收入。

③ 这些"小"企业在后续发展中基本都垮掉倒闭,但它们所涉及的集体建设性用地由于实行租赁制,仍由村集体配置,1994年和2004年两次企业改革均未涉及这些"小"企业。

会，5家企业作为子公司，进行股份量化，收益分配权为村集体占50%、企业占50%，企业50%收益权分为30%的企业法人股、20%的职工股，至此，股份合作制取代了承包制。但在实际操作中，各子公司负责人仍然把企业当成私营的，按承包制方式进行管理，村集体每年收取固定租金，股份制形式更多地体现为企业和职工之间，例如，经营不好的公司还照常要向村集体交纳租金，但职工则没有股份分红。这种不彻底的股份合作制改革，一是造成了集体资产大量流失，到1999年村集体负债已达200万元；二是导致股权结构混乱、股权激励作用降低，30%的企业法人股并不代表企业实际管理层的股权、仍然是集体股，概念模糊，20%职工股中对企业负责人（厂长）和其他管理人员的股份占比过低，导致其生产经营积极性降低。

2003年2月，战旗村两委决定对集体企业进行"二次改制"，主要方法是由村委会出资70万元，将20%的职工股回购到集体，这样村集体（仍由村级经济实体"成都集凤实业总公司"作主体）就对企业拥有绝对控制权；村集体将回购企业的固定资产和无形资产进行租赁经营，将流动资产一次性拍卖给经营者，至此战旗村集体企业的股份合作制就改制为租赁制，把企业所有权掌握在村集体手上，防止了集体资产流失，也为集体经济发展壮大奠定了雄厚的物质基础。据介绍，战旗村2003年开始、2010年完成的"二次改制"，使村集体一次性获得流动资产拍卖收入420万元、固定资产租金收入每年32.5万元、另有利息年收入30多万元。集体收入的增加，为后续土地集中（2003年开始农用地集中试点、2007年宅基地集中）和合作社成立（2006年）打下良好基础。2010年，战旗村将先锋酿造厂和蜀都包装厂的固定资产租赁给外来的"满江红公司"，获得租金收入10万—15万元/年；2018年该公司又租赁战旗村文化大院和一栋综合大楼，用以建设豆瓣坊和豆瓣博物馆，为战旗村创建4A级景区和产业转型增添了新元素。

战旗村办企业由承包制（1982—1993年）到股份合作制（1994—2003年）再到租赁制（2004年以后）的改革，让村集体掌握了企业经营发展和乡村产业调整的主动权。2014—2015年，为实现乡村"绿色生产方式"转型，战旗村先后关闭了域内 5 家高污染、高耗能企业，环保指数进一步提高；2016 年又关闭了村办化肥厂、砖厂、预制厂等 8 家落后企业，并引导豆瓣厂提档升级，把农副产品精深加工与农业观光体验有机结合起来。如果没有实行租赁制，关闭和调整这些企业必将付出更高成本。

三 外来主体引入和市场化配置土地资源

战旗村集体经济资源的配置与利用，采用了"市场"方式，主要表现是引入外来市场主体、按市场机制配置土地资源。最先引进的外来主体是"成都榕珍菌业有限公司"。2007 年 8 月，在四川彭州一带从事食用菌种植的李宗堂与战旗村土地合作社合作，租用原战旗村 5 组近 200 亩土地创办了"成都榕珍菌业有限公司"，采用"公司+合作社+农户"模式生产、加工和销售食用菌，目前已成为中国西南地区规模最大的农业产业化龙头企业。据介绍，2018 年该公司在全国开设 4 个分厂，仅战旗村分厂年产值达到 1 亿元，销售份额占西南片区的 60%—70%，每年吸纳农民就近就业 400 多人，带动周边 2000 多农户种植食用菌，成为战旗村现代产业重要支柱。

战旗村集体以市场化方式配置土地资源的成功案例还在于引进和创建了"妈妈农庄"。2010 年，战旗村集体利用前期宅基地集中和整理预留的 23.8 亩建设性用地，以每亩 50 万元作价入股[①]，与房地产开发商四川大行宏业集团公司合作成立"第五季资产管理公司"，规划建设战旗"第五季·妈妈农庄"生态田园村，其中大行宏业占股 95%、战旗村集体占股 5%。2011 年，妈妈农庄租赁战旗村集体土地 600 亩，建成第一个地标性景点——薰衣草花田，开园第一个月就吸引了近 30 万游客，促成了战旗村乡村产业的转型[②]。如今，"妈妈农

[①] 另一说法是战旗村以农用地作价入股（见表 8-1）。也可参见董筱丹《一个村庄的奋斗：1965—2020》，北京大学出版社 2021 年版，第 236 页。

[②] 董筱丹（2021）把战旗村引进"榕珍菌业"发展标准化生态农业、"妈妈农庄"发展乡村休闲观光旅游业作为该村的"第一次生态化转型"，2017 年开始修建、2019 年建成的"乡村十八坊"和"郫县豆瓣博物馆"为代表的文化产业发展视为该村"生态产业化"。参见董筱丹《一个村庄的奋斗：1965—2020》，北京大学出版社 2021 年版，第 233—254 页。

庄"已建成集观光农业、酒店餐饮、会议和婚庆服务、运动休闲和乡村旅游度假于一体的田园综合体，为当地农民就业和增收创造了大量机会。据介绍，对于"妈妈农庄"所占用的土地资源，战旗村集体采用租赁、入股和使用权出让等配置方式（见表8-1）。

表8-1　对"妈妈农庄"占用土地资源的配置方式

类别	租赁	出让	入股
建设用地	租金每年2800元/亩，每五年上涨5%	40年使用权出让费50万元/亩	
农用地	租金每年1600元/亩（保底1200元/亩），每五年上涨5%		剩余400元/亩入股，占股5%，由蔬菜专业合作社提留一定积累后进行分红

资料来源：董筱丹：《一个村庄的奋斗：1965—2020》，北京大学出版社2021年版，第370页。

战旗村以市场化方式配置土地资源的成功案例是与迈高公司的合作。据介绍，2015年迈高公司"第一槌"拍下战旗村入市经营性建设用地后，双方商定成立一个运营平台进行商业开发——代表战旗村集体的经济组织"成都集凤投资管理有限公司"出资49万元、迈高公司出资51万元，注册成立战旗村景区运营平台——四川花样战旗旅游景区管理有限公司，分别占股49%和51%，以"第五季香境"为主题进行开发。截至2020年，该平台运营了位于战旗村的"第五季香境"商业综合体和村内停车场；其中，商业综合体采用围合式商业形态，一楼建有商铺，二楼和三楼建有酒店和精装房，四楼则为会议室和办公室，完全按照市场化方式交由平台运营。

2018年后，战旗村的投资吸引力快速提升，来自村外市场主体增多，战旗村集体①把土地资源和特色文化（品牌）资源作为与之合作的基础，采用入股或合营方式，打造了"天府农耕文化博物馆""天府战旗酒店"等一批地标式新景点，推进农商文旅融合发展，建成"全国文明村""全国乡村振兴示范村"。

四　战旗模式小结

在改革开放初期，与全国其他地区村庄一样，战旗村的集体经济资源主要是土地资源，也是实行"承包制"，是一种行政主导的市场配置方式；但在改革开放过程中，"承包制"的弊端开始显现——集体资产资源出现流失、市场化配置的效益不高，因此，战旗村集体利用其对集体经济资源的所有权和地位，逐步将土地资源和经营性资产（企业）的经营权收回，使集体经济资源再次"集中"起来，并分别对土地资源和企业资源实行股份合作制与租赁制，"政府+市场"混合配置集体经济资源，取得了较好成效（见图8-2）。

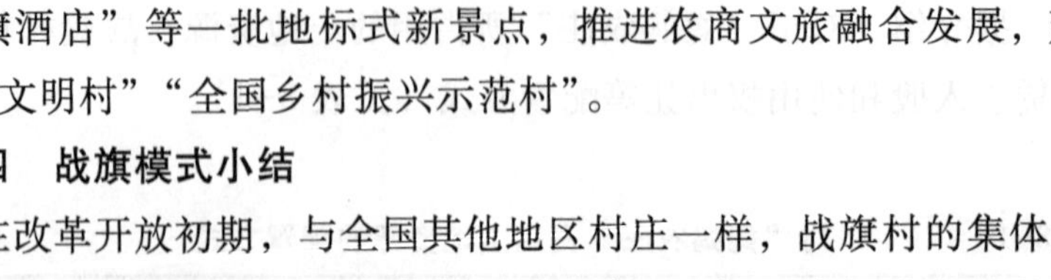

行政主导的市场方式	"政府+市场"混合方式
宅基地：分散式	宅基地：社区集中式
农用地：承包制	农用地：股份合作式
建设用地：企业占用式	建设用地：入市、入股、自主开发
村企业：承包制	村企业：租赁式

图8-2　战旗村集体经济资源配置方式的转变

图8-2展示了战旗模式的基本内容和形成过程。战旗模式就是由村集体主导的"政府+市场"混合式配置资源的一种模式。该模式下，村集体是配置集体经济资源的主体，而不是那些承包户或新型经营主体。一段时间以来，中国一些村庄集体经济资源配置无序、无效，重要原因之一就是配置主体的错位。战旗村的村集体经济资源配置，由村党支部领导、村委会具体组织和实施，1994年后还成立了新

---

① 这里的战旗"村集体"指的是代表战旗村集体的经济组织"成都市战旗村股份经济合作联合社"（以下简称战旗村股份经济合作联社），于2019年2月获得农村集体经济组织登记证书。2019年，战旗村股份经济合作联社与"天府旅游度假区开发有限公司"合作成立"四川战旗飘飘运营管理有限公司"，战旗村以6.5亩集体经营性用地作价入股，占股49%，并在该地块上建设"天府战旗酒店"。酒店于2022年6月底正式投用。"天府农耕文化博物馆"是由原战旗村村史馆改建而成，其经营主体也为战旗村股份经济合作联社。

的实体性集体经济组织①，负责全村集体经济资源的配置、管理和运营，把"沉睡的资产资源"变成"聚宝盆"，成为乡村经济，乃至社会、政治、文化、生态"五位一体"发展治理的有效主体。战旗村集体对经济资源的配置模式，构成其乡村综合治理的核心内容，为全国乡村振兴贡献了"战旗样本"。

该模式下集体经济资源配置不是单一的"承包制"或"租赁制"，也不是完全的"股份合作制"，而是混合了自营、租赁、出卖、入股等多种方式在一起的配置方式。例如，在土地资源的配置上，村集体对宅基地、农用地、经营性建设用地一方面采用"再集中"的配置方式；另一方面又引入了多种市场方式，把农用地租赁给"妈妈农庄""榕珍菌业"等外来企业，把现有住户的宅基地、林地和闲置房屋先租用、后引进社会资本打造"吕家院子"、收取管理服务费，把建设用地入市出卖和作价入股以及自主开发，真正"盘活"了土地资源。

第二节　战旗模式的共同富裕效应

战旗村配置集体经济资源的模式，是农村集体经济资源"再集中""政府+市场"混合配置的过程，也是农村资源价值不断发掘、逐步得以实现的过程，更是村民、集体、社会多方利益共享共进、共同富裕的过程。

---

① 改革开放后，战旗村的集体经济组织历经多次成立与调整：一是1994年乡镇企业股份合作制改制中组建的"成都市集凤实业总公司"，管理村内5家企业；后在2003年"二次改制"中由村集体出资回购公司的个人股，使该公司成为村集体独资企业，负责全村集体企业和经营性建设用地的经营管理，2012年公司更名为"成都集凤投资管理有限公司"，2015年后成为战旗资产管理有限公司的子公司；二是2006年推行土地再集中和规模经营过程中成立了"战旗农业股份合作社"，2009年注册为"郫县唐昌镇战旗蔬菜专业合作社"，负责全村农用地的经营管理和农业产业生产工作；三是2015年战旗村经营性建设用地入市过程中注册成立了"郫县唐昌镇战旗资产管理有限公司"，负责对全村集体资产、资源和资金以及文化品牌的经营和管理；四是在2019年全国农村集体产权制度改革过程中注册成立了"成都市战旗村股份经济合作联合社"，融合了原农业股份合作社（蔬菜专业合作社）和集凤投资管理公司的部分功能，负责对全村集体经济资源的开发与利用，成为战旗村集体经济组织法人资格的市场主体。

一 村集体经济不断发展壮大

改革开放初期，战旗村集体经济实现形式有所改变，由村庄工业（村办工厂）代替了原集体农业和副业，这使村集体收入并没有减少。据介绍，战旗村自1979年开始创办"先锋第一机砖厂"（以下简称"机砖厂"），之后先后兴办了豆瓣厂、复合肥料厂等12家工厂，在承包制和租赁制的配置方式下，这些工厂为战旗村积累了大量资产，贡献了丰厚收入，使得战旗村集体经济在当地名列前茅。以机砖厂和豆瓣厂为例，1982—1993年，机砖厂承包者每年需上交村里8万元，工厂自负盈亏，超额利润中集体分得20%、工厂分得80%；豆瓣厂承包者1983—1990年上交村集体1.2万—1.4万元，1991—1993年上交4万—6万元，完成上交指标后的超额利润集体分20%—50%、承包方留下50%—80%自行安排。到1994年"股份制"改革时，战旗村办企业总资产达到930多万元，其中固定资产原值212万元、净资产307万元。到1997年，全村工业总收入近6000万元，税利为128万元，集体经济纯收入38万元（董筱丹，2021）。1994年"股份制"改革时成立了"集凤实业总公司"，实行各子工厂上交管理费给总公司，然后由总公司与村集体五五分成的制度，这一分配机制产生了寻租空间，导致经营者积极性降低，总公司收取和上交给村集体的管理费也不稳定，多的年份将近13万元，少的年份6万元左右，集体经济收入骤然减少。

2003年，战旗村集体决定开启村办企业"二次改制"，回购"股份制"下的企业个人股，将企业完全转为村集体所有，同时村集体一方面对企业流动资产进行一次性拍卖，另一方面对企业固定资产和无形资产实行租赁制，获得拍卖收入、工厂固定资产和土地租赁收入、放款利息收入，村集体收入增加到400多万元。同期，战旗村试点农用地再集中，由村集体出面将集中起来的土地转包给种植大户，将租金作为集体收入，用于帮农户代缴农业税和独生子女费等费用。2006年，代表村集体经济组织的蔬菜专业合作社成立后，由其负责全村农用地再集中后的经营管理，村民获得"保底+分红"收入，村集体也获得自营收入。据唐昌镇2009年辖内村集体经济收入统计，战旗村以"累计集体收入"1280万元和"年可支配集体收入"56万元，名列全镇23个村（社区）第一。2010年全年，全村集体收入295.37万元，其中专业合作社收入235.37万元，集体企业租赁收入60万元（董筱丹，2021）。

战旗村集体经济迅猛壮大源于2015年的经营性建设用地"入市"交易。当时战旗村的13.447亩建设用地被迈高公司竞拍获得，使村集体获得土地收入706万元，由"郫县唐昌战旗资产管理有限公司"进行分配：10%作法定公积金、20%作资本公积金用于公司再发展、20%作公益金用于集体公共福利、15%作管理费——用于社区公共管理、15%作为村庄建设费——用于社区和村域基础设施配套建设和维护、剩余20%作分红——用于全村1704名股东（公司股东）按股分红。土地入市成功后，战旗村每位村民获得了520元分红；代表村集体经济组织的集凤投资管理有限公司出资49万元与迈高公司组建"四川花样战旗旅游景区管理有限公司"，负责战旗村4A级景区管理和运营工作，开启了村级集体经济发展新模式：现代农业+农副产品加工+景区旅游+三产服务，并将股份制和合作制结合起来，使得集体经济收入渠道更加多元和稳定。

据介绍，2016年战旗村全村集体资产总额为4607万元，包括未确权农用地和其他未被利用的土地、建设用地、水电路生产性设施和文教卫公益性设施等资源资产，以及预期收到的入市土地收益款706万元。此后，战旗村集体资产和集体收入稳步增加（见图8-3），到2021年年底集体资产突破亿元、当年集体收入680万元，集体经济发展位居全省前列。

二 村民收入和生活变化

战旗村在农业"集体化"生产和工分制分配时期，就因为田地改造和农业生产突出，多次被评为全县优秀生产队，村民生活和收入也比较高。据该村第七任村书记李世立回忆，1980年左右战旗村9个生产队中，分配最高的生产队村民一年收入可达650多元，比同期全国农村居民人均纯收入（191元）和城市居民人均可支配收入（478元）还要高。改革开放初期，战旗村开始兴办村办工厂，如机砖厂、

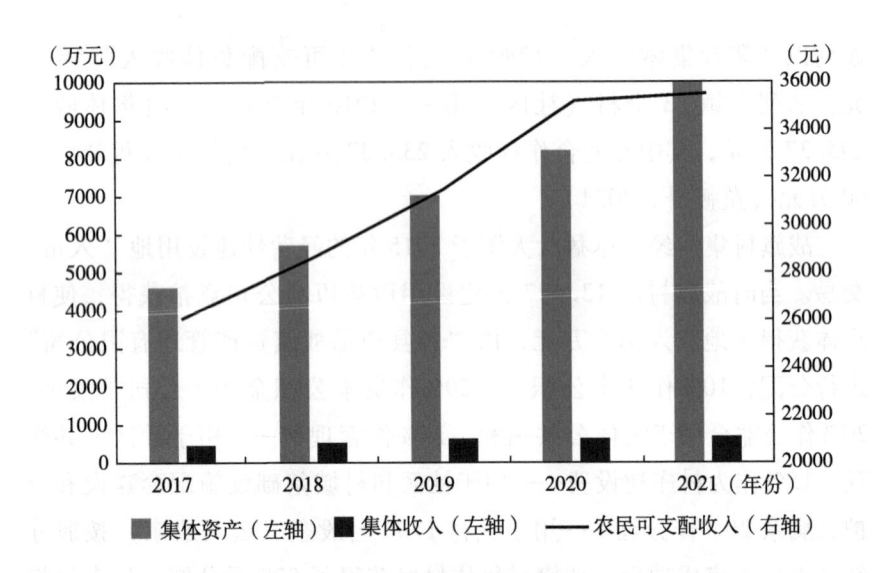

图 8-3　战旗村近年集体经济和农民收入增长情况

资料来源：根据蓝红星、张正杰《战旗村》（东北大学出版社 2020 年版）、董筱丹《一个村庄的奋斗：1965—2020》（北京大学出版社 2021 年版）、中国村社发展促进会村庄调研课题组《配置有效资源，让乡村振兴"战旗"飞扬——调研四川省成都市郫都区战旗村》（《中国村庄》2022 年第 6 期）中的数据以及本书课题组 2019 年实地调查的数据整理绘制。

预制构件厂和酿造厂，让村民就近就业，亦工亦农的村民占到 1/10，为村民创收增添了稳定渠道。

战旗村 2003 年开启集体经济资源"再集中"和"政府+市场"混合配置模式，推动村民生活和收入分配进入新阶段。首先是 2003 年进行的农用地"再集中"试点，村集体负责将集中土地再流转给种植大户，租金收益为村民代缴了农业税费，让农民尝到由集体统一经营和集体配置土地资源的"甜头"；此后，98%农户逐步将承包地再流转给村集体，获得土地"保底+分红"收入，告别了各家各户分散经营、收入不稳的农业创收方式。其次是 2007 年开始、2009 年完成的"拆院并院"宅基地集中和土地整理工作，让村民居家生活环境和生活方式彻底发生改变——社区式居住和生活：统一制式的川西院落、经营齐全的商店和超市、村内校园和多种文体设施、绿化整洁的沥青街道，配上邻近的现代农业生态园和农旅场景，成为"乡村里的城市、城市里的乡村"。最后是战旗村集体2007年引进"成都榕珍菌业有限公司"、2010年引进"妈妈农庄"、2015年引进迈高公司建设4A级景区，以及2019年合作建设"吕家院子"，既改变了战旗村产业发展结构，也为村民创造了就近就业和增收渠道，还为村民提供了富足的社会福利。据介绍，目前战旗村全村劳动力转移就业率达到98%以上，村民在家门口上班就业，从自耕自种的农民转变为产业工人或商家老板；村民收入来源更加多元化，并实现稳步增长，村民人均可支配收入由2004年的4160元增加到2011年的1.2万元，2015年超过2万元，2020年超过3.5万元（屈锡华，2013；中国村社发展促进会村庄调研课题组，2022）（见图8-3和图8-4）；村集体为全体村民提供教育、医疗、卫生、养老和社会保障等多项公共福利，例如为全体村民购买城乡居民医疗保险，年满60周岁和70周岁的村民每年可分别领取600元和1200元养老补助，等等。

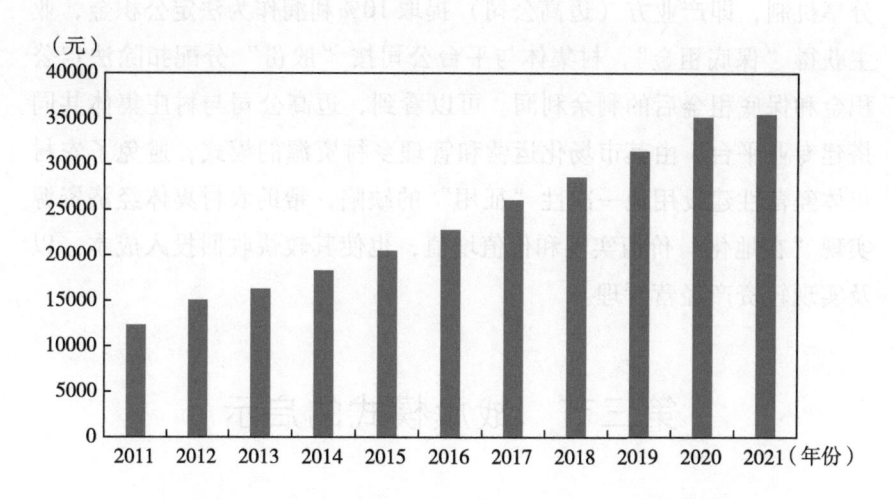

图8-4　2011年以来战旗村村民人均可支配收入情况

资料来源：根据屈锡华等编著《战旗村变迁纪实录》（四川大学出版社2013年版）、中国村社发展促进会村庄调研课题组《配置有效资源，让乡村振兴"战旗"飞扬——调研四川省成都市郫都区战旗村》（《中国村庄》2022年第6期）中的相关数据整理绘制。

三　各类外来企业与村庄共赢

战旗村在集体经济资源"再集中"和多元配置过程中，引入了大量社会资本和国有资本，并以"市场"方式进行配置，让外来经济主体也获得了丰厚回报，实现村庄集体、村民和企业多方共赢。

以 2015 年引入迈高公司为例，该公司竞拍获得战旗村 13.447 亩集体建设用地 40 年使用权后，就与战旗村合作成立专业运营平台"四川战旗旅游景区管理有限公司"，负责开发所拍用地、推进景区建设。迈高公司先后投资 7000 万元打造了"第五季香境"商业综合体，并同步完成招商工作，2018 年 4 月正式开始运营：第一步，公司将商业综合体内商铺的产权（40 年使用权）转让给村内外认购业主，收回了建设成本；第二步，平台公司对商铺采用"委托经营"和"自主经营"两种方式区别管理，其中"委托经营"是平台公司将商铺出租给招商户，每月向实际经营者收取 35—40 元/平方米的租金，"自主经营"商铺不收取租金，但与其他商户一样要另收 5 元/平方米的商管费；第三步，建立产业方、平台公司、业主和村集体多方利益分享机制，即产业方（迈高公司）提取 10% 利润作为法定公积金，业主获得"保底租金"，村集体与平台公司按"股份"分配扣除法定公积金和保底租金后的剩余利润。可以看到，迈高公司与村庄集体共同搭建专业平台、由其市场化运营和管理乡村资源的模式，避免了农村集体经营性建设用地一次性"征用"的缺陷，帮助农村集体经济资源实现"在地化"价值实现和价值增值，也使其较快收回投入成本，以及实现轻资产经营管理。

第三节 战旗模式的启示

战旗村在 2003 年以前，与西南片区众多村寨一样，集体资源禀赋并不十分突出：主要资源为集体土地、村办企业和难以量化的川西文化，其中村办企业一度走向衰落，土地也一度被闲置，甚至该村还因地处郫县、彭州和都江堰三地交界之处，一度成为"三不管"边缘村落，并且处于成都市水源保护地，产业开发受到限制。但该村 2003 年后通过土地资源"再集中"、村办企业"二次改制"、民居

"拆院并院"以及引进外来企业、经营性建设用地入市等一系列措施，彻底改变了乡村发展道路并取得良好成效。战旗村对集体经济资源的配置和利用，以及由此引起收入分配的巨大变化，为全国其他地区乡村发展提供了一些经验和启示。

一 村集体主导乡村资源"再集中"及其配置

改革开放以后，中国农村集体经济资源大部分承包给农户，分散经营成为主要形式，广大农户地位得以提升，村集体角色和作用逐渐弱化。从资源配置方式的角度说，家庭联产承包责任制推动了市场方式的逐步形成和不断深化，直至20世纪90年代乡镇企业股份合作制改革和21世纪初承包地"再流转"，市场已在其中发挥着基础性作用。这一配置方式的优势是使集体经济资源的利用效率得以提升，经营者的生产自主性和积极性提高、创收渠道增多，但其劣势是集体资源不断"细化"和"分散"，所有权权益逐渐模糊和流失，并且难以形成规模经营效应，因此，包含有政府角色的新型合作制和股份合作制在党的十八大（2012年）以后逐渐成为中国农村经济资源配置的新机制。

在这一新机制下，政府的角色主要是由村级党组织领导的村集体来体现，即村党委领导的村委会和村集体经济组织来主导集体经济资源的配置和利用。从战旗村来看，村党委领导村委会和村集体经济组织进行一系列的资源"再集中"和配置工作，村委会和集体经济组织则一直坚持集体资源所有权不放手，通过创办工厂发展集体经济、增加农民收入，赢得了村民对村集体较强的"政治信任"（董筱丹，2021），促成了土地"再集中"、"拆院并院"以及建设用地入市等一系列改革和转制工作。因此，如果没有强有力的村庄集体，很难在现代市场经济的激烈竞争中凝聚村民、把控集体资源、治理村庄经济，更难以促成乡村综合发展。

战旗模式的主要内容之一是村集体对资源的"再集中"，改变了原承包制下的资源分散局面，为规模经营和股份合作经营奠定了基础。当前，中国一些农村把集体资源"分完""吃完"，丧失了对集体所有权权益的掌控和追索，造成事实上的个人所有、私人配置情形，经济效益并不高。因此，可以借鉴战旗村模式，在"再集中"过程中明晰产权、量化资产、确定权益，并结合当地实际对资源进行重新配置和利用，真正让分散、沉睡的资源资产"活"起来，成为共同致富的生产要素和乡村财富。

二 引入外来资本和市场机制

战旗村集体经济资源配置的另一个成功经验是引入外来企业，将乡村土地资源优势与外部资本结合起来，使生产要素组合更优化，从而产生出良好的经济社会效益。当前，中国很多乡村拥有较为丰富的集体经济资源，但受制于本地资金不足，苦于没有外来企业的投资与带动，以致资源仍然在"沉睡"和"闲置"。因此，未来各地政府（包括村集体）在培育本村企业时，要积极引进外来企业，通过设置较为合理的资源利用条件和收益分配方案，以外来资本推动本地资源"苏醒"、变资源为资产。

当然，村集体在引进外来资本中，要善于运用市场机制和市场化方式。例如，战旗村在引进外来企业中，对土地资源的租赁费用（租金）、出卖价格、价值增值，以及土地收益分成、参股合营中的股权构成、运营管理等方面均采用"市场化"方式，既实现了资源合理配置，也规避了生产经营风险。以战旗村农用地流转费（农户"保底"收入）为例，村集体负责与外来企业签订合同，每隔一段时间就进行价格调整，从2006—2007年的720元/亩提高到2008—2010年的800—900元/亩，到2011年上调到1200元/亩，2010年后还加上了"分红"部分，体现出市场化特点。至于2015年建设性用地入市，以及之后与迈高公司的股份合作，更是体现出市场机制在资源配置中发挥了决定性作用。董筱丹（2021）总结指出，战旗村经营性建设用地入市让村集体"发现"了资源的价格，对其他未用地有了定价参考：2018年后该村建设性用地使用权出让要价上升到100万元/亩。由此我们得到一个启示：农村集体经济资源配置的主体是"政府"（村集体），但配置方式可以多元化，如租赁、合作、入股、出卖等，并且尽量让"市场"机制在配置过程中发挥决定性作用，从而形成一种政府引导的混合式资源配置模式。

三 保护村集体和农户合法权益

战旗模式还有一条经验值得借鉴，即对村集体和农户合法权益的长期保护，设计出能够促进共同富裕的收益分配方案。如前所述，改革开放后战旗村集体并没有丧失对集体经济资源的控制权，对村办企业一直采用承包和租赁形式交给本村村民经营管理，集体企业所有权一直掌握在村集体手中；对"分"到各家各户的农田和宅基地，其所有权、承包经营权或使用权权益也是界定清晰的，没有被"私有化"或者"集体化"。在2015年组建"战旗资产管理有限公司"，以及之后与迈高公司合作成立"花样战旗旅游景区管理有限公司"、与四川省旅投集团和中旅集团联合成立"战旗飘飘运营管理有限公司"，以及2019年成立"战旗村股份合作经济联合社"，都明确了村集体所占股份和集体收入分配方案，保证了村级集体资源的所有权权益，促进了集体经济发展壮大。追溯战旗村资源配置方式的演变历程，村集体能够顺利对村办企业两次改制、农用地流转"再集中"、民居"拆院并院"和经营性建设用地整理入市等一系列工作，如果村集体对这些经济资源的产权不明晰、掌控力不够，根本不可能开展这些资源配置工作，也无法取得如今的繁荣发展的成绩。

战旗村在集体资源"再集中"和多元混合式配置过程中，尊重村民群众意愿，切实保护村民合法权益。以该村2003年推行农用地"再集中"为例，农户自愿拿出每人3分地交给村集体，由村集体负责经营管理以换取免交农业税的方式，最终全村只有5组和7组完成了共100亩农地"再集中"，成为土地资源由承包制转向集中合作制的先行者。当然，这些先行者也获得了相应的先行收益：免交了农业税，还由村集体代缴了独生子女费等费用，远比自己经营3分地收益划算。2006年及之后在战旗村大面积推广农用地"再集中"和村集体经营管理工作，村集体（合作社）对农户承包地的流转收益采取"保底+分红"分配方式，而且"保底"金额不仅高于周边村庄，还根据市场情况进行调整，直至如今1200元/亩。村集体将农户承包地"再集中"，由合作社进行经营这一资源配置模式，降低了实际经营者协调土地"再流转"的交易成本，也降低了农户自行"再流转"的风险、保证了土地收入，为农户"资源变资产"开辟了新路子。

总之，战旗村探索的村集体主导、"政府+市场"混合式配置资源模式，是承包制之后的又一新模式，可以为全国其他乡村"复制、模仿乃至替代"①，必将成为新时代乡村振兴的一种选择。

---

① 温铁军（2021）提出，战旗村是一个特殊的村庄，但我们的研究认为其发展经验仍具有可复制性（参见温铁军《农民集体的"伟大斗争"——兼谈中国去依附的微观基础》，载董筱丹《一个村庄的奋斗：1965—2020》，北京大学出版社2021年版）。董筱丹（2021）认为，虽然战旗村的发展过程具有特殊性，但其内在机制具有一般性，是可以复制、模仿乃至替代的。

第九章 农村集体产权股份合作制改革模式及其收入分配效应

产权确定和明晰化是市场经济的基本条件。改革开放以来,中国农业农村进行了一系列制度变革,其核心就是围绕集体经济资源的产权关系展开。特别是 2014 年以来农村集体产权制度改革全面推进,对农村集体经济资源和资产进行了全面清查核实,明晰了其产权归属,建立了新型农村集体经济组织,确立了股份合作制改革方向。这是继 20 世纪 80 年代初家庭承包责任制改革之后、中国农村的第二次重大制度变革,从资源配置角度看,是推动生产要素流动和市场决定性作用的重要举措,必将带来深远影响。本章以湖北省为例,讨论农村集体产权制度改革中股份合作制这一资源配置模式(以下简称"股改模式")及其收入分配效应。

第一节 农村集体产权制度改革与资源配置方式转变

一 产权制度与资源配置方式之间的关联

1. 不同产权制度下的资源配置方式

产权制度与资源配置方式紧密相连。一方面,产权制度对资源配置方式有规定性、决定性作用,不同产权制度可以"规定"和"决定"出不同配置方式,它决定了资源配置的决策主体、决策目标和决策结构;要实现资源配置方式的转换,就必须进行相应的产权制度的变革(于金富,1995)。产权制度改革会产生市场化效应和资源配置效应，能够使资源资产的经济价值得以实现和提升，使配置效率得到提高（卢现祥、李慧，2021）。另一方面，资源配置方式以产权制度为支撑，不同配置方式下经济资源的产权制度不尽相同，"市场"配置方式的基本前提需要明晰化的产权归属和权利保障基础；同时，产权交易也是"市场"配置方式的具体体现，当交易成本为零时，资源的经济效率将最大化（孔祥智，2022）。

纵观中外经济发展历史，在私有产权和公有产权制度下，资源的配置方式既有"市场"方式，也有"政府"（或"计划"）方式，还有"政府+市场"的混合方式，配置方式的不同并不是划分社会基本经济制度的分界线——在资本主义经济制度下，经济资源以私有产权和"市场"配置为主体，但也有一些资源领域实行"政府"方式配置；在社会主义经济制度下，经济资源以公有产权和"政府"配置为主体，但同样不排斥"市场"配置资源的方式。这是因为产权具有可分割性和可处置性特点，当所有权与其他权利割离后，所有权归属决定了一个社会的基本经济制度，其他权利的实现（权能）则产生了不同的配置方式，例如，在农村集体产权制度下，如果对这种公有产权进行细化和分割，区分出所有权、占有权（承包权）、使用权（经营权）、转让权、收益权等权利，并对各项权利的归属和处置方式加以明确，就会衍生出不同的资源配置方式：①政府主导的配置方式，如征用式、集体统一式、行政分配式、发包和倒包式；②市场主导的配置方式，如流转出租式、股份式、合作式；③股份合作"混合式"。但是，公有产权割离出来的所有权，决定了农村基本经济制度仍然是集体所有制，经济资源的所有权归属于农村集体，所有权丢失则基本经济制度就改变性质了。这就是所谓农村集体产权制度改革不能将所有权"改没了"、将所有制"改没了"的理论依据。[①]

2. 产权制度改革实质就是资源配置方式的转换

产权制度是资源配置的前提性条件，产权制度改革则是资源配置方式转换的具体过程和"展示"形式。2014年下半年，中央部署对

---

① 参见第二章第二节、第三章第三节。

第九章　农村集体产权股份合作制改革模式及其收入分配效应 / 193

农村改革进行总体设计，中共中央、国务院印发了《深化农村改革综合性实施方案》（2015年11月），搭建起中国农村改革的"四梁八柱"。具体来说，农村综合配套改革顶层设计涉及农村集体产权制度、农业经营体系制度、农业支持保护制度、城乡发展一体化体制机制和农村社会治理制度五大领域（陈锡文等，2019）。这五个领域的改革，可以认为是围绕农村经济资源配置方式的调整与完善进行的（见图9-1）。

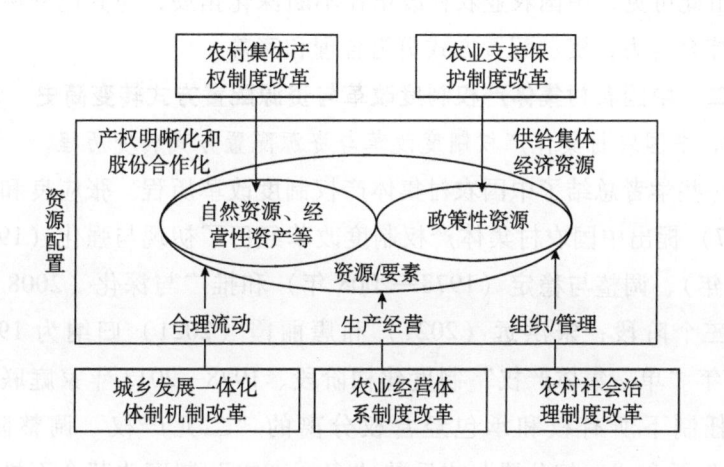

图 9-1　围绕农业农村资源配置方式转换开展的五项改革

在图9-1中，五大改革的第一项——农村集体产权制度改革，主要是厘清农村各类经济资源的种类、产权归属，以及集体资源资产如何配置、利用和权益分配，是资源配置方式转换的具体体现，例如改革中推行的股份合作制，它就是一种"市场"配置方式。

第二项至第四项农业经营体系制度改革、农业支持保护制度改革和城乡发展一体化体制机制改革，分别从生产经营、供给资源、要素流动等方面为资源配置提供具体条件和路径，例如农业经营从分散的家庭经营到多种形式的适度规模经营，从"分"到"合"或"统"，就是一种资源配置路径；城乡发展一体化体制机制改革，是为农村经济资源和生产要素的流动提供条件，实际上，资源和要素的流动也是资源配置的具体表现形式；农业支持保护制度改革，既为农村集体经济资源增添新的政策性资源内容，也为集体资源配置方式转换提供保证。第五项农村社会治理制度改革，则是从社会治理角度为集体经济资源配置创造出合法的、有效的配置主体，例如组建新型集体经济组织、构筑新型基层"三治合一"体系，为资源配置提供协作和支持，使经济—社会治理协同化；广义上说，对集体经济资源配置就是乡村治理的具体内容，是社会治理的一个体现。

由此可见，中国农业农村改革在不断深化拓展，与其他领域改革形成综合合力，资源配置方式更为合理和完善。

二 中国农村集体产权制度改革与资源配置方式转变简史

1. 中国农村集体产权制度改革与资源配置方式转变历程

一些学者总结了中国农村集体产权制度改革历程。张应良和杨芳（2017）提出中国农村集体产权制度改革经历了初现与强化（1951—1978年）、调整与稳定（1978—2008年）和推广与深化（2008年至今）三个阶段；宋洪远（2021）和唐丽霞（2021）归纳为1951—1978年"单一集体产权"制度建构阶段、1978—2013年家庭联产承包责任制下所有权和承包经营权分离的"二元产权"调整阶段、2014年至今"三权分置"之后的"多元产权"制度改革全面推进阶段；孔祥智（2022）归纳为集体资产管理混乱权责不分（1978—1992年）、经济发达地区对农村集体资产改革自发探索（1992—2013年）、在试点基础上全国有组织有计划推进（2013年至今）三个阶段。这些研究主要侧重对农村集体土地资源的产权体系和归属进行划分，对于我们了解产权制度与资源配置方式的关联有一些借鉴意义。

如前所述，中国农村集体产权制度的变革与资源配置方式是紧密联系在一起的，不同时期的集体产权制度决定了不同的资源配置方式，例如在新中国成立初期（1949—1956年），政府对农村私有产权进行改造中，资源配置方式由"市场"方式为主（自耕制、地租制）逐步向"政府+市场"混合式调整（合作制）；在公有产权确立的最初阶段——单一集体产权时期（1957—1978年），农村经济资源的配置则以"计划"（集体制）为唯一方式；从1978年改革开放到20世纪90年代初期，单一集体产权改革为二元集体产权，资源配置方式也随之调整为"计划""市场"并存的双轨方式，其中90年代初乡镇企业股份合作制改革使得股份合作成为"市场"配置的主要方式；90年代中期以后，随着农村集体产权制度在实践中发生自下而上的改革，产权的二元分立状况演化为"三权分置"情形，直至2014年国家层面启动农村集体产权制度改革，资源配置方式也演化为"政府""市场""政府+市场"混合的多元化情形（见图9-2）。

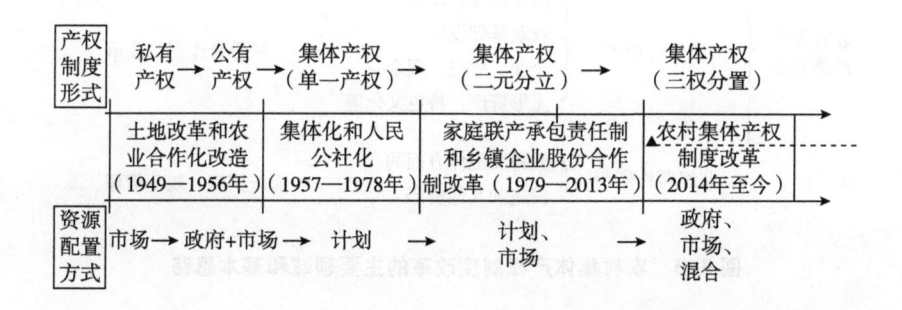

产权制度形式	私有产权 →	公有产权 →	集体产权（单一产权）→	集体产权（二元分立）→	集体产权（三权分置）
	土地改革和农业合作化改造（1949—1956年）	集体化和人民公社化（1957—1978年）	家庭联产承包责任制和乡镇企业股份合作制改革（1979—2013年）	农村集体产权制度改革（2014年至今）	
资源配置方式	市场 →	政府+市场 →	计划 →	计划、市场 →	政府、市场、混合

图9-2 新中国农村集体产权制度改革与资源配置方式转换历程

改革开放以来，中国农村集体产权制度改革实践中的探索要快于理论研究的速度（宋洪远，2015），体现出中国农村经济改革的自下而上特征，例如，90年代中期以后农民将承包地"私下"流转（转让、转租转包、合作、入股等方式）给其他经营主体，使土地的承包权和经营权发生事实上的分离，促使理论界进行研究，也推动了国家从经济发展战略层面对这一实践探索进行规范和部署，这就有了2014年以来的"三权分置"和农村集体产权制度改革。产权制度改革自下而上和顶层设计的有机结合，推动了农村集体资源配置方式发生全面转换——市场在资源配置中的作用不断增强。

2. 农村集体产权制度改革的重点工作和核心任务

（1）农村集体产权制度改革的主要领域和思路

2014年开启的农村集体产权制度改革，不同于1978年的家庭联产承包责任制改革,它是在民间自发实践探索的基础上,再从国家层面(法律和经济制度改革层面)予以明确和完善,并在试点基础上于2016年全面部署,使这一制度变革和与之配套的资源配置方式(如市场主导式的股份制、合作制、股份合作制等),从民间走向正规和合法,农村集体产权制度改革的主要领域和基本思路见图9-3。

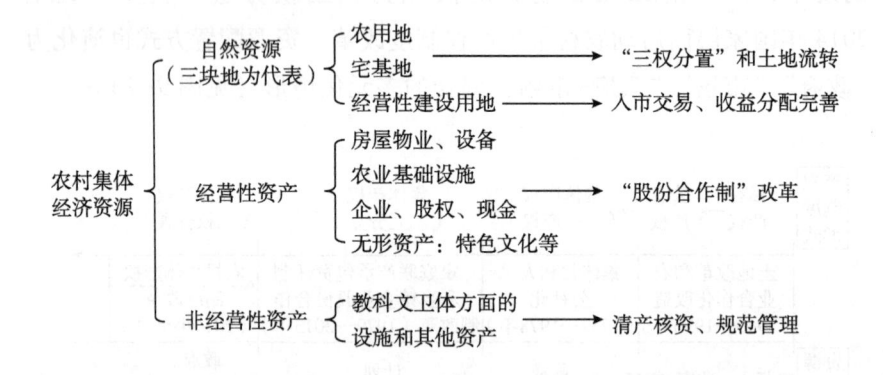

```
              ┌ 自然资源     ┌ 农用地
              │ (三块地为代表) ┤ 宅基地       ─→ "三权分置"和土地流转
              │             └ 经营性建设用地 ─→ 入市交易、收益分配完善
              │             ┌ 房屋物业、设备
农村集体       │ 经营性资产   │ 农业基础设施
经济资源       ┤             ┤ 企业、股权、现金  ─→ "股份合作制"改革
              │             └ 无形资产:特色文化等
              │             ┌ 教科文卫体方面的
              └ 非经营性资产 ┤ 设施和其他资产    ─→ 清产核资、规范管理
```

图9-3 农村集体产权制度改革的主要领域和基本思路

(2)农村集体产权制度改革的重点工作

按照《中共中央 国务院关于稳步推进农村集体产权制度改革的意见》(2016年12月26日)(以下简称《意见》),农村集体产权制度改革有四项重点工作:(1)全面开展集体资产资源清产核资、摸清集体家底,明确集体资产资源所有权,加强农村集体资产财务管理;(2)科学确认成员身份,保障集体成员合法权利;(3)有序推进经营性资产股份合作制改革,包括对集体资源资产进行股份量化、合理配置集体资产股份、审慎完善集体资产股份权能;(4)发展壮大农村集体经济,包括建立新型集体经济组织、多种形式发展集体经济。《意见》要求,从2017年开始用3年左右时间完成"清产核资"工作,用5年左右时间完成"经营性资产股份合作制改革"。实践中,各地分两个阶段进行,第一阶段主要完成"清产核资""成员确认""资产量化""股权设置与管理""成立集体经济组织"等工作任务,

第二阶段则是推进农村集体"三资"①管理，对集体经营性资产进行股份合作制改革，发展壮大集体经济。综合全国情况，到2021年年底，改革的阶段性任务已基本完成。

需要指出的是，实践中中国很多农村不仅在经营性资产领域推进股份合作制改革，还将它推进到资源性资产、政策性资源和特色文化资源领域，例如贵州六盘水推动的"三变"（资源变资产、资金变股金、农民变股民）改革，以及当前各地将集体自然性资源"折股量化"和"配股到人"，都是在农村集体经济资源领域推行股份合作制，股份合作已经成为中国农业农村改革的大方向。

（3）农村集体产权制度改革的核心任务

从资源配置角度看，农村集体产权制度改革的核心任务是推进股份合作制。《意见》明确指出，这项改革"以推进集体经营性资产改革为重点任务，以发展股份合作等多种形式的合作与联合为导向"。这里的"股份合作""合作与联合"指的就是一种新的资源配置方式，要体现"市场"作用的一种配置资源方式。《意见》也明确提出，"农村集体经营性资产的股份合作制改革，不同于工商企业的股份制改造，要体现成员集体所有和特有的社区性，只能在农村集体经济组织内部进行"，即这项改革所要转变的资源配置方式不同于城镇工商企业或私营经济体系下的资源配置方式，它要受到"成员集体所有和特有的社区性"两个条件的制约。因此，农村集体资源配置的股份合作式一方面体现出"市场主导式"配置特征，另一方面又因其所有权和封闭性约束而体现出"制度约束式"配置特点，可称为"市场+政府"混合的一种配置方式。

实际上，当前全国各地在推进农业农村股份合作制改革工作中，农村集体资源配置的主体有乡镇一级的"政府"和村组一级的"政

---

① 农村集体"三资"，指的是农村集体三资管理系统中对集体资金、资产和资源的简称。其中，资金包括现金和银行存款，资产包括房屋、建筑物、机器设备等固定资产，以及水利、交通、文教等基础公益设施和材料物资、债权等资产，资源指山水林田湖草沙等自然资源；资金和资产属于《意见》中的"经营性资产"和"非经营性资产"，资源属于"资源性资产"。

府代表"，也有广大农户和各类新型经营主体，"政府"配置和"市场"配置交织在一起，二者混合的特点比较明显。陈锡文等（2019）指出，现阶段农村集体产权制度改革既要"在农户承包土地这一核心生产要素上做文章，推进土地股份合作制改革"，还要"探索发展农村混合所有制经济"，即集体经济组织以土地等自然资源和房屋设备等经营性资产作为出资，引导和吸引农户投入土地经营权、社区外经济主体投入资金技术等，形成"村集体+农户+外来资本"共同发展的农村混合所有制经济。混合所有制经济，当然需要多元多样的产权混合（傅尔基，2017）以及混合式的资源配置方式来配合实现。可以预计，农村集体产权股份合作制这一"市场+政府"混合的资源配置方式，必将推动农村混合所有制经济的发展。

第二节 农村集体产权股份合作制改革进展与典型模式：全国和湖北案例

一 农村集体产权股份合作制改革进展

1. 全国进展

如果把 20 世纪 50—70 年代末界定为中国农村集体产权制度的建构时期，那么其后对此制度改革的过程可分为三个阶段：一是 1978 年至 90 年代初以家庭联产承包责任制改革为主要内容，将农村集体产权分解为所有权和承包经营权的"二权分立"阶段；二是 1993—2013 年以乡镇企业股份合作制改革和农村承包地民间再流转为主要内容，将农村集体产权分解为"事实上"的所有权、承包权、经营权"三权分立"的阶段；三是 2014 年至今以国家层面推进农村集体产权明晰化和股份合作化为主要内容，落实集体产权"三权分置"和各项权能阶段。从资源配置方式角度看，第二个和第三个阶段，即 20 世纪 90 年代至今，以推行股份合作制为方向、发挥"市场"配置资源的基础性和决定性作用，成为中国"三农"发展历史上的重大制度创新（见图 9-4）。

第九章　农村集体产权股份合作制改革模式及其收入分配效应 / 199

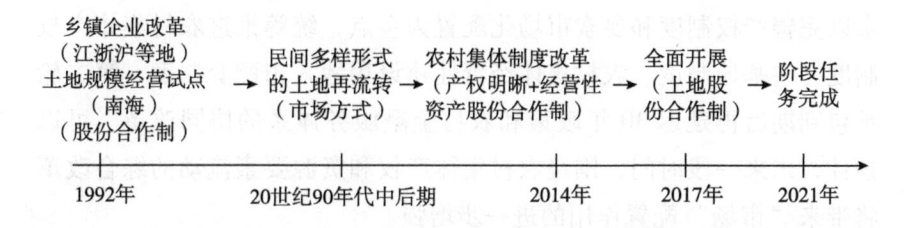

```
乡镇企业改革
（江浙沪等地）     民间多样形式    农村集体制度改革    全面开展
土地规模经营试点 → 的土地再流转  → （产权明晰+经营性 → （土地股  → 阶段任
（南海）         （市场方式）    资产股份合作制）    份合作制）    务完成
（股份合作制）

1992年        20世纪90年代中后期   2014年        2017年      2021年
```

图 9-4　20 世纪 90 年代以来中国农村股份合作制改革历程

当然，90 年代乡镇企业的股份合作制改革，与当前农村土地和集体经营性资产的股份合作制改革有一定区别，前者是在农村集体产权不甚明晰、所有权未得到有效保护的情形下进行的，最终也导致一些地方农村的集体资产流失和私有化；而 2014 年以来推行的股份合作制改革，则明晰了产权归属，确保所有权归属于农民集体，能够防范集体资产资源流失和私有化问题。

2014 年拉开序幕的农村集体产权制度改革，在经过五批试点[①]和全面推行以后，2021 年年底已基本完成阶段性任务：一是明晰了农村集体资产资源的产权归属，摸清了家底，有效防止集体资产被平调、侵占。据农业农村部 2021 年数据，全国清查核实农村集体账目资产 7.7 万亿元，其中经营性资产 3.5 万亿元、非经营性资产 4.2 万亿元，集体土地等资源 65.5 亿亩。二是全面确认了农村集体经济组织成员身份，全国集体成员 9 亿人；建立健全了乡镇、村、组三级集体经济组织，共约 96 万个。三是稳步推进经营性资产股份合作制改革，集体资产资源均以股份或份额形式折股量化到每一位集体成员身上（农业农村部政策与改革司，2022）。四是因地制宜发展新型农村集体经济，集体成员累计分红超过 3800 亿元。

韩长赋（2020）指出，当前中国农村集体产权制度改革还存在一些困难和问题，例如各地改革不平衡不充分，一些地方存在"上热下不热"现象、集体资产经营管理水平不高等问题，因此自 2020 年开始部署 28 个省份全面开展经营性资产股份合作制改革试点工作，要

---

① 五批试点时间、内容和地区参见附表 1。

求以完善产权制度和要素市场化配置为重点，统筹推进农村集体产权制度、宅基地制度、农村集体经营性建设用地入市配套制度、第二轮承包到期后再延迟 30 年政策和农村金融服务体系的协同改革。可以预计，未来一段时间，围绕农村集体产权和资源要素流动的综合改革将带来"市场"配置作用的进一步增强。

2. 湖北情况

作为农村经济还不甚发达，山地、丘陵和岗地、平原湖区等地形地貌兼有的中部地区，湖北省农村集体产权制度改革始于 2015 年第一批试点县京山县，历经五个批次试点和推行（见附表 1），到 2021 年年底已基本完成清产核资、集体成员身份确认、资产量化和股权设置、集体经济组织成立与赋码登记等基础性工作，并在经营性资产股份合作制改革和新型集体经济方面开展探索。经过清查和确权，全省农村集体资产 2132 亿元、集体土地资源 24030 万亩，其中，农户承包耕地再流转面积为 2287.4 万亩，占家庭承包耕地面积的 37.1%，土地流转合同规范率 75.4%。全省农村确认集体成员 4100 余万人，成立农村集体经济组织 24025 个，超过 92% 的行政村成立了经济合作组织，通过推进各类资源要素聚集赋能，全省农村集体经济得到较快发展，2021 年全省农村集体经济总收入突破 300 亿元（村均约 133 万元），89.3% 的村年经营收益超过 5 万元；累计化解村级债务 108.2 亿元，非经营性负债 10 万元以下的 3815 个村实现债务清零。

本课题组于 2021 年 11 月参与了湖北省农村集体产权制度改革"整省试点"第三方评估工作，共调查和考察了 24 个县（市、区）、45 个镇（乡、街道）、74 个村（社区），发现各地在"清产核资"和"确权"时还存在遗漏现象。例如，各地对固定资产折旧标准不一，有的村未对固定资产进行折旧；部分村虽然委托第三方清产核资，但存在第三方未能实地核算资产，依靠账面估算资产的现象；少数村对村组道路、公共建筑、生态林、村文教卫设施等集体资源资产核算不全面等。

评估调查发现，湖北省农村各地都成立了带有"合作"式样的农村集体经济组织，如股份经济合作社、经济合作社，但一些村（社区）对集体经济资源的"股份合作式"配置方式仅停留在表面，例如，只有49.7%的评估村（社区）将经营性资产"折股量化"到村组集体，部分县（市、区）直接规定经营性资产100万元或50万元以上的村才进行折股量化，导致股份合作制集体经济组织比例较少。在"集体资产财务管理"中，只有83.8%的行政村建有集体资产股权台账（见附表2）；一些村（社区）还存在资产资源范围不全面、折股不合理和数据混乱等问题。在"股权设置"中，评估村（社区）均设置了集体股，且集体股比例统一为30%，多数村的集体成员股还停留在纸面上，大部分还未领到股权证①。在实行股份合作制的村（社区）中，集体经济收入不高，致使农民得到的股份分红数额较少，评估调查的23个县（市、区）中，仅有45个村的股份经济合作社实现了分红。本课题组发放的806份调查问卷显示，只有35.56%的农户获得过集体收益分红，且因股份分红数额较少，农户获得感不强，对改革的认可度不高：不了解本村经营性资产和不了解资产量化到户的农户占比为25%—30%，不知道本村成立了股份合作社或经济合作社的农户占比为5%左右，不知道本村实行股权管理集体经济资源模式的农户占比达13%，将近65%农户没有领到股权证或份额证（见附表3）。

总体上，当前湖北省农村集体产权制度改革，特别是股份合作制改革，并未得到充分、有效推进，这与湖北省农村经济不发达、农村经营性资产较少等原因有关，也说明此前农村集体经济资源的配置模式（包括股份合作方式）还存在一些问题和缺陷，造成农民群众认可度和满意度不高，呈现出"上热下不热"的情形。下一步，湖北省要加强农村股份合作制改革工作的研究和总结，采取有效措施推进这一新型资源配置方式和利益分配方案，真正让集体经济资源在所有权权

---

① 评估调查数据显示，到2021年11月，23个评估县（市、区）中仅有9个县（市、区）基本向农户发放了股权证，其他县（市、区）只有部分村向农户发放了股权证，其中领到股权（份额）证书的农户占比，最低的江陵县为0，谷城县为0.35%，保康县仅有0.2%。

益得到有效保护前提下能够充分合理配置和流动，发挥出更大的经济社会效益。

二 农村集体产权股份合作制改革中的典型模式：全国案例

1. 20 世纪 90 年代"股改"中的典型模式

第三章已阐述 20 世纪 90 年代中国农村股份合作制改革出现了四种表现形式：集体所有制乡镇企业股份合作制改造、私营企业股份合作制改造、社区型集体经济组织股份合作制运行、专业领域的股份合作制组织。其中，第一种表现形式的典型在江苏省苏州、无锡、常州等地，以及福建省泉州市，其乡镇企业股份合作制改造模式被称为"苏南模式"和"泉州模式"；第二种表现形式的典型在浙江省温州市，民营企业改制为股份合作制企业或股份有限公司或企业集团，被称为"温州模式"；第三种表现形式主要在经济较发达地区的城中村或城郊村，原村集体经济组织改为社区股份合作社或股份制企业，例如广东省的"广东创造"（傅晨，2003）、深圳市的"横岗模式"、北京市"京郊模式"和上海市"上海模式"等（邱霞、林智，2006；李光熙，2008；张文茂，2009；袁崇法，2013；王晓霞，2014）；第四种表现形式以当时各地出现的农村信用合作社为典型。

实际上，当时中国农村不仅在工商企业、社区型集体经济组织和专业领域实行股份合作制改革，在广东、福建、浙江、江苏、上海、山东等东部经济较发达省市，对农村集体土地资源也进行了股份合作制改革，即在明确集体土地的所有权、承包权和经营权基础上，将农户的承包土地或集体非农建设性用地，联合资金、设备、技术等其他生产要素，建立起一种利益共享、风险共担的股份合作制度（张笑寒，2010）。在农村集体土地股份合作制改革过程中，涌现出多种模式。例如广东省佛山市的"南海模式"：它起始于 1992 年，是将农村集体土地和资产作价入股，把全村的土地集中起来，由村或组进行统一规划、管理和经营，实行按"股"分配，取得较好效果（杜润生，1994；广东省南海农村改革试验区办公室，1994；田晓霞，1994；罗世强，1994；王琢，1999；朱守银，2002；王小映，2003）。

20 世纪 90 年代初至 21 世纪初，上海市对近郊的闵行、南汇、松江、奉贤、普陀等区县进行了农村土地流转和集体经济组织股份合作制改革，形成了"上海模式"，其中集体土地资源的做法是农民将承包土地入股到村集体，由村集体"集中打包"后以集体名义再入股到特定经济组织，如土地信托投资公司、土地信用合作社等，再由这些特定经济组织将土地集中、打破原村组界限、统一规划后，以出让、出租形式推向一级市场进行交易（陈锡根，1994；上海农村土地流转研究课题组，2001；王小映，2003；张笑寒，2010）。

这一时期的土地股份合作制，主要出现在经济较发达地区，特别是大中城市的城乡接合部，体现出两个特点：一是合作化与一体化，即土地实行合作经营，由一体化的企业组织进行经营；二是集中化与股份化，即土地资源集中，收益分配股份化（王小映，2003），它必将带来农村社区内部关系和社会治理体系的重构。

2. 21世纪以来"股改"中的典型模式

（1）农用地股份合作中的典型模式

进入21世纪以后，随着全国各地农村集体土地再流转现象越来越普遍，土地股份合作制也逐渐成为农村生产要素配置的主流制度。例如，苏州市吴中区于2002年率先成立了苏州地区首家土地股份合作社，它改变了过去"征用式"的配置方式，组织农户将承包地（承包经营权）入股，委托乡镇土地流转发展中心进行开发经营，农户按股获得保底红利收益，形成新的苏南模式（王建华，2005；张笑寒，2010）。2008年，苏州全市推行"三集中、三置换、三合作"做法，其中"三置换"就是农民将自己在集体经济组织内的三大经济权益进行实物置换或价值化、股份化置换，把集体资产所有权和分配权置换为社区股份合作社的股权，把土地承包权和经营权置换为土地股份合作社的股权或者基本社会保障；这种土地集中、产权股份化和置换化的做法此后在东部经济发达地区得到推广。

浙江省在经济较发达农村推动土地股份合作、建成高新技术农业和生态农业园区，形成多种新型社区股份合作组织（赵维清，2007）。浙江温州市在农村城镇化过程中探索出"政经分开、资地分开、户产分开"，农村集体经营性资产"股改"、集体土地"地改"、户籍管理

"户改"的"三分三改"新"温州模式"（张文律，2015）。山东省和重庆市部分乡镇将原农户家庭承包责任制下以人划地的"均田制"，改革为按股占有和合作的"股田制"，进而由"股田制"发展出众多新型经营形式，如"公司+土地股份合作社+农户"，带来农业农村发展新气象（张笑寒，2010）。四川省崇州市在土地股份合作基础上探索出"农业共营制"（刘同山，2019）；北京市大兴区在土地股份合作中发挥企业主导作用，形成"公司+农户""公司+合作社+农户"的企业型土地股份合作模式（王曙光等，2021）。

（2）经营性建设用地和宅基地管理中的典型模式

21世纪以来，中国农村集体产权股份合作制改革从农用耕地发展到宅基地、建设性用地，再到集体经营性资产，全部实行股份合作制改革。

在农村集体经营性建设用地领域，沿海地区、城乡接合部地带和传统农村地区的管理和利用有所区别（国务院发展研究中心农村经济研究部，2022）。沿海地区因为乡村工业化和城镇化，集体经营性建设用地的利用与管理出现区域差异，如珠三角地区的股份合作模式、苏南的集体所有模式、浙江的"公有私占"模式；在城乡接合部地区，出现"法外"租赁和交易模式，以及北京市的城中村"城市化"改造模式；在传统农区，在政策层面主要探索了"城乡建设用地增减挂钩"模式、国有土地"同等入市、同权同价"交易模式，本书第八章介绍的四川省成都市郫都区唐昌镇战旗村就是先后利用这两种模式盘活了闲置的集体经营性建设用地。2019年，战旗村还对其一部分集体经营性建设用地采用折价入股、股份合作的方式，与其他市场主体建成"四川战旗乡村振兴培训学院"。

在宅基地产权改革中，早期有以产权退出为内容的"宅基地换房模式"，在北京、天津、上海、浙江、重庆、成都等地有过大量实践，如上海的"宅基地置换模式"、浙江嘉兴的"两分两换模式"、浙江余姚的"三置换模式"、成都的"双放弃模式"（黄贤金，2016）以及重庆的"地票交易模式"（杜茂华，2017）和成都、义乌、佛山等地借鉴形成的"地券"模式（唐丽霞等，2021）；还有以产权流动（即宅基地流转）为内容的"小产权房模式"（章波等，2006；王崇敏，2010）、以产权权能实现形式多样化为内容的租赁、转让和交易等"自发入市模式"（国务院发展研究中心农村经济研究部，2022）。

2010年以后，在"三权分置"改革思路指引下，农村宅基地的配置和流动在实践中出现了租赁、入股、合作经营、指标交易等新形式，其中入股和股份合作方式，就是农户将闲置的宅基地使用权或"房地一体"作价入股相关经济组织（如农村股份经济合作社、公司企业、专业运营商等），合作开发旅游、养老、商业等产业，盘活利用闲置宅基地和住宅，宅基地和房屋的产权权利则由投资入股各方共享。这种股份合作式盘活农村宅基地和住宅的典型有四川省成都市郫都区的"战旗模式"（参见第八章）。2010年战旗村集体将"拆院并院"整理后的宅基地用地以每亩50万元作价入股"第五季资产管理公司"，规划建设战旗"第五季·妈妈农庄"生态田园村；2019年村集体将居住在"吕家院子"周边农户的宅基地、林地、农用地和闲置房屋租用流转过来，引入国有平台公司，以股份合作方式、多方共营机制打造出具有川西林盘风貌的新型餐饮场景和民宿院落，其收益在村民、村集体、经营者和国有平台公司之间"按股分配（分红）"。浙江省义乌市在宅基地改革试点中探索出"民宿合资经营型"和"招商引资型"两种模式，前者是民宿经营主体以租赁或入股方式获取农户宅基地使用权，以与农户股份合作方式经营民宿；后者是镇政府主导下，通过招商引资，将城镇化和小康建设过程中，腾退出来的宅基地打造成大型民宿基地，进行商业开发。浙江省绍兴市实施"闲置农房激活计划"，鼓励村集体采取合作、合资、合股方式，与社会资本共同开发闲置农房，培育乡村旅游、文化创意、养生养老、农事体验等产业（唐丽霞等，2021）。安徽省东至县探索出"村集体统一回收+入股种植大户合作经营"模式，让村集体以此获取稳定的股份收益，拓宽了村集体经济增收渠道。

当然，由于农村宅基地产权的特殊性和复杂性，理论界对其"三权分置"及其权利构造、使用权能否流转和如何流转等问题还有讨论，实践中也面临一些政策上和法律上的"盲点"和"冲突"，需要不断探索和创新。2019年9月，中央农办和农业农村部联合印发

《关于进一步加强农村宅基地管理的通知》（中农发〔2019〕11号），"鼓励村集体和农民盘活利用闲置宅基地和闲置住宅，通过自主经营、合作经营、委托经营等方式，依法依规发展农家乐、民宿、乡村旅游等"。同月，农业农村部印发《关于积极稳妥开展农村闲置宅基地和闲置住宅盘活利用工作的通知》（农经发〔2019〕4号），明确"在充分保障农民宅基地合法权益的前提下，支持农村集体经济组织及其成员采取自营、出租、入股、合作等多种方式盘活利用农村闲置宅基地和闲置住宅"。2020年6月，中央全面深化改革委员会第十四次会议通过《深化农村宅基地制度改革试点方案》，提到"采取入股方式盘活利用闲置宅基地和闲置住宅"。可以预计，今后宅基地产权改革中，股份合作式的配置方式将成为一个重要选择。

（3）经营性资产股份合作中的典型模式

农村集体经营性资产，主要指除经营性建设用地之外的集体房屋、建筑物、机器设备、农业基础设施、企业、股权和现金，以及各种无形资产，其特征是可以用于经营、创造出新价值。经历过20世纪80年代的"承包制"改革和90年代的乡镇企业"股改"之后，大多数农村的集体经营性资产被"分"掉。但在城镇化和工业化过程中，一些城中村、城郊村、园中村，以及原来"分"得不彻底或者没有"分"的村庄，形成和积累了新的经营性资产。据统计，2012年全国58.9个村级集体经济组织账面资产达到2.2万亿元，村均369.3万元；到2019年年底，村级账面资产达到4.9万亿元，村均816.4万元；到2020年年底，村级集体资产总额6.0万亿元，村均超过1000万元；大城市郊区和东部经济发达地区农村集体资产数量更加庞大，北京、广东、浙江、山东、上海、江苏6省份农村集体资产总额均超过5000亿元、村均超过2600万元[①]。同时，农民对集体资

[①] 上海市农村集体产权制度改革后，资产主要集中在镇级，2020年镇级集体资产平均超过27亿元，村均资产1.13亿元；北京市村均资产为1.54亿元；山东、江苏、广东、浙江等省份村级集体资产分别为775万元、2637万元、2674万元、3110万元。数据来源：依农业农村部政策与改革司编《2020年中国农村政策与改革统计年报》（中国农业出版社2021年版）第68页和第147页相关数据计算。

产的权益诉求日益强烈，农村财务管理面临新问题，因此对集体经营性资产进行股份合作制改革有其客观必然性（国务院发展研究中心农村经济研究部，2022）。《中共中央 国务院关于稳步推进农村集体产权制度改革的意见》指出，农村集体产权制度改革"以推进集体经营性资产改革为重点任务"，并"力争用5年左右时间基本完成改革"。此项工作涉及：（1）对经营性资产进行清查和产权归属界定；（2）对集体资产进行折价折股量化；（3）设置股权结构、制定股权管理方案；（4）界定集体成员资格、确认成员身份；（5）成立股份合作制经济组织载体；（6）发展壮大集体经济、实行按"股"分配。其中，第6项工作是一个长期过程，是对经营性资产股份合作制的具体实践（见图9-5）。

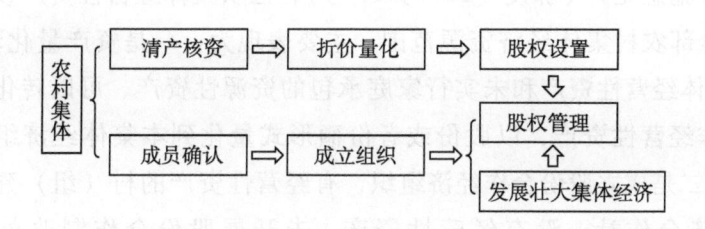

图 9-5 农村集体经营性资产股份合作制改革所涉工作

全国各地在推进农村集体经营性资产股份合作制改革工作中，均给出了具体的操作方案，形成各具特色的地方模式。例如，云南省昆明市的"城中村"村集体对其闲置的经营性资产开展资本运营、物业租赁与生产服务的"资产盘活模式"（唐丽霞等，2021）；四川省成都市郫都区采用"公司+农户"的入股模式，对农村经营性资产资源进行股份合作式开发（夏英等，2021）。具体到股份合作制改革的具体工作环节上（见图9-5），各地实践中形成了不同模式，例如，在明确改革的组织载体"农村集体"上，广东省以村民小组为载体的模式，浙江省以村级集体经济组织为载体的模式，上海市以镇级集体经济组织为载体的模式，重庆和北京在组、村、镇三级组织中交叉进行的模式（国务院发展研究中心农村经济研究部，2022）。在"股权设置"上，有设置"集体股"的北京、东莞、吉林等地的模式，也有不设"集体股"的上海、江苏和重庆模式（房绍坤、任怡多，2021）；在"股权管理"上，有实行"动态管理"、股权随人口增减变动的杭州模式，也有实行"静态管理"、股权固化的厦门模式，还有将"个人股"中的"人口股"和"劳龄股"分开管理的浙江模式。至于"成员确认""成立组织""发展壮大集体经济"等工作环节，全国各地实践中均根据本地实际情况，采取了有效措施，形成了一些共性和特色特征，在此不再一一总结。

三 湖北省农村集体产权股份合作制改革典型模式

湖北省农村集体产权股份合作制改革（以下简称股改），根据《中共湖北省委、湖北省人民政府关于稳步推进农村集体产权制度改革的实施意见》（鄂发〔2017〕17号），已从集体经营性资产领域扩大到全部农村集体经济资源范围，主要表现为：一是资产量化环节，"将集体经营性资产和未实行家庭承包的资源性资产、可以转化为经营的非经营性资产，以股份或者份额形式量化到本集体经济组织成员"；二是成立股份合作经济组织，有经营性资产的村（组）建立股份经济合作社；没有经营性资产、未开展股份合作制改革的村（组）建立经济合作社。经过五年试点和2020年整省推进，农村股改探索出一些成功做法，我们总结为：城中村模式、城郊村模式和偏远村模式。从资源配置方式看，此三类模式的股份式和合作式呈现由高到低变化的特征，我们用图9-6简要刻画如下。

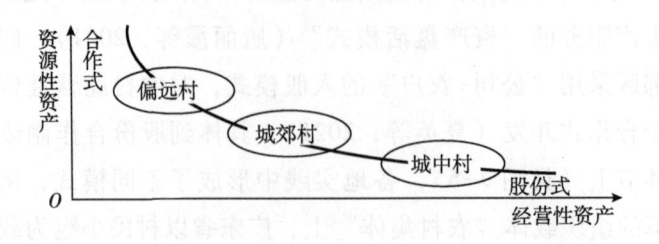

图9-6 湖北省农村股改中不同类型村庄的资源配置方式

1. 城中村模式

湖北省农村集体产权股改中探索出来的城中村模式是指各县（市）城区中的原有村庄，在工业化和城镇化进程中大部分或全部土地资源被征用，村民在原村落范围居住、经济生活呈现非农化和城市化特征，村庄治理转变为社区治理，但仍保有较大数量的集体经济资产资源，建立了股份经济合作社等新型集体经济组织，实行股份合作式配置资源的模式。它与北京、上海、成都、武汉等大都市，以及广东、江苏、浙江等经济发达省的县（市）城中村股改模式略有区别，其"股份"量较小、封闭性更强、流动性更弱，"合作"特征体现得更为明显。我们以湖北省黄冈市下辖L县"蔬菜村"为例予以剖析。

L县"蔬菜村"，顾名思义就是原来为县城居民供应蔬菜类生活物资的城边村，位于该县县城的西南部，全村面积1.5平方千米，辖9个村民小组，现有村民583户、1380人。2020年年末，村集体资产达到5.05亿元，当年集体经济收入520万元，农民人均可支配收入14055元[1]，成为该县农村集体产权制度改革、"政经分离、财务分设"试点工作的示范村庄。

L县"蔬菜村"的经济社会发展，以及村集体经济资源配置方式的变迁，与全国经济社会体制改革步伐基本一致——从"承包制"到"股份制"再到"股份合作制"，"市场"在资源配置中的作用越来越重要。改革开放初期，该村实行了蔬菜、果园等责任园"承包到户"；20世纪80年代中后期到90年代，随着乡镇企业的兴起，该村创办了一些工厂企业，积累了一定数量的集体经营性资产，并进行股份制改革；21世纪以来，随着L县城区扩展到该村部分区域，土地开始被征用，集体资源价值得以提升，村集体一方面从最初的"卖地"转为"以土地入股"，另一方面利用该县"征地返还"政策，将返还的集

---

[1] 2020年，该县全县完成生产总值145.59亿元，三次产业结构为21∶26∶53；全年完成全口径地方财政总收入22.18亿元，其中地方公共财政预算收入5.17亿元，税收收入3.63亿元，地方财政总支出69.22亿元；年末全县总户数20.36万户，户籍人口58.97万人。全县城镇居民人均可支配收入28296元，农村居民人均可支配收入12208元。

体用地开发为农贸或商业市场、仓储、商品房等，然后出租和出售，发展壮大村级集体经济。2013年，该村纳入湖北省"三村"（城中村、城郊村、园中村）集体产权制度创新试点工作范围——对集体资产资源进行"清产核资"，对集体成员进行"清人分类"和"身份确认"，把清理和评估出来的集体净资产进行"股份资本转换"，结合集体成员身份进行了"股权设置"，成立具有法人地位的经济实体（当时称"股份合作社"），实行股份经济合作制经济。

L县"蔬菜村"股份合作式配置集体经济资源的做法是：

（1）将集体经济资源中的流动资产和经营性固定资产量化和转化为"股份资产"，非经营性固定资产折价量化。经清理和量化，截至2013年年底，该村集体资源资产共2.90亿元，其中流动资产487.23万元、经营性固定资产2.17亿元、非经营性固定资产6866.91万元。按照当时农村股改方案，将流动资产和经营性固定资产共计约2.22亿元，量化为可分给村民的"股份资产"，其他非经营性固定资产仍然由集体所有和经营管理①。

（2）成立股份经济合作社，主导配置集体经济资源——100多家企业的发包、出租，房地产开发，小型工业园区招商引资，股份经济收益分配等工作。2014年8月，该村正式挂牌成立"蔬菜村股份合作社"，按股份经济合作组织治理结构成立"三会"（股民代表大会、董事会、监事会）②，实行与村委会和村党委"一套班子、三块牌子、

---

① 据"蔬菜村"2013年11月"集体资产产权制度改革方案"和该县农村经营管理局2014年5月对"蔬菜村股份合作社资产产权登记申请的批复"文件资料，该村集体资源资产包括：（1）现金、银行存款、应收款等流动资产共487.23万元；（2）商场、商店、交易市场、农修厂、木制品厂、模具厂、建筑公司、粮站仓库、加油站、商品房楼栋、度假山庄等经营性固定资产共21678.19万元；（3）果园、苗圃、青茶场、中药材市场、宾馆、公路以及用材林和森林资源（936.8亩）等非经营性固定资产价值6866.91万元。

② 该村股份合作社的"三会"组成：股民代表大会由46名代表组成，每届任期3年；董事会由5—7人组成，每届任期3年，可以连选连任，设董事长、副董事长、总经理各1名，副总经理2名，财务总监和财务会计各1名；监事会由3人组成，每届任期3年，也可以连选连任。

两套账、一支笔审批"的管理模式①，具有独立法人资格，代表全村股东行使集体财产所有权，经营管理集体经济资产资源。

（3）确定集体经济资源配置的对象范围，即股东"身份确认"。该村将村内不同人员分为可以配股和分红、可以配股暂不分红、不配股不分红三类，确定将1984年至2013年年底户籍在村且责任制到户时分有菜园面积和"吃粮人口"的村民确定为股份合作社的原始股民，共计986人。

（4）设置股权和调整股权。该村股份合作社设置个人股，按1984年责任制到户时的菜园面积或劳动力面积（针对在村企业人员）配置股份，按实际情况三年调整一次（为新增人口配置股权）②。2014年，股份合作社共配置股份5427股，由于仍有一些农户还经营部分菜园地，因此可分红股份为4933股。

（5）股份合作社对村集体经济资产资源进行运营管理，发展壮大集体经济。例如，2020年6月合作社投资2000万元收购L县城南新区的一处房产，当年增收80余万元。

（6）集体收益"按股分红"。该村集体收益分配顺序为：按当年收益的20%提取公积公益金（用于扩大再生产和公益事业支出），提取另一个20%为公益金和福利费（用于集体福利和工作经费），其余60%用于个人股"按股分红"（现金或购物券）。据介绍，该村将股份合作社挂牌成立的8月25日确定为每年"股民分红日"。2013—2020年该村每年分红50万元至90多万元，8年共计分红609多万元，另外给每位60岁以上村民生活补贴共计500多万元，切切实实地带领村民共同致富。

---

① 2019年7月，该村股份合作社按照农村股改规范要求，经全体股民同意和村民代表大会审议通过，实行"政经分离、财务分设"，将原村经营性资产全部划转到村股份经济合作社名下，由它负责经营管理；村委会则负责村级日常事务，二者均接受村党委（村党支部）的领导。目前，该合作社董事长与村主任和村书记由同一人担任。
② 2020年全国农村集体资产股改全面推行后，L县"蔬菜村"股份经济合作社设置了集体股和个人股，集体股占总股本的60%，个人股占总股本的40%，实行静态管理模式，即无论人口增减，股份总数和各股权户内股份数保持不变，个人股可以继承。

2. 城郊村模式

城郊村是指那些与大都市或市（县、区）城区相邻、处于城市边缘的村庄。21 世纪以来，随着工业化和城市化扩张、乡村旅游发展，以及城乡要素流动的制约因素减少，一部分城郊村成为产业园区的"园中村"，另一部分城郊村成为城乡接合部的"融合类村庄"[1]，这些村庄的土地、厂房、农业设施，以及特色文化等各类资源的市场价值逐渐上升，吸引了村庄内外各类经济主体参与村庄资源的调配使用，从而使得农村集体资源配置方式日趋多元化。湖北省大多数城郊村都经历了这种"多元主体参与"的资源配置过程，我们以 M 区大垅村为例归纳其村集体资源配置模式。

M 区大垅村位于武汉市和鄂州市间的梁子湖附近、某新规划产业园区之内，与武汉富士康创业园、湖北葛店经济开发区相邻，与梁子湖旅游区相接，附近有三条高速公路通过，是一个典型的"园中村"和"城郊融合村"。2016 年 8 月，该村作为 M 区首个农村集体资产股份制改革试点村，拉开了股份合作式配置资源的改革大幕，历时 8 个多月，于 2017 年 5 月完成了清人分类、清产核资、配置股份等重要工作，并于当年 5 月 10 日成立"大垅村股份经济合作社"，发展壮大股份合作制集体经济。

大垅村的"城郊村模式"，第一个特点是村集体经济资源的市场价值随着城市圈、产业布局和外来社会资本进入而逐渐上升。该村集体经济资源主要是土地和水域[2]，经历 20 世纪 80 年代承包责任制后留给村集体的"四荒地"、建设用地和其他未用地、水域面积共 2000 多亩，一部分依靠出租获得租金，资源利用率和市场价值并不太高。2008 年，鄂州市调整地方产业和城市圈发展布局，在梁子湖北岸和梧桐湖南边区域规划设立一个面积 35 平方千米左右的新区，作为鄂州

---

[1] 2018 年 9 月中共中央、国务院印发《乡村振兴战略规划（2018—2022 年）》，根据不同村庄的发展现状、区位条件、资源禀赋等，划分出集聚提升类、城郊融合类、特色保护类、搬迁撤并类四类村庄，分类推进乡村振兴。

[2] 大垅村并入新区时有国土面积 977 公顷（合 14655 亩），其中水田和旱地在内的耕地面积 238 公顷（合 3570 亩）；有 8 个自然湾、20 个村民小组、2493 人，以水稻、油菜、莲藕等作物种植和水产养殖为主，有少数家庭作坊，没有工商企业。

融入武汉的战略节点,定位为"面向武汉都市圈,满足休闲度假、科技研发、中高端居住、生态农业等多种功能要求的区域性综合功能新区",包括大垅村在内的4个行政村、28个自然村庄被纳入其中,由新区管委会与湖北省联合发展投资集团(以下简称湖北联投)合作共同开发,从而带来大垅村"城郊村"发展模式,其村集体土地和其他经济资源的市场价值随之上升。据报道,新区成立最初几年内,外来资本"投资额度超过百亿元,道路建设超过了百里,项目建设超过了百个,进驻单位超过了百家",大垅村集体土地因被征用而获得货币性补偿,村集体用之新建办公楼、购买厂房和商品楼房,用以出租,积累了一定数量的经营性资产。根据本课题组 2021 年 11 月 12—16 日的实地调查,2016 年大垅村启动"股改"工作后,村集体成立"清产核资"专班,查清全村集体总资产 8078 万元、水面资源 650 亩,其中非经营性资产 1044.7 万元,可量化经营性资产 7033.3 万元。该村干部介绍,这些荒地和水面在过去是"沉睡的资源""没人要",现在成了"香饽饽""其他村羡慕的资产",将来还会进一步升值。

第二个特点是实行股份合作式配置资源。具体为:(1)与外来资本进行股份合作。2016 年"股改"前,大垅村利用湖北省"千企帮千村"政策,与"湖北省梧桐湖新区投资有限公司"(以下简称新区投资公司)共同出资成立"湖北联垅经济发展有限公司"(以下简称联垅公司),注册资本 1000 万元,其中新区投资公司出资 490 万元、占股 49%,大垅村委会出资 510 万元、占股 51%,负责大垅村农业投资、开发、经营、服务和物业管理等经济活动。2013—2016 年,作为该村集体经济组织的联垅公司,先后出资设立或收购全资子公司,以及入股其他公司(见图 9-7),成为"市场化"配置农村集体经济资源的典型案例。

(2)成立股份合作制集体经济组织——大垅村股份经济合作社,负责对该村集体资产的经营管理、集体资产开发利用、农业生产发展与服务、财务管理与收益分配等经济事务,实行自主经营、独立核算、自负盈亏、按股分红,按章程组建了股东大会、股东代表大会、理事会和监事会等组织机构,取得了"农村集体经济组织登记证"。

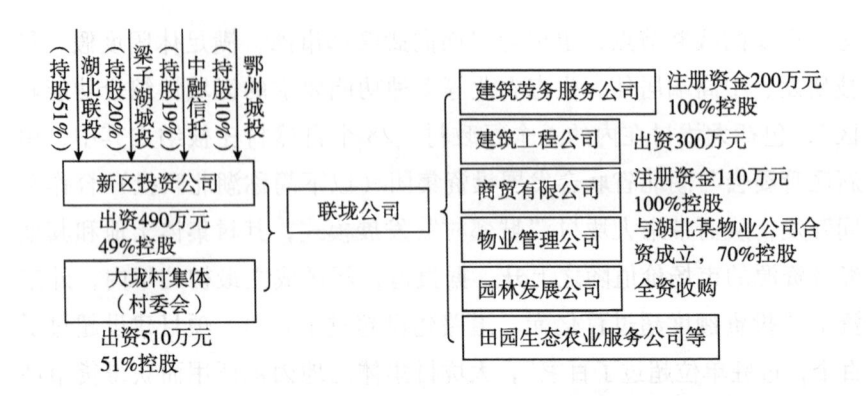

```
（持股51%）湖北联投
（持股20%）梁子湖城投
（持股19%）中融信托
（持股10%）鄂州城投
    ↓
新区投资公司
出资490万元
49%控股

大垅村集体
（村委会）
出资510万元
51%控股
    ↓
联垅公司
    ↓
建筑劳务服务公司 —— 注册资金200万元 100%控股
建筑工程公司 —— 出资300万元
商贸有限公司 —— 注册资金110万元 100%控股
物业管理公司 —— 与湖北某物业公司合资成立，70%控股
园林发展公司 —— 全资收购
田园生态农业服务公司等
```

图 9-7　大垅村集体经济组织（联垅公司）股权构成

合作社成立后，与原村集体经济组织（联垅公司）合并运行，对村集体经济资源进行配置和运营管理，发展壮大了集体经济。据介绍，经理事会提议、股民代表大会同意，该合作社 2017 年上半年在"梧桐湖东湖高新创意城"投资 1700 万元购买厂房 8000 多平方米，用于出租，每年净收入 75 万元，其厂房资产价值已增值近 800 万元。

（3）按照股份经济合作制设置股权、配置股份和按股分配。在清人分类和资产量化基础上，确定 3376 人为股份经济合作社的股东，设置集体股和个人股，其中集体股占可量化经营性资产的 5%（共 351.7 万元资产、3442 股），个人股占可量化经营性资产的 95%（共 6681.6 万元资产、65400 股），即个人股每股可量化经营性资产 1021.7 元。在配置个人股时，大垅村"按人配股"——不同类别人口获得不同的股份数和股份类别（分红股和不分红股），例如常住村民可配置"分红股"20 股，出嫁女离婚回村的配"分红股"1 股，等等。在集体收益分配上，合作社将可分配的税后利润按照"提取用于扩大再生产的公积金 20%、用于公益事业支出的公益金 20% 之后，再进行集体股 5% 和个人股 95% 分红"顺序分配红利。据介绍，大垅村股改后累计分红 500 多万元，每年个人股可分红 200 多元/股，农民真正享受到作为"股民"的集体经济红利。

第三个特点是农村集体经济资源的配置与乡村治理有效融合，形成经济、社会、公共服务等多方面治理的一体化。主要表现为：一是周边5个自然村合并到大垴村行政村，村域地域面积得以扩大，土地、水面、基础设施等集体经济资源得到扩充，并且在2019年新并入的自然村也完成了股改。二是"拆村并居"、建成集中居住区，进而"村改居"、农村行政村管理体系转为城镇社区治理体系。据介绍，扩大的大垴村在2018年改为"梧桐湖社区"，打破了村与村、湾与湾之间的地理割裂，近5000人完成户籍变更，实现了"农民变市民"，城郊村逐步演化为新型城镇化社区。

3. 偏远村模式

偏远村是那些远离城镇、工商业不甚发达、交通道路和农业基础设施相对恶劣的村庄。在湖北，除江汉平原和省会武汉市外，山地、丘陵、岗地面积占了省域国土面积的80%，山区偏远村较多。这些乡村往往只能依赖现有山水林田湖等自然资源，发展农林牧渔等产业，经济相对比较落后。从资源配置方式看，20世纪80年代家庭联产承包责任制改革后，偏远村的集体经济资源多数承包、出租或变卖给"私人"，村集体管理和经营的资源几乎为零，集体经济沦为"空壳村"；农户承包的土地等资源，也随着劳动力外出打工、家庭经营效率较低，缺乏外来经营主体"再流转"而被广泛"闲置和荒芜"，资源利用效率和资产转化率都比较低。农村集体产权股改以来，这些偏远村尝试推行股份合作制，新的资源配置方式效应逐步显现。

H县金星村位处该县中东部两个省级"生态乡镇"交界处，距离县城15千米、镇中心5千米；全村辖有10个村民小组、11个自然湾、450多户1700多人。该村属丘陵地貌，生产条件不算好，建有6000多米长的地下管道，从附近大源湖取水供应农业用水，村民以农业种植为生，主种水稻作物，兼种花生、油菜、棉花等经济作物；村内新型经营主体并不多，有3个私营养殖场和2个家庭农场，进行家禽饲养和果园种植。2019年，全村集体经济收入18万元，人均纯收入10500元（当年全县农村常住居民人均可支配收入16204元）。

按照省市县人民政府部署，2019年5月，H县金星村启动农村集体产权改革工作，先后经历"清产核资""清人分类""股权量化和配置股权""建立合作组织"等环节，于当年年底完成股改任务，领取了

"农村集体经济组织登记证",并于2021年年底为村民发放了"股权证"。作为一个偏远山村,金星村的股改有以下两个特点。

一是村集体可配置的集体经济资源较少。金星村"清产核资"表明,全村集体土地总面积5502.9亩,其中未承包到户的土地有1410.4亩;集体总资产333.8万元,其中净资产172.5万元。由于经营性资产较少,该村成立的集体经济组织被称为"经济合作社",设立合作社成员代表大会、理事会和监事会,由理事长担任合作社的法定代表人,负责对全村集体资产资源进行经营与管理以及集体收益的分配;全村456户1763人全部纳入"经济合作社",有了名义上的集体经济组织和集体成员身份。

二是"股份合作"仅仅停留在"股份量化""股权配置""股权证"等纸面形式上。按照工作程序,金星村将全村未承包到户的1410.4亩土地作为集体资产开展股份合作,将其量化为56086股,设置集体股和个人股——集体股占30%、共16826股,个人股占70%、共39260股;也就是其"量化"和"配股"过程中并没有参考资源的市场价值。调查中发现,该偏远村的新型经营主体偏少,土地资源的市场价值难以转化,因而新成立的"经济合作社"难以获得集体性收入,集体股和个人股均没有得到分红,农民所持有的"股份"也仅仅是一张"股权证",股改只是将集体资产以"股份"形式"量化到人"而已。

4. 三类村庄的资源配置模式比较

作为经济不甚发达,山区和半山区居多的省份,湖北农村集体产权股改形成了城中村、城郊村和偏远村三类不同村庄模式,它们各自的资源类别、数量多寡、配置方式以及配置结果不尽相同,表9-1作了简要归纳。

表9-1　　　　　　　湖北省三类村庄股改配置模式比较

比较内容	城中村	城郊村	偏远村
集体持有的经济资源	经营性资产	自然资源资产+经营性资产	自然资源资产
资源规模	较大数量	各有少量	少量

续表

比较内容	城中村	城郊村	偏远村
资源配置方式	股份合作 （以股份式为主）	股份合作 （以股份式为主）	股份合作 （以合作式为主）
组织主体	股份经济合作社+ 企业公司	股份经济合作社	经济合作社
资源配置效益	较大数量集体收入	少量集体收入	难以创造集体收入
集体收益分配	每年按股分红	不定期按股分红	没有分红

评估调查数据表明，到2021年10月，湖北省农村集体产权股改中，有且将经营性资产折股量化到集体的组、村、乡（镇）比例为49.7%，超过一半的乡村集体没有经营性资产，因此在作为股改成果之一的新型集体经济组织登记中，超过75%为"经济合作社"。城中村"蔬菜村"所在的L县为例，全县11个乡镇396个行政村，只有11个村改制为股份经济合作社，其余385个村均改制为经济合作社；城郊村"大垅村"所在M区全区6个镇86个行政村中，4个村改制为股份经济合作社，82个村为经济合作社；偏远村"金星村"所在H县全县17个乡镇503个行政村中，205个村改制为股份经济合作社，298个为经济合作社。也就是说，这三类村庄所在县（区），无法开展经营性资产股份合作经营的村庄，占比分别超过97%、95%和59%，农村集体经济资源实现真正"股份合作式"配置任重道远。

第三节　农村集体产权股改模式的收入分配效应

农村集体产权制度改革（以下简称农村新股改）是一个资源配置方式转换的过程，因此它必将改变"三农"领域的收入分配格局，特别是对农民家庭和村庄集体的收入可能产生较大影响。就农民家庭收入来说，一些研究证实农村新股改增加了农民收入，例如，孔祥智和赵昶（2020）基于对7个省份13个县（区、市）的调研，发现农村新股改提高了农民收入水平，增加了农民的获得感和幸福感；张红宇等（2020）基于对全国4个省份24个村（社区）调查发现，新股改开创性地赋予农民财产权利，对农民获得感和幸福感提升有突出作用；江帆等（2021）基于2013—2019年全国省级面板数据研究发现，农村新股改使试点地区农村居民可支配收入提升5.3%；罗明忠和魏滨辉（2022）基于2010—2019年中国1486个县域面板数据进行研究，认为农村集体产权制度改革提高了农村居民收入水平，缩小了县域城乡收入差距，但这一县域城乡收入差距的收敛效应在东部地区、融资环境较好和财力水平较高的中西部县域更为明显。

就村庄集体收入或广义的集体经济来说，一些研究认为农村新股改增加了乡镇村组各级集体经济和集体收入，例如，孔祥智（2020）基于贵州六盘水市、广西贵港覃塘区、山东东平县案例，验证了产权制度改革是促进农村集体经济发展的重要原因；肖红波（2022）基于对北京、安徽和甘肃三省（市）调研，认为农村新股改使乡村对其资源资产条件有所评估，进而精选承接经营主体，实行土地合作、资源开发、物业经营、服务创收、自主经营等渠道路径，发展壮大了农村集体经济；芦千文和杨义武（2022）基于中国乡村振兴调查2019年数据进行研究，认为"农村集体产权制度改革确实壮大了农村集体经济"，但对于山区和半山区的农村来说作用不显著。例如，夏柱智（2021）以贵州省塘约村为例指出，"近几年中西部地区农村集体经济的增长源于上级政府的扶持，和村庄内生资源无关，也就和农村集体产权制度改革没有直接关系"。

此外，还有一些研究指出，农村新股改对乡村公共品的自给能力提升有显著促进作用，对村庄民主具有增进效应，等等。本书聚焦于农村新股改带来资源配置方式转换后，所产生的收入分配效应。依据本课题组调研和对湖北省农村新股改工作的评估，不同类型村庄因资源禀赋、集体经济基础以及股改工作重心和主要配置方式的差异，使得其收入分配效应也存在差异。

一 三类村庄"股改模式"的农户家庭增收效应

罗明忠和魏滨辉（2022）指出，农村集体产权制度改革可以从三个方面增加农民收入并缩小城乡差距：一是配置效应，将集体资产折股量化到户后，可增加农户财产权，使其分享集体红利；二是治理效应，新型集体经济组织的治理可以加大再分配力度，让低收入农民获得新收入；三是激励效应，激发低收入群体内生动力。这三个效应的结果体现在农户家庭的收入结构即财产性收入、转移性收入和经营性收入上；至于工资性收入，多是由农民在股改的企业公司或新型经营主体就业而获得，属于间接的经营性收入效应。

在湖北省农村新股改资源配置的"城中村模式"下，农村已经成为城镇的一部分，农村经济已转化为城镇经济，农民已不再依赖土地等自然资源，绝大部分在企业或服务公司等非农领域就业，村民变成了市民，因而其创收渠道与城镇居民没有太大差异，主要为工资性收入和家庭经营性收入。但是，这些"村改居"变成市民的农民，因其拥有农村户籍、农村集体成员身份和农村集体经济收益分享权，其家庭收入构成中的财产性收入和转移性收入比城镇居民高得多。以 L 县"蔬菜村"为例，2020 年该村人均纯收入 14055 元，其中财产性收入 943 元、转移性收入 3427 元，而财产性收入中，来自村集体股份经济合作社的分红就有 843 元，还不包括村集体发放的公共福利（见图 9-8）；而同期该县城镇常住居民人均可支配收入 28196 元中，财产性收入比"蔬菜村"村民少 154 元，但因为该县曾为国家级贫困县，所以城镇居民收入构成中，有 10965 元为转移性收入，超过了"蔬菜村"村民的转移性收入（因为该村土地资源较少和非农化生产）[①]。

---

① 统计数据表明，L 县城镇常住居民收入构成中历年转移性收入数量和比重均超过农村常住居民，例如，2013 年城镇常住居民人均总收入 19553 元，其中转移性收入为 4631 元、占比 23.7%；农村常住居民人均纯收入 5998 元，其中转移性收入 196.74 元、占比 3.3%。该县 2013—2020 年城镇常住居民可支配总收入构成中转移性收入占比为 23%—39%，同期该县所在地级市 H 市的城镇常住居民可支配收入中来自转移性收入占比为 16%—20%、农村居民收入占比为 4%—12%，与该县同样为国家级贫困县的 Y 县的城镇居民收入构成中转移性收入占比为 16%—20%、农村居民收入占比为 7%—43%。H 市、L 县和 Y 县农村居民收入构成中转移性收入差不多，但城镇居民要高一些。数据来自 H 市历年统计年鉴。

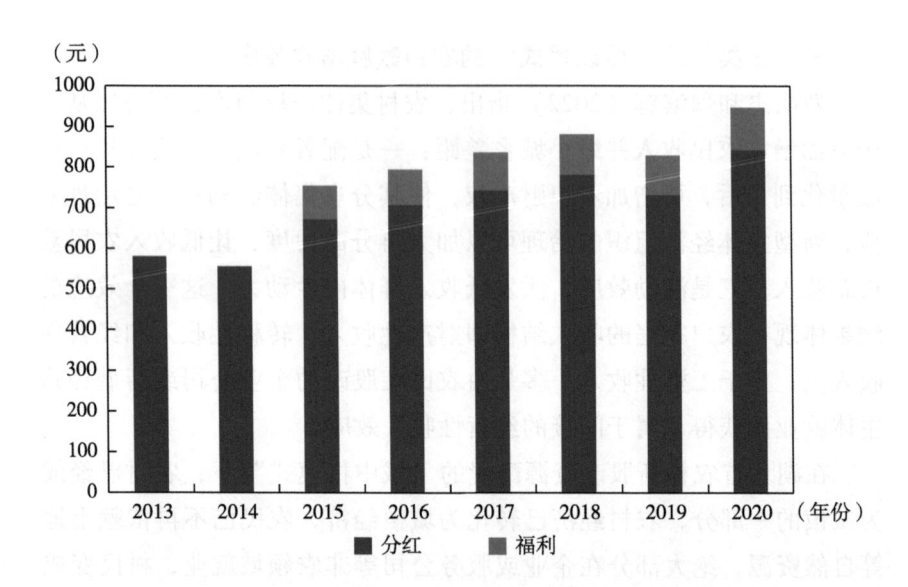

图 9-8 L 县"蔬菜村"新股改后集体分红和福利分享情况

资料来源：根据本书课题组 2019 年和 2021 年实地调查访谈所得数据整理绘制。

在"城郊村模式"下，农户多数为兼业经营，新股改帮助他们合理合法地流转土地，进而调整产业结构和创收渠道，其家庭经营性收入和财产性收入相应有所增加。以 M 区"大垅村"为例，新股改并入的 5 个自然村中 10 户调查样本，农户的家庭收入来源在 2019 年后发生了变化：因种养业转换，经营性收入有所增加，因土地流转入股合作社获得土地租金，财产性收入增加（见表 9-2）。

表 9-2 M 区"大垅村"调查样本农户家庭人均收入构成 单位：元

收入构成	2017 年	2018 年	2019 年	2020 年
总收入	15359	16590	18436.9	18289.5
工资性收入	5986	6230	7018.5	6820
经营性收入	6122	6850	7320.5	7148.4
#种植业收入	623.6	730.3	942.8	853.1
渔业收入	640.7	667.8	708.5	746.7
第二产业收入	1350.2	1520.6	1604.2	1420.7

续表

收入构成	2017年	2018年	2019年	2020年
第三产业收入	3417.4	3703.9	4006.1	4085.6
其他家庭经营收入	90.1	227.4	59.0	42.3
财产性收入	180.5	205.3	417.6	470.9
#土地流转租金	50.6	67.3	260.4	268.1
其他财产性收入	129.9	138.0	157.2	202.8
转移性收入	3070.5	3304.7	3680.3	3850.2

资料来源：依据课题组2021年11月实地调查数据计算所得。

在农村新股改配置资源的"偏远村模式"下，农户家庭收入并没有太大变化。一方面，农户承包地再流转（出租、入股、合作经营）到新型经营主体的情形较少；另一方面，由于村集体能够自由配置和经营的未承包地和林湖等集体资源较少，新股改成立的经济合作社难以获得经营收入，集体经济难以为村民提供"分红"收入渠道。以课题组调研的湖北省H县"金星村"为例，受访农户均表示家庭收入来源没有变化，股改带来的好处不明显。

二 三类村庄"股改模式"的集体经济发展效应

农村新股改的重要目标之一是发展新型集体经济，促进集体资产保值增值。就湖北省来看，三类村庄"股份合作式"的配置资源模式（"股改模式"）总体上促进了农村集体经济发展。其中，在"城中村"模式下，新股改为村集体明确了资源权属，重新定位了新型集体经济组织与村庄其他组织之间的职能和角色，财务和村务管理实行了"账户分设"，真正实现"政经分离"，集体收入有了一定提升。例如"城中村模式"的代表——L县"蔬菜村"，集体收入从2013年300万元增加到2020年的1956万元；另一个城中村"桥南村"，集体收入从2015年的50多万元增加到2020年的160多万元，村账户共积累未分红资金1000多万元。

在"城郊村模式"下，集体经济资源配置方式逐步向规范的"股份合作式"迈进，村集体在此过程中，一方面，因为还有一些未承包到户的集体资源或经营性资产可支配，从而获得集体性收入，例如M区"大垅村"将其自建厂房出租、投资公寓楼后再出租获取租金，孕育出"吃租经济"；另一方面，村股份经济合作社转换思路，投资入股其他企业公司，开始获得"股权收益"①，使集体经济收入有了较大增加。据介绍，近年"大垴村"股份经济合作社和村属企业"联垅公司"为集体创收 2000 多万元，成为 M 区发展壮大村级集体经济的典范。

在偏远村模式下，村集体可以配置的资源较少，出租未承包的林地、"四荒地"，或者将上级政府的扶持项目资金（政策性资源）投资购买城区铺面出租，获得一定数量的集体经营收入，集体经济仍然薄弱。根据对湖北省的调查数据，到 2021 年 10 月 H 县仍然有将近 11% 的行政村集体年经营收入低于 5 万元；L 县有将近 15% 的村集体经营收入低于 5 万元；而 M 区 82 个行政村中还有 22 个村债务亟待化解，这些集体经济薄弱村或债务村，基本上为偏远村。

表 9-3 归纳了三类村庄实行"股份合作式"配置资源而带来的集体经济发展效应。总体上，"股份合作"配置资源方式对发展壮大集体经济发展是有利的，一定程度上帮助农村集体经济走上规范、多元化发展道路，可以成为今后乡村振兴的重要工作内容。

表 9-3　三类村庄"股改模式"下的集体经济发展情况

村类型	主要资源	具体配置方式	集体收入	集体经济
城中村	经营性资产	自营、入股、合作	较大数额	富裕村
城郊村	自然资源+经营性资产	出租、入股、合作	一定量	经济强村
偏远村	自然资源	出租	少量	薄弱村

第四节　小结：股改模式是发挥市场决定性作用的具体表现

农村集体产权"股改模式"，不仅体现了集体经济资源配置方式由"承包"向"股份合作"方向的转化，还体现了各类生产要素自由流动和城乡融合的趋势，表明中国农业农村领域市场化程度不断

---

① 据介绍，2020 年该村股份经济合作社将其所积累的近 5000 万元资金投资梧桐湖"新区投资公司"，开辟"股权分红"新增收渠道。

加深。

　　农村集体产权"股改模式"下的股份合作制，一方面，强调将集体经济资源"量化"和"股份化"，并配置到人到户，让每一位村民享受到集体权益；"股份"二字意味着在集体经济资源配置中，决策的主体不再是单一的村集体，也不再是高度集中的"行政命令"和"计划"决策，体现出"市场性"经济的特征。另一方面，它强调在集体经济资源的占有、管理、经营和利益分享等方面，要体现出"合作""联合"特征，让每一位村民分享到集体经济发展的成果。例如，以合作社这种组织来执行管理权、经营权和收益权。"合作"界定了农村集体产权的股改不同于工商企业的股份制改造，它体现了农村集体经济资源配置下的三个约束特征：(1) 资产资源归成员集体所有；(2) 特有的社区性，即股份和股权限定在农村社区（乡村村庄）之内配置和流转；(3) 在农村集体经济组织内部进行，有一个特殊法人来承担股改后的生产经营、管理等工作。可以说，"合作"二字体现了"社会主义"的制度特征。当然，"合作""联合"也是一种市场行为，明显不同于"集中""统一"的计划行为。

　　前文介绍过 21 世纪以来中国东部地区，如江苏、浙江等地，在农用地、经营性建设性用地和宅基地，以及经营性资产等资产资源配置中所实行的"股改模式"，让"市场"说了算，价格信号、竞争机制等体现"市场"决定性作用，取得较好效果。在集体经济资源的开发利用上，"市场"决定性作用更加明显——乡镇、村、组级的股份经济合作社或经济合作社，将入股土地、经营性资产盘活，获得一定收益。与之对应的"政府"及其作用，主要表现在"村集体"对资源配置的领导、组织和协调上，如村党委领办合作社、村委会协调各类矛盾、村两委制定各类管理规则等。从全国范围看，江苏、浙江、山东、广东、四川等省份，"股改模式"已经成为农村资源配置的基本模式，也得到了群众的普遍认可；在中西部山区，目前调研和评估中发现，"股改模式"虽然得到广大群众认可，但满意度还有待提升。影响群众对农村新股改满意度的因素，有对政策的认知和了解程度、对基层干部能力评价、民主权利（参与程度）以及成本收益比较等方面。今后，我们要分类推进农村新股改——在东部经济发达地区，继续重点推进经营性资产股改，借鉴现代企业制度，在合作制基础上发挥股份制作用；在中西部地区，特别是一些经济相对落后、没有什么集体经营性资产的乡村，要在"三块地"上做文章，搞土地股份合作制，引入新型市场主体和资金及技术要素，让"沉睡的资源"变为富民富村的"资产"。

第十章 农村集体经济资源配置方式的优化与完善

改革开放以来，中国农村集体经济资源配置方式由"行政命令、统一计划"向"市场决策、自由选择"转变，"市场"作用越来越明显。全国各地在这一转变过程中，探索出多种模式，不同程度地推动了农村市场经济的发展，改变了区域、城乡和不同群体之间的收入分配格局。从资源配置是否合理合适角度看，这些不同模式下的资源配置方式仍然存在不足之处，需要各地结合实际，发挥市场和政府的双重作用，以此达到促进高效、共富、持续发展之目的。

第一节 农村集体经济资源配置方式的多元探索

1956年社会主义改造基本完成到1978年改革开放，中国农业农村确立了"集体化"和"人民公社化"发展模式，按照行政命令、统一计划和分级管理方式配置各类经济资源，构成了"计划经济体制"的重要组成部分。"计划"方式为解决这一时期中国农业农村发展中的一系列问题，例如一家一户小农经济的局限、农业生产发展的要素和技术制约、社会民生的保障和改善，提供了制度性条件和方案，是中国特色社会主义建设中不可或缺的重要资源配置方式。但其配置资源的效率较低、经济产出难以满足社会需要、产业结构容易失衡、群众生产劳动积极性难以发挥等弊端，催生了以小岗模式为代表的"市场"配置元素为内容的改革。小岗模式原型以村集体发包、农户家庭承包（大包干）方式对集体经济资源进行配置，带有一定的"政府主导式"特征；20世纪90年代中期后，"市场主导式"和"政府主导式"的土地再次流转增多，"小岗模式延伸"为出租、转包、转让、代耕等资源配置方式。与此同时，一些与河北周家乡类似的村庄没有搞"分田到户"、仍然坚持由集体统一经营和分配，走集体化发展道路，其经济资源配置方式以"政府主导式（集体统一式）"为特色，形成周家庄模式（见第六章）。在经济较发达、乡镇企业兴盛的东部地区，例如江苏、广东、上海等地，开始探索股份合作制，以股份式、合作式、招标、拍卖等带有"市场"元素的方式对农村集体经济资源（主要是乡镇企业等经营性资产资源）进行配置。21世纪以来，股份式、合作式、股份合作式等"市场主导式"的资源配置方式在中西部乃至全国农村得以继承和发展，演化出以农民合作为核心内容的塘约模式（见第七章）、以农村集体产权制度改革为核心内容的股份合作制改革模式（见第九章）。21世纪涌现出的战旗模式，则将周家庄模式和股份合作制改革模式有机结合，形成一种"政府+市场"混合式配置资源的模式（见第八章）。

图10-1简要描述了中国农村集体经济资源配置方式的典型模式，以及市场与政府作用的变迁情况（见图10-1中虚线）。其中，纵坐标向上向下分别表示"市场化"和"计划化（政府干预）"程度。我们将20世纪90年代初乡镇企业"股份制改革"理解为"市场化"程度最高的一种资源配置方式，将"周家庄模式"下的"集中经营和管理"理解为"计划"和"政府"配置资源的一种方式，而介于市场与政府之间的方式依次为：股份合作式、合作式、流转式、承包式。总体看，20世纪90年代以来，"市场"在农村集体经济资源配置中的作用越来越突出，这与中国社会主义经济体制改革和建设总体方向是一致的。

全国各地探索形成的多种资源配置模式，都有各自的主体配置方式，并随中国经济体制改革的深化而不断增添新的"市场"配置方式（见表10-1），例如小岗模式以承包方式为特点，但在20世纪90年代增添了互换式、出租式、转让式等多种市场再流转方式，2017年全

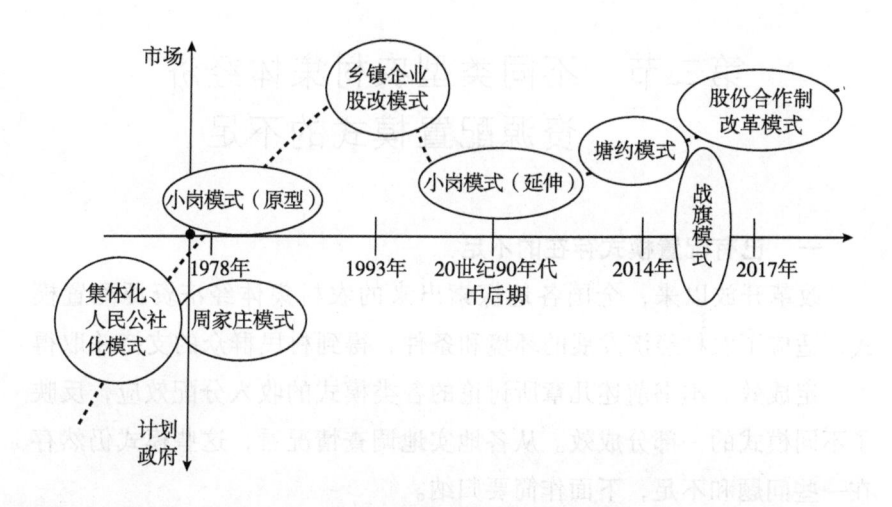

图 10-1 中国农村集体经济资源配置模式及市场与政府作用的变迁

国农村新股改后增添了股份合作式；周家庄模式以"统"和"集体化"为主要方式，21世纪以来也不断引入"合作"方式，如创办"农村资金互助社"、与外来企业合作开发"农业特色观光园景区"等。同时，也逐步融入"市场+政府"混合方式，例如塘约模式、战旗模式、股份合作制改革模式中均有体现"市场"和"政府"配置资源的方式。

表 10-1   农村集体经济资源配置模式中的典型配置方式

模式	经营体制	典型配置方式	融入的新方式
小岗模式	家庭承包制	发包/承包式	互换/出租/转让/股份合作式
周家庄模式	集体经营制	集体统一式	合作式
塘约模式	合作经营制	合作式	股份合作式
战旗模式	统分结合制	集体统一/合作式	股份合作式
股份合作制改革模式	统分结合制	股份合作式	党政统领式

第二节　不同类型农村集体经济
资源配置模式的不足

一　已有配置模式存在的不足

改革开放以来，全国各地探索出来的农村集体经济资源配置模式，适应了农村经济发展的环境和条件，得到村民群众的支持并取得了一定成效。本书前述几章所讨论的各类模式的收入分配效应，反映了不同模式的一部分成效。从各地实地调查情况看，这些模式仍然存在一些问题和不足，下面作简要归纳。

小岗模式，最初是以村集体发包、农户家庭承包为主要方式对集体经济资源进行配置，成为影响了中国农业农村乃至整体经济发展的新模式，孕育了经济资源配置方式改革中的"市场"方式，具有变革性意义（见第五章）。但是，实践中该模式的一个缺陷是，容易将集体经济资源配置方式中的"发包/承包"扩展为"分"和"卖"的方式，把所有权和承包经营权混在一起让渡给私人农户，造成了集体经济资源全部"分完""卖完"、集体资产资源流失，集体经济的名存实亡。在此之后（20世纪90年代），农村集体经济资源的配置主体逐渐由原来的村组集体转变为农户家庭，他们可以自由地将自己承包的田地、山林、企业、厂房设备等各类集体经济资源再次转包、出租、转让、合作、入股给其他经营主体，演化出新的"市场主导式"资源配置方式（见第五章图5-2"小岗模式的演变历程"）。此时农村集体经济资源的所有权、承包权和经营权权属不甚清晰，难以破除由一个个独立农户家庭来配置集体经济资源的困局——集体资产资源流失问题和集体经济发展不起来问题，以及由此导致的农户间发展差距拉大问题。本课题组调研中[①]，小岗村"大包干"领头人和村民也

[①] 调研时间：2021年4月26—30日；受访人："大包干"领头人原大队长严××、严××，村民严××等人。

表达了同样的困惑：为什么承包制未必搞得好农村集体经济？为什么承包制难以带来普遍的共同富裕？

周家庄模式，其集体经济资源配置方式以"集体化"和"统"为特征，是"政府主导式"的典型代表，对于现代农业生产经营、集体经济发展和村庄共同富裕有较好的成效。目前来看，周家庄模式下要统筹解决"村组主导、统一计划"的资源配置方式与激发农民群众生产积极性之间的矛盾问题。在全国市场经济体制不断深入、"市场"在资源配置中起决定性作用越来越显著的外部大环境下，如何协调处理"政府"与"市场"、"统"与"分"的关系，是周家庄模式所面临的课题。

塘约模式，以农民自发形成"合作化"和政府"扶持"引导为特点，对集体经济资源进行重构性配置，是一种新型合作化模式，"合作"是农村集体经济资源配置的一种方式，有其生命力。这种"合作"，既有农民之间的合作（农民专业合作），也有农民与村集体乃至各类经营主体之间的合作，包括2017年全国农村集体产权制度改革所推行的"股份合作"，都可以成为当前农村集体经济资源配置的有效方式。但塘约模式的主要问题是：当政府和外来资本投入减少的情况下，如何依托本地资源来发展乡村产业、发挥"股份合作"配置方式中的"合作"优势？

战旗模式，对村组集体经济资源"再集中"，实行"股份合作"为主的方式进行配置，成为农村集体经济资源有效配置的典范，认为它对全国各地农村、特别是城郊村的资源配置和利用有一定借鉴意义，可以为全国其他乡村"复制、模仿"。目前，在中国东部经济较为发达省份，普遍实行了这种带有"资源集中"和"股份合作"为特征的农村集体经济资源配置模式，发挥了"市场"的决定性作用。2015年后，该村主要由战旗资产管理公司对村集体内部的非农用地资产、乡村十八坊、集凤商务服务有限公司、集凤投资管理有限公司等企业进行管理运营；由战旗村蔬菜专业合作社对村集体内部农用地资源进行经营和管理。2019年2月，战旗村成立了"股份经济合作社联合社"，作为村集体经济组织的法人机构。据该村党总支书记高德敏介绍，该"合作社联合社是一级法人机构，下设二级合作社、资产管理公司，其下又有公司和合作社"，即战旗村的合作社联合社，"下有战旗资产管理公司，公司下又有蔬菜种植合作社；在集凤土地股份合作社下，又有商业服务公司"。可见，该村集体经济组织之间的治理关系较复杂，应注意防范集体经济资源配置的混乱。

股份合作制改革模式，以"股份合作"为主要配置方式，已经在东部经济发达省份和一些集体经营性资产较多的村庄得到较好实践。但它仍然存在不足之处，具体将在下节展开论述。需要说明的是，以上各类模式所暴露出来的问题和不足之处，本身也促使该模式在推行中不断完善与优化，例如，小岗模式中的"发包/承包"方式在20世纪90年代中后期开始融入"出租""转让"等再流转方式，21世纪后融入了"股份合作"方式；周家庄模式中的"集体化、统一计划"方式在21世纪后也进行改革，融入"股份"等市场方式。各类模式在实践中的改进与完善，将促使中国农村集体经济资源配置更加合理、有效。

二 股份合作制改革模式的不足之处

20世纪90年代中后期以来，中国农村集体经济资源配置方式总体上朝"市场"方向转换。2014年后，随着农村集体产权制度改革而推行"股份合作"，使"市场"作用更为显著。从实地调查和评估看，当前全国推广的"股份合作"方式在实践中主要存在三点不足。

1. 集体经济资源配置的主体尚需明确和规范

中国农村基层经济社会发展是在党的领导下、由村集体经济组织负责经济事务、村民自治委员会负责社会公共事务的"政经分离""政社分离"治理体系下运行的。其中，能够对农村集体经济资源进行配置的主体有农户、农民专业合作社等新型经营主体、村集体、上级政府四类。农户和其他新型经营主体，只能对农村集体经济资源的"经营权"进行配置——出租、转让、合作、入股等，不能对其"所有权"进行处置；上级政府则主要是通过"征用式"来配置建设性用地资源；村集体则由代表村民的集体经济组织对集体资产资源进行管理、开发和利用，包括对"所有权"的管护，并因此获得相应的收益报酬；上级政府主要通过征用土地、成立"联社"或"乡镇统筹"等途径对乡村集体资源进行配置（见图10-2）。

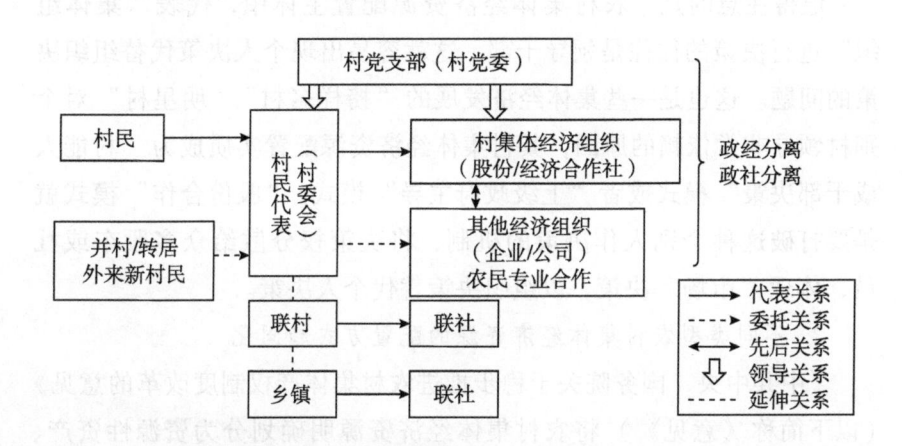

图 10-2　农村集体经济资源的配置主体和相互关系

但是，在实践中存在以下两个问题：一是农民尚未成为农地资源的"真正主人和配置主体"（韩冰华，2005）；二是代表"村集体"的配置主体比较混乱。由于集体资产资源的所有者——"农民集体"（由村民委员会代表）与农村集体经济组织（股份经济合作社或经济合作社）之间的职责、权能和角色关系不能妥善区分，因而出现了多个主体对集体经济资源进行配置、争抢配置权的现象。例如，本课题组调查中部某省份一个城中村，该村所有的一处商场资产就出现几个主体对其处置而形成经济纠纷——村委会主任代表股份经济合作社将其出租给外来企业，而村集体企业负责人却将它折价入股另一公司。

当前农村集体资产管理中出现合同不规范纠纷、处置不规范纠纷、村务监督作用没有发挥等问题，其根源之一就是集体经济资源的配置多元多头，即农村集体经济组织的治理存在问题。特别是当前一些地方实行"行政村合并""联村联社"，甚至"乡镇统筹"（图10-2中的下半部分），农村集体经济资源的配置主体——"村集体"的范围扩大，集体经济组织层级增多，例如村组级集体经济组织、村组或乡镇级合作社联社、乡镇级政府、村集体企业公司等，可能会对集体经济资源有效合理地配置带来障碍。

值得注意的是，农村集体经济资源配置主体中，代表"集体组织"进行决策的往往是领导干部，这就容易出现个人决策代替组织决策的问题。这也是一些集体经济发展的"榜样名村""明星村"对个别村领导非常依赖的原因，其村集体经济资源配置实质成为"村能人或干部决策"模式或者"上级政府主导"模式。"股份合作"模式就是要打破这种个别人作决策的机制，将决策权分散给众多股东或社员，体现"市场"决策，以组织决策替代个人决策。

2. 不同类型农村集体经济资源的配置方式趋同化

《中共中央 国务院关于稳步推进农村集体产权制度改革的意见》（以下简称《意见》）将农村集体经济资源明确划分为资源性资产、经营性资产和非经营性资产三类，其中对经营性资产"有序推进股份合作制改革"，对资源性资产搞好确权登记、"三权分置"和延长承包关系，对非经营性资产建立集体统一经营的运行管护机制。也就是说，不同类型的集体经济资源其配置（处置）方式是不同的，以"股份合作"为主要形式的"合作与联合"主要适用于经营性资产的配置（见表10-2）。但在实践中，全国大部分农村对所有集体经济资源推行"股份合作制"，以一种方式"包打天下"。例如，本课题组考察评估湖北省农村集体产权制度改革工作时看到，几乎100%的村庄将资源性资产量化折股、配股给村民"份额"（"份额"没有货币价值），区别于经营性资产量化折股的"股份"（"股份"有货币价值）。由于"份额"没有货币价值，村民虽然有"份"但见不到"实惠"，对当下的"股份合作制"改革认可度不高。

表10-2 当前农村集体经济资源的主要配置方式和改革实践形式

资源类型	代表性资源	主要配置方式	改革实践形式
资源性资产	农用地	发包/承包、出租、合作、入股等	股份合作
	宅基地（闲置）	整理后入市、股份合作	
	建设性用地	征用、入市	入市

续表

资源类型	代表性资源	主要配置方式	改革实践形式
经营性资产	企业	股份合作	股份合作
	厂房和基础设施	股份合作	
非经营性资产	教科文卫体设施	出租、转让	统一经营管护
政策性资源	扶持资金	项目式承包	未规定
特色文化资源	地方文化传统	股份合作	未规定

3. 股份合作配置模式下的利益分配格局尚需完善

农村集体产权制度改革中形成的"股份合作"配置资源模式，以"量化股份"方式将集体经济资源的相关权益分享给全体村民，保障了村集体的权益、发展了集体经济，构筑了新型的"集体—村民"收入分配关系（见图10-3）。

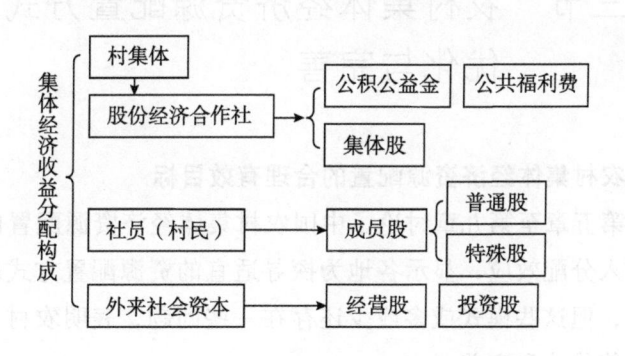

图 10-3 股份合作制中的集体经济收益分配关系

图 10-3 显示了村集体和村民对集体收益的分配关系。实践中，一些地方在"股权设置和分配"中设置了集体股和个人股，其中集体股占总股份的30%，个人股占70%；集体股为全体社员股东共同所有，用于公共福利支出、股权动态调整、解决历史遗留问题、村级债务、基础设施建设等；个人股中又设置了基本股、劳龄股、募集股等多种股种。以湖北省 L 县城中村"桥南村"为例，该村集体合作社的

股权设置有集体股、个人股和募集股三种，其中个人股又设置了基本股（成员均等，每人 2 股）、劳龄股（18 岁以下每人 2 股、18—60 岁每人 5 股、60 岁以上每人 2 股）和募集股（非成员出资配股）。村民的意见集中在：一是集体股占比高，因为村集体已经提取了股份经济合作社年利润中的一部分作为公积金、公益金和福利费，余下部分才进行股权分配，这造成集体股与公积金、公益金的重复分享，变相增加了集体股占比；二是募集股意味着非合作社成员也可以享受村集体经济收益，它与外来社会资本的股权有何区别？

图 10-3 中外来社会资本因投资、经营等活动与村集体经济组织形成"股份合作"（如战旗模式），也要参与农村集体收益分配，按照各自所占股份"按股分配"。如何完善股份合作制下的集体收益分配关系，将是各级政府和村集体下一步需要解决的问题。

第三节 农村集体经济资源配置方式的优化与完善

一 农村集体经济资源配置的合理有效目标

本书第五章至第九章讨论了中国农村集体经济资源配置的五种模式及其收入分配效应，显示各地为探寻适宜的资源配置方式所做出的不懈努力，但这些模式或多或少还存在一些问题，表明农村集体资源配置还有待优化和完善。

经济学中判断资源配置是否合理有效，是从成本—收益（经济效率）的角度，即使有限的资源产生最大的效益，或者为取得预定的效益尽可能少地消耗资源（史忠良、肖四如，1998），经济学术语是"效益最大化"或者"成本最小化"。这里的效益和成本多以货币价值来衡量，即经济效益和经济成本。在现代经济学理论中，有时还考虑资源配置所产生的社会效益和社会成本，因而有社会福利函数和成本函数的概念。对于农村集体经济资源配置的效益与成本，不仅要有可量化为货币价值的农产品产出、要素收入和配置中的花费支出等经济效益和经济成本,还有收入再分配以及就业、生态环境等可持续发展方面的衡量。也就是说,农村集体经济资源配置是否合理,应从经济有效、分配合理、可持续发展三个方面进行综合考量。

经济有效,即要实现经济"效益最大化"或"成本最小化"。农村集体经济资源配置所产生的经济效益既包括农产品品种、产量、市场价值、劳动投入—产出比等显性指标,也包括劳动者生产积极性等隐性指标。例如,"小岗模式原型"之所以在20世纪80年代取得较大成功,原因在于"承包式"配置方式激发了农民生产积极性、较短时间内提高了劳动产出、增加了农民收入,也就是经济效益较高。资源配置中的经济成本,是配置决策过程中产生的人、财、物直接支出,以及决策时效等间接成本。总体来看,集中决策(计划、行政命令)由于链条较长、决策过程和受制因素较多而使配置成本较高,分散决策(市场、个体选择)则由于耗时短、受制少、花费少而使得配置成本较低。例如,农村集体经济资源被农户承包后,农户进行"再流转"(出租式、合作式、入股式)所付出的成本要比村集体"发包/承包式"成本低得多,"市场主导"的资源配置方式比"政府主导"方式所付出的经济成本低一些。

分配合理,主要指农村集体经济资源配置后所产生的收入分配要合理,农户、集体和国家利益都要得到保障,实现共同富裕、和谐稳定。周家庄模式和战旗模式的收入分配效应比较合理,就在于村民和集体实现了共同富裕、贫富差距不大、村庄和谐稳定;股份合作制改革模式的目标之一在于发展集体经济、帮助农民增加财产性收入。

持续发展,是指农村集体经济资源配置中对生态环境、未来长远发展方面的考虑,而不是一次性、不计生态环境成本的配置。例如,一些村庄集体将未承包地、四荒地、废弃厂房和设施"承包""转让""入股"给那些高污染高耗能企业,这种配置就是一种不合理的配置。本课题组调研中常见到一些偏远山村或者矿产资源丰富村庄,将其山林资源"承包"给采矿类企业,致使整座山被挖开、生态环境破坏严重。同时,有些村庄在配置集体经济资源时采用"一次性"方式，以当时当地价格进行资产定价，没有考虑到这些资源的综合开发利用所形成的"空间资源"价值，造成了"隐性剥夺"（唐溧和董筱丹，2019）。还需指出的是，当前一些农村集体土地（农用地）资源"承包""出租""合作""入股"到企业公司或合作社中进行"非农化""非粮食化"生产用途，影响到国家粮食安全。

结合中国农村集体经济资源配置的多种模式，总体上还存在一些问题，主要表现为集体经济比较薄弱甚至缺失、农村居民收入差距逐渐拉大、资本化和非农化情形出现。这既有宏观配置体制机制上的缺陷，也有微观村集体和农户等配置主体的操作变形。近年中国进行的农村集体产权制度及其综合配套改革，就是为完善和优化资源配置所做的努力，例如，农村集体产权制度改革中对集体资源明晰产权、"三权分置"和推行股份合作制，对农业经营制度、城乡要素流动机制、社会治理体系等方面进行配套改革（见第九章"图 9-1 围绕农业农村资源配置方式转换开展的五项改革"），进而在收入分配方面进行调节，为农村资源配置和流动提供制度保障。

二 构建以"市场+政府"混合方式为中心的配置体系

中国农村集体经济资源配置方式，既有"市场主导式"的方式，也有"政府主导式"的方式，同时还存在"市场+政府"混合方式。其中"政府"配置方式以村组级以上"集体组织"为配置主体，配置中表现为强制性和行政指令、集体统一或行政配给的特征；而"市场"配置方式以农户家庭、新型经营主体或非政府组织为配置主体，自由和分散决策、价格形成和竞争关系不受其他因素干扰（见第三章第三节中的"农村集体经济资源配置的主要方式"）。"市场"和"政府"分别主导的资源配置方式，各有其缺陷——市场主导式的配置会产生垄断和私有化、收入差距拉大问题，政府主导式的配置则会导致效率低下、"微腐败"和"精英捕获"以及基层治理矛盾增多。

当前，中国农村集体经济资源的配置仍然以"政府主导式"为主体，有些地方还存在"政府缺位"问题。一些研究指出"股份合作制"这种"市场主导式"的配置方式导致了"集体统筹能力的式微"，诱发包括经济治理在内的基层治理难题（张欢，2022），即

第十章 农村集体经济资源配置方式的优化与完善 / 237

"市场主导式"也非当前中国农村集体经济资源配置的最佳选择。

"市场+政府"混合方式可以发挥"市场"和"政府"的优势、避免二者缺陷，这就是一些研究者提出的"政府与市场的协作"（郑瑞强、曹国庆，2017）观念。实际上，在中国特色社会主义道路探索中，一直存在"政府+市场"联合方式，只是不同时期、不同领域存在何者起主导作用（决定性作用）的问题，与美、日等国所采取"政府+市场"联合方式不是一回事（钱伟刚，2018）。在农村集体经济资源配置过程中，应构建"市场+政府"混合方式为中心的配置体系（见图10-4）。

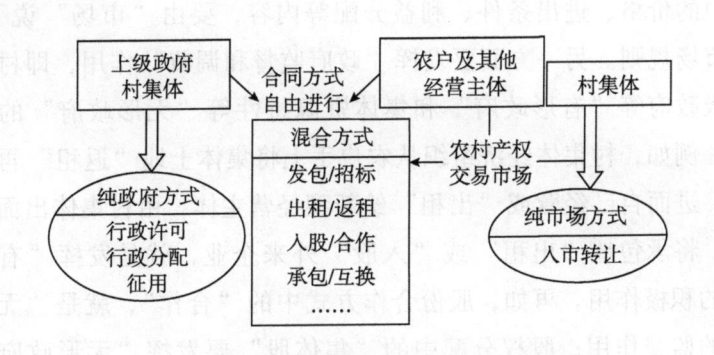

图 10-4 中国农村集体经济资源配置方式体系

在图 10-4 所示的农村集体经济资源配置方式体系中，"纯政府"配置方式主要表现为政府或村集体将一些政策性资源、建设用地资源等集体经济资源，通过行政许可、资格式分配、征用等方式配置给特定个体；"纯市场"配置方式则表现为村集体将一部分经营性资产、建设性用地资源、特色文化资源等集体资源，通过农村产权交易市场，进行折价买卖。"市场+政府"则表现为：一是村民和其他经营主体对村集体经济资源进行承包和自主经营。二是农户村民或其他市场经营主体将其农地承包经营权、宅基地使用权等权利，通过签订合同或者在农村产权交易市场出租、入股、合作等形式再流转。三是村集体将山林田地、农业设施、厂房、企业等自然资源和经营性资源，甚至非经营性资源，通过签订合同或者在农村产权交易市场上发包、招标、出租给村民或村内外其他经营主体。很显然，在现阶段大部分农村的集体经济资源仍然以自然资源为主、以经营性资产为辅，经营主体以本地农户和专业合作社为主、以外来公司企业为辅，因此只有构筑"市场+政府"混合的配置方式才能满足现实需求，实现资源有效合理配置和城乡要素流动。

构建"市场+政府"混合的配置方式体系，一方面要发挥"市场决定"的作用，在混合方式中强调"市场"作用，例如村集体对有关集体资源进行发包或招标时，资源的定价机制、竞拍机制、契约合同签订等环节要交给"市场"、防止人为干预；出租、合作、入股等活动中的价格、进出条件、利益分配等内容，要由"市场"说了算、符合市场规则。另一方面要发挥"政府监督和调节"作用，即村集体与上级政府等"有形政府"和集体资源特性等"无形政府"的积极作用。例如，村集体经济组织从农户手上将集体土地"返租"再流转回来、进而自己经营或"出租"给新型经营主体，由村集体出面协调农户，将承包地"出租"或"入股"外来企业，就是发挥"有形政府"的积极作用。再如，股份合作方式中的"合作"，就是"无形政府"的监督作用；股权分配中的"集体股"要发挥"无形政府"的调节作用。总之，农村集体经济资源配置应逐步形成"市场决定、政府监督和协调"的协同模式。

三 明确和规范农村集体经济资源配置主体及职责范围

针对当前一些地方，农村集体经济资源配置中出现主体不明、主体关系不顺，以及个别领导决策代替组织决策、内部人控制等问题，建议有关部门要进一步明确和规范集体经济资源配置的主体，强调股份合作制中"三会"（成员大会、理事会、监事会）的职责范围和履职尽责。

首先，要强调农村集体经济资源配置主体分别为村集体经济组织、村内农户、各类经营组织（见图10-5），而非村两委（村委会[①]和村党

[①] 当前，在一些没有成立农村集体经济组织的村庄，仍然可以由村委会代行集体经济组织职能。

委）或上级行政主体，也非集体经济组织的个别领导者。村内农户和各类经营主体，按照有关法律法规对自己承租的集体经济资源自主决策、自主配置，只要不损害集体所有权和集体利益即可。农村集体经济组织，是现阶段农村集体经济资源配置的最重要、最关键的主体，应明确和规范其配置的具体领域和具体方式——按照中国农业农村部印发的《农村集体经济组织示范章程（试行）》（农政改发〔2020〕5号），农村集体经济组织是代表村集体和成员利益、对集体资产和资源进行管理和开发的特殊法人，对农村土地等资源进行"保护利用""并组织发包、出租、入股，以及集体经营性建设用地出让等"，对经营性资产进行"经营管理""并组织转让、出租、入股、抵押等"，对非经营性资产进行"管护运营"，对集体资产"对外投资，参与经营管理"。

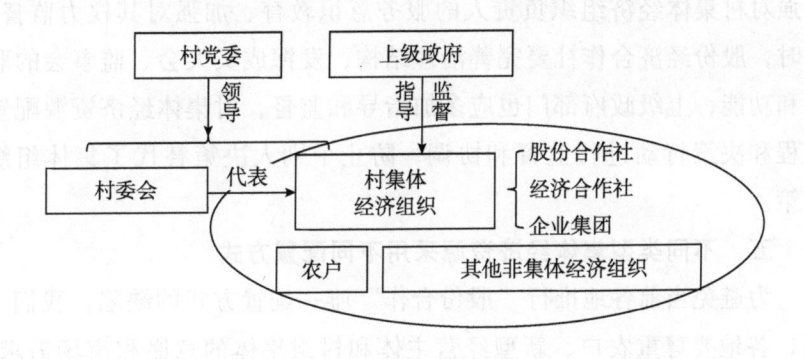

图 10-5 中国农村集体经济资源配置的主体

现阶段，中国农村集体经济组织建设取得长足进步，股份合作社、经济合作社、企业集团等新型集体经济组织蓬勃兴起，逐渐成为农村集体经济资源配置的重要主体。其中，"村企一体"曾是一些经济较发达地区农村集体资源配置与经营管理的主要模式，随着21世纪"政经分离"改革深入开展，村办企业或集团公司逐步演化为村集体经济组织，对集体经济资源进行配置和经营管理，这与当前全国推行的特殊法人——"合作社"（股份经济合作社或经济合作社）有所差异①。因此,妥善处理村集体企业与股份经济合作社之间的关系,对于促进农村集体经济资源配置有效非常重要。我们主张村集体企业或集团公司成为村集体股份经济合作社下属的企业单位,具体承担由股份经济合作社配置来的资源进行生产经营活动。

四 防止个别人决策代替组织决策

农村集体经济组织是资源配置的重要主体,由其领导者承担具体的决策活动,容易出现个别人决策代替组织决策的问题。中国农村在集体组织"政经分离""村社分立"和"基层党建"工作上一直不断探索和改进。目前,大多数村庄实行村支部书记、村主任"一肩挑",同时还兼任村集体经济组织(合作社)理事长之职,成为"三位一体"负责人。在一些经济较发达农村或者集体经济强村,村办企业或集团公司的负责人(或董事长)往往兼任村书记或村主任。我们主张加强对村集体经济组织负责人的服务意识教育、加强对其权力监督;同时,股份经济合作社要完善治理结构,发挥成员大会、监事会的职责和功能,上级政府部门也应多加指导和监督,对集体经济资源配置过程和决策行动进行监督和协调,防止个别人决策替代了集体组织决策。

五 不同类型集体经济资源采用不同配置方式

为避免当前各地推行"股份合作"唯一配置方式的缺陷,我们主张,各地要尊重农户、新型经营主体和村组集体的意愿和市场需求,允许多种方式对集体经济资源进行配置。例如,各农户和新型经营主体之间的出租式、转让式、合作式、入股式,村组集体与其他经营主体之间的发包、招投标、出租、合作、入股、转让等方式,均可以运用。对于集体经营性资产资源,可以推行"股份合作"方式,充分发挥它的"市场作用"与"政府约束"的共生特性,促进资源有效合

---

① 当然,一些研究认为农村集体股份合作组织应定位为企业(郑风田等,2011;王晓飞等,2021;唐惠敏,2021;宋志红,2022),由企业来领办农村集体合作社才能真正实现"政经分离"(徐冠清和崔占峰,2021)。我们认为,从农村集体产权制度和集体所有制角度来讲,农村集体的股份合作组织不宜办成与一般工商企业无异的企业性组织,仍应强调其"合作性"、特殊法人地位。

理配置。对于自然性资源，适宜采用多元方式配置，不要只拘泥于"股份合作"，只要能够促进资源有效合理配置、不把集体所有权益侵蚀和丢失即可。第三章归纳的当前各地农村探索出来的"多元化"配置方式，是广大基层群众在实践中创造出来，有关部门可以科学评价，而不是"一刀切"转为"股份合作"方式。

六 重视不同主体的收入分配权益

不同资源配置方式带来的收入分配效应不尽相同，因此在调节不同主体分配时：一是要防止这些配置方式在"初次分配"时出现较大的负面效应；二是要利用"政策性资源"和村集体"行政式分配"进行"第二次分配"，以达到共同富裕目标。出租式、转让式、入股式等"市场"特性明显的资源配置方式，以及征用、许可等"政府"特性明显的资源配置方式（见图10-4），在"初次分配"中必然出现收入不平衡和收入差距拉大等负面效应。例如，某山区村将部分土地资源"承包"给村民种植果木，其中8名村内精英与外来投资者"合作"经营农旅业，还有一部分村民将承包地再流转"转租"给旅游公司，承包、合作、转租这三种配置方式就产生了收入差距，粗略测算该村集体资源收益的基尼系数为0.76，出现比较严重的不均衡现象（唐溧和董筱丹，2019）。改革开放以来，中国农村居民收入差距不断拉大，其原因之一是"市场主导式"资源配置进行"初次分配"的结果。因此，建议村集体、农户和新型经营主体在利用出租式、合作式、入股式等方式配置资源时，可以增加"隔一段时间进行调整分配方案"的条款，或者由村集体或上级政府组织相关主体进行"再谈判"，对收入分配方案进行调整和完善。对于与外来社会资本（企业公司）的合作，无论出租式、合作式，还是入股式、转让式等，都要事先约定"收入分配调整"条款，以保证双方长远利益。

针对一些地方在农村集体产权股份合作制改革中，设置"集体股"问题，建议可以适当降低其占股比例。这是因为在农村集体经济资源开发的总收益中已经提取了"公积公益金""公共福利"等集体支出，且该笔支出占总收益的50%，余下收益才进行30%的"集体股"和70%的"个人股"股权分配；也就是说，体现集体利益的分配份额可能占总收益的 65%（50%+50%×30%）。因此，建议"集体股"可以降到 10%左右，并且每隔三年对积累下来的"集体股"资产进行一次福利性质的"再分配"，调节村内低收入群体和特殊人群的收入水平。

第十一章 总结与展望

改革开放以来，中国农村集体经济资源配置方式呈现多元化特点，带来了收入分配的不同效应，反映了经济社会体制变革和基层群众的首创实践对"三农"发展的深刻影响。本书对全国各地典型村庄模式进行了归纳总结，以期为乡村振兴工作提供一些借鉴和参考。

第一节 主要观点和结论

新中国农村经济发展历史，是一部产业结构演化和生产经营形式变迁的历史，也是一部生产资料所有关系和经济资源配置方式的演化史，在此过程中，资源配置、生产经营活动、收入分配三者间已然合为一体，成为理解新中国"三农"发展的基本逻辑。改革开放以后，中国农村集体经济实现形式发生了较大变化，集体经济资源的配置方式也由原"集体化"和"行政计划"向"市场化"和"多元化"转变，由此引发农村居民家庭之间、城乡居民之间的收入分配格局发生巨大变化。这就是本书所要揭示的农村集体经济资源配置模式及其收入分配效应问题。

一 对农村集体经济资源进行了界定和分类

按照马克思主义政治经济学理论原理，农村经济资源有其政治社会属性和法律权利属性，即它们有所有制关系和产权关系两个层面的"约束"。从所有制关系角度看，农村经济资源归谁所有的"约束"，决定了该资源的配置主体、配置方式和利益分配等资源配置问题，"我们不能离开所有制的性质来抽象地讲资源配置，也不能脱离一定的经济关系讲资源配置"（屈炳祥，1999）。从产权关系看，这种所有制"约束"延伸至法律上的所有权"约束"，规定了该经济资源的根本归属，以及各种配置方式下该所有权应有的相应权益。所有制和所有权有其一致性，所有权体现了所有制；所有制是国家性质的体现，短期内不会改变，故所有权也不能随意改变。农村集体所有的资源资产，其所有权不能丢、不能"私有化"。当然，法律上产权"权利束"中的其他权利，如占有、使用、继承等用益物权，既可与所有权统一，也可以分离。改革开放以来，中国农村土地资源的所有权、承包权和经营权发生了分离，但不影响其所有权归属于农村集体，也不会动摇农村集体所有制。这里所说的"农村集体"，是马克思、恩格斯所说的"作为自由人的生产者所组成的共同体"（苑鹏，2015），"以人的自由发展和运动为根本目标的劳动者联合体"（肖接增，2009）；空间位置上体现为自然村落、行政村庄和城镇社区等区域范围，构成主体为居住生活在该空间区域内的全体成员个体，也包括代表全体成员个体的集体组织，如村民委员会、村集体经济组织等。按照所有制关系和产权关系两个层面的"约束"，将农村集体经济资源的范畴界定为：如果没有专门法律法规确认其产权归属，未明确到私人或法人企业和组织的，以及法律规定国家所有之外的，均可视为农村集体经济资源，即它们的所有者为"农村集体"。

进一步地，我们将农村集体经济资源分为自然资源、资产性资源、政策性资源和特色文化资源四类。其中，自然资源主要包括土地、森林、草原、水域、滩涂等地表自然资源，空气、阳光、气候等立体空间环境，以及矿产、洞穴、地下水等地下自然资源和整体自然景观。资产性资源是融入人类劳动创造的一些生产要素条件，例如，房屋（包括厂房、住房、校舍等）、建筑物、机器设备、生产工具、基础设施、企业或工厂等有形物质，以及货币资金、证券等金融资产和专利权、商标权和土地使用权等权利性无形物质；也可以将之分为能够用于生产经营的经营性资产和不能经营、仅用于教科文卫体和公共服务的非经营性资产两类。政策性资源主要指上级政府对农村实施的各项优惠政策、支持项目和特殊待遇，以及社会上的捐赠物品和社会慈善公益项目。农村特色文化资源是指形成并留存于农村中的、不属于某私人个体并能够被消费和创造出货币性价值的物质类文化和非物质类文化，它主要通过与农业、旅游业逐步融合而形成一种生产要素资源。以上四类农村集体经济资源，其经济特征是稀缺性、价值性和可开发性，并随着现代经济发展，其外延也会不断扩展。

党的十八大以来，中国农村集体产权制度改革对集体经济资源进行了"清产核资""确权"和"三权分置"，摸清了"家底"，明确了产权关系，保护了各方权益。综合来看，目前存在的主要问题有三：一是在"确权"中对政策性资源和特色文化资源的权利构成和权属关系还不十分清晰，有部分资源甚至没有纳入确权范围。二是"确权"中对部分经营性资产资源量化工作比较随意，造成集体经济资源"家底"缩水。三是对集体经济资源如何配置、如何进行经营管理还没有有效方案，特别是对一些政策性资源的经营管理，如扶贫脱贫过程中形成的集体资产资源，容易再次"沉睡"、成为"摆设"，或者被部分人占有，造成集体资产的流失。

二 农村集体经济资源配置方式"多元化"

现代经济发展中对资源的基本配置方式主要有市场方式和政府方式两大类。这两种方式，实质上是市场和政府的关系问题。中国农村集体经济资源配置方式是由国家经济体制机制规定的，经历了三个阶段的变迁：1949年新中国成立到1978年计划经济体制时期，政府统一计划的"单一"配置方式；1979—1993年计划经济向市场经济转轨时期，政府与市场并存、市场色彩逐步加深的"双轨"配置方式；1994年至今中国特色社会主义市场经济体制建立和建设时期的"多元"配置方式。1994年以来，农村集体经济资源配置方式"多元化"，既有"政府主导式"的配置方式，如征用式、集体统一式、行政分配式、发包出租出卖等具体类型，也有"市场主导式"的配置方式，如流转出租式、合作式、股份式、混合式等具体类型。从当前全国各地农村具体实践来看，政府主导的配置方式仍然占据重要地位。针对不同类型的农村集体经济资源，要采用不同的配置方式，既发挥

"市场"的决定性作用，也要发挥"政府"的积极调节作用。

三 农村集体经济资源配置方式变化带来的结构、数量和收入差距效应

经济资源的配置，既是生产要素各项权利的实现过程，也是收入分配格局形成和调整的过程。中国农村集体经济资源配置方式由"统一计划"转向"市场+政府"的多元方式，带来农村居民家庭收入的"多元化"和"差异化"。一方面，在市场方式下"初次分配"过程必然出现收入差距拉大；另一方面，出于社会公平目标的政府配置资源方式所带来的收入差距比市场配置方式要小一些。因此，政府和社会组织介入，进行"再分配"或"第三次分配"，可以缓解和调节市场配置方式所造成的收入差距过大问题。

改革开放以来，中国农村集体经济资源的配置总体上由"政府"（行政计划）向"市场"转化，市场的"基础性"乃至"决定性"作用逐步显现。在此过程中，广大农民家庭收入也在增长中出现差距与分化，经济资源配置方式变革所带来的收入分配效应，具体体现在农村居民收入增长和差距变化所呈现的阶段性特征之中。从农村居民收入增长的阶段性来看，有1979—1985年高速增长、1986—1988年低速增长、1989—1996年持续低速增长、1997—2000年收入增速低且下降、2001—2011年持续较高速增长、2012—2019年较高速增长六个阶段，呈现"U"形态势。从农村居民收入差距变化的阶段性看，改革开放后中国农村居民内部的收入分配差距，在波动中呈现扩大的趋势，并且农村内部的差距大于城镇内部的差距，农村基尼系数略高于城镇基尼系数——按收入五等分分组的高收入组与低收入组的收入进行比较，2002年以来，农村居民收入差距均在6.8倍以上，平均为7.99倍，远高于同期城镇高收入组与低收入组的收入比平均值（5.37倍）和最高值（5.84倍），也远远高于1978年以来城乡收入比倍数；按基尼系数测算，农村居民基尼系数在1985年后持续上升，到2017年达到最大值0.4169，但总体上低于全国居民水平。

对农村居民收入构成的分析表明，农村收入分配变化与农村经济体制和资源配置方式的变革紧密相关。例如，1983年后农民收入构

成，由此前的从集体统一经营中获取劳动工资性收入为主（1982年占比为52.9%），转变为家庭经营性收入为主（1983年占比为73.5%），这个转变源于当时农村土地等自然资源由村集体"统一""集中经营"，改革为农户家庭"分散""承包经营"，也即经济资源配置方式开始具备了"市场"的特征，直接导致农村居民收入来源渠道发生了变化。再如，1993年后农村居民收入构成中开始出现财产性收入（1993年占比为0.8%），家庭经营性收入由高点（1993年占比为73.6%）开始下降，外出打工获得的工资性收入占比开始上升，这一转变与当时农村集体经济资源市场化配置作用加强紧密相连。2015年后农村居民收入构成中，工资性收入占比开始超过经营净收入占比（40.%vs39.4%），与当时全国开启的农村集体产权制度改革工作、对农村集体经济资源的权利归属和配置方式进行新的部署高度相关。

总体上，中国农村经济体制和资源配置方式的变迁，改变了农村居民收入来源渠道（收入构成），进而使收入总量和内部差距出现变化，这可以理解为收入结构效应、数量效应和差距效应。收入结构效应，即收入构成发生了变化——由"从集体统一经营中获取劳动工资性收入"为主转向"家庭经营性收入"和"打工劳动获得工资性收入"为主，直至增加"财产性"和"转移性"收入，收入构成"多元化"。收入数量效应，即从收入增长指数和实际增速两项指标，反映经济资源配置方式的三次变革带来农村居民收入增长最快的三个时期。收入差距效应，即农村居民收入差距在改革开放以后呈扩大之势，特别在2000年前和2010—2018年两个时间段扩大得比较明显，2018年后有所缩小。从"初次分配"过程来看，农村集体经济资源配置方式的收入结构效应、数量效应和差距效应的价值方向有所区别，收入结构效应和数量效应是"正向""积极"的，差距效应却是"负向""消极"的。

四 农村集体经济资源配置的五种模式及其收入分配效应

从微观角度看，改革开放后，中国各地区农村探索出不同特征的集体经济资源配置模式。本书归纳为以下五类。

一是最早开启家庭承包经营、以承包制为特征的"市场"方式配置集体经济资源的小岗模式。我们将小岗模式分为原型和延伸两个时期，其中，小岗模式原型是指 20 世纪 80 年代至 90 年代中期以"分田到户、大包干"为内容的家庭联产承包责任制、实行政府主导式的资源配置方式阶段；小岗模式延伸则指 90 年代中期之后以土地多元化流转为主体内容、兼有市场主导式和政府主导式的配置方式阶段。小岗村从 1978 年"大包干"到 21 世纪"土地流转"，由"分"（分散经营）到"合"（合作经营），体现出农村集体经济资源配置方式朝市场化方向前进，展现了中国特色社会主义市场经济配置资源特色。

小岗模式贯穿 20 世纪 80 年代至 21 世纪头 20 年，以 90 年代中期为界线，分为承包制和流转制两个阶段，带来了中国农村乃至全国的收入分配格局的新变化。从一个较长时间段来看，土地承包制和流转制的资源配置模式，一方面促使农民家庭收入结构变化和总量增长，另一方面也带来居民间收入差距拉大和集体经济发展问题。

小岗模式在资源配置方式上实现了一个革新，它在不改变集体经济资源所有权下，通过承包方式将其经营权、分配权转移给农户，实现了所有权和经营权的分离；90 年代中期之后，承包权与经营权发生了分离，形成了市场主导式的资源配置方式。小岗模式将农民作为一个经济主体，参与集体经济资源的配置，使人们认识到农村经济主体不只有村集体，还有政府、企业和社会主体，是一个多元主体的体系；只有众多经济主体参与进来，才会分散资源配置的权力，形成竞争关系、价格信号等市场元素，即市场配置方式才会出现，市场配置的优势才能体现出来。可以说，小岗模式打破了农村集体经济资源仅由集体或政府配置的局面，是中国经济资源配置方式改革的起点。

二是坚持集体统一经营和分配的"集体主导"方式而闻名的周家庄模式。这一模式主要特征是由乡村集体来统一配置资源、实行集体化管理、发展集体经济，并在此基础上进行收入分配，实现全体村民共同富裕，被视为"走集体化道路"的榜样名村和明星村模式。从资源配置方式来说，它不是现代经济学理论所说的"政府"或者"计划"方式，而是一种"集体主导"和"强合作"的方式；这个"集体"，是介于"市场"和"政府"之间的一种组织和机制，比"政府"的作用要弱一些。

周家庄乡的"集体主导"和"强合作"配置经济资源的方式，产生了"共富共享"收入分配效应——从初次分配观察，"集体化"配置资源方式和按劳分配原则，确保周家庄乡居民间收入差距较小；从再分配观察，"集体化"配置资源方式将一定的集体经济收入进行再分配，进而提高了全体村民的生活福利水平。

三是依靠村民自觉和村两委带领、在上级政府支持下，重走合作化经营之路的塘约模式。这一模式以集体经济资源再集中、成立村集体合作社进行生产经营、"村民自主选择+政府扶持"为特点，形成了政府扶持、村集体主导、以村集体合作社为载体，进行新型合作（入股联营）的一种资源配置模式。该模式下，既有基层组织和村民的自主选择，也有政府的突出作用，市场机制与政府作用得以融合，是一种"市场+政府"的混合配置方式。该模式既体现了乡村集体经济资源的配置模式，也延伸到乡村社会、政治和文化等多个领域，成为乡村综合治理新模式。

塘约模式下村内经济主体和资源配置方式发生了变化，随之带来利益分配格局的变化，表现为：形成了多方利益联结体系，村集体和村民收入得到较快增长。塘约模式是一种新型合作化模式，是农村集体资源配置的重要方式。塘约村把"原产地"自然资源和"外来"政策性资源有机结合起来，由村集体进行"一体化""行政式"配置和运用，把政策性资源的经济和社会效能充分发挥出来了，这是其他乡村难以复制和实现的。

四是依靠村党支部带领、坚持集体资产不流失、对集体土地等资源进行再集中和资产股份合作制改革的战旗模式。该模式的核心特征是"再集中"——土地资源再集中、村集体企业的经营管理权和收益权再集中，同时还采用了"市场"方式，引入外来市场主体、按市场机制配置土地资源，即战旗模式是由村集体主导的"政府+市场"混合式配置资源模式；该模式下，村集体是配置集体经济资源的主体，而不是那些承包户或新型经营主体。

战旗模式下，农村集体经济资源的价值不断发掘和实现，村民、集体、社会多方利益共享共进、共同富裕。一方面，村集体经济不断发展壮大，村民收入和生活发生巨大变化；另一方面，各类外来经济主体也获得了丰厚回报，实现村庄集体、村民和企业多方共赢。该模式的启示是：要建立一个强有力的村庄集体，要善于运用市场机制和市场化方式引入外来企业，将乡村土地资源优势与外部资本优势结合起来，即让"政府"（村集体）成为农村集体经济资源配置的主导主体，但配置方式可以多元化，如租赁、合作、入股、出卖等，尽量让"市场"机制在配置过程中发挥决定性作用，从而形成一种政府引导的混合式资源配置模式。

五是以农村集体产权制度改革为主体内容、实行股份合作经营和管理的股份合作制改革模式。该模式目前在全国全面推行，它以农村集体产权制度变革为工作内容，实质即资源配置方式的转换，即将农户"私下"的再流转方式（转让、转租转包、合作、入股等）转换为正规和合法的市场主导式配置方式（股份、合作、股份合作等方式）。其中，股份合作方式是正在全面推广的资源配置方式，但它不同于城镇工商企业或私营经济体系下的股份合作，它要受到"成员集体所有和特有的社区性"两个条件的制约，既体现了市场主导式配置特征，又体现了制度约束式配置特点，是"市场+政府"混合的一种配置方式。

本书还对21世纪以来全国农村实行股份合作制改革中涌现出来的典型模式进行了简单归纳。例如，在农用地股份合作中，出现了以土地集中、产权股份化和置换化为内容的苏南模式和三分三改为内容的新温州模式、按股占有和合作的股田制模式、企业型土地股份合作模式等；在经营性建设用地和宅基地管理中，出现了珠三角地区的股份合作模式、苏南的集体所有模式、浙江的"公有私占"模式、城中村"城市化"改造模式，以及以产权退出为内容的宅基地换房模式和以产权流动（宅基地流转）为内容的小产权房模式；在经营性资产股份合作中，出现了资本运营、物业租赁与生产服务的资产盘活模式、股份合作式开发模式等。

本书以湖北省为例，将农村集体产权股份合作制改革总结为城中村模式、城郊村模式和偏远村模式。从资源配置方式角度看，此三类模式的"股份式"和"合作式"呈现由高到低变化的特征。

我们认为，不同类型的村庄因资源禀赋、集体经济基础以及股改工作重心和主要配置方式（股份式还是合作式为主）的差异，其收入分配效应也相应存在差异。城中村模式下，农村经济已转化为城镇经济，农民已不再依赖土地等自然资源，绝大部分在工厂企业或服务公司等非农领域劳动就业，村民变成了市民，因而其创收渠道与城镇居民没有太大差异，主要为工资性收入和家庭经营性收入；同时，这些"村改居"变成市民的农民，因其拥有农村户籍、农村集体成员身份和农村集体经济收益分享权，其家庭收入构成中的财产性收入和转移性收入则比城镇居民高得多。在城郊村模式下，农户多数为兼业经营，其家庭经营性收入和财产性收入相应有所增加；但在偏远村模式下，农户家庭收入并没有太大变化。

五 农村集体经济资源配置方式仍需优化与完善

中国农村集体经济资源配置方式由"行政命令、统一计划"向"市场决策、自由选择"的方向转变，市场作用越来越明显。全国各地在这一转变过程中，探索出多种模式，不同程度地推动了农村市场经济的发展，改变了区域、城乡和不同群体之间的收入分配格局。从各地实地调查情况看，这些模式仍然存在一些问题和不足之处，例如，小岗模式难以破除由一个个独立农户家庭配置集体经济资源的困局——集体经济发展问题和由此导致的农户间发展不均衡问题；周家庄模式难以解决"村组主导、统一计划"的资源配置方式与激发农民群众生产积极性（收入分配激励机制）之间的问题；塘约模式存在如何依托本地资源来发展乡村产业的问题；战旗模式存在如何规范配置集体经济资源主体的组织治理问题；股份合作制改革模式存在不同类型农村集体经济资源的配置方式趋同化、利益分配格局尚需完善的问题。

在农村集体经济资源配置过程中,应构建以"市场+政府"混合方式为中心的配置体系。该体系中,"纯政府"和"纯市场"配置方式分别在政策性资源、建设用地资源和经营性资产与特色文化资源中得以运用;"市场+政府"则是村民、其他经营主体和村集体分别对集体资源相关权利进行分类流转或交易,如农户村民将其农地承包经营权、宅基地使用权等权利通过签订合同或者在农村产权交易市场进行出租、入股、合作等形式的再流转,村集体将山林田地、农业设施、厂房、企业等自然资源和经营性资源,甚至非经营性资源,通过签订合同方式或在农村产权交易市场上发包、招标、出租。"市场+政府"混合的配置方式,一方面要发挥"市场决定"的作用,出租、合作、入股等活动中的价格、进出条件、利益分配等内容,要由"市场"说了算、符合市场规则;另一方面要发挥"政府监督和调节"作用,如村集体经济组织从农户手上将集体土地"返租"再流转回来,由自己经营或"出租"给新型经营主体,以及由村集体出面协调农户将承包地"出租"或"入股"外来企业。

要明确和规范农村集体经济资源配置主体及职责范围。农村集体经济资源配置主体分别为村集体经济组织、村内农户、各类经营组织,而非村两委或上级行政主体,也非集体经济组织的个别领导者。要强调股份合作制中"三会"(成员大会、理事会、监事会)的职责范围和履职尽责,防止个别人决策代替组织决策。

各地要尊重农户、新型经营主体和村组集体的意愿和市场需求,允许多种方式对集体经济资源进行配置,不要拘泥于"股份合作"唯一方式,只要能够促进资源有效合理配置、不侵蚀和丢失集体所有权益即可。

不同的资源配置方式带来的收入分配效应不尽相同,因此在调节不同主体分配时,一是要防止这些配置方式在"初次分配"时出现较大的负面效应,二是要利用"政策性资源"和村集体"行政分配"方式进行"第二次分配",以达到共同富裕目标。

第二节 农村集体经济资源配置问题的复杂性

农村集体经济资源的配置问题，是一个多学科、多层次的复杂问题（见图11-1）。从现代理论经济学讲，它是稀缺资源由谁配置、如何组合和流动、最终实现经济效率的问题；从政治经济学讲，它是生产关系、生产资料所有制和收入分配问题；从政治学讲，它是权力分配、基层政权稳定和政治社会制度实现的问题；从法学讲，是产权明晰、权益和权能如何实现与保障的问题；从社会学讲，则是乡村综合治理问题。同时，这一问题非常重要，事关农业农村农民发展和社会稳定，是现代经济和社会发展的重要基础。

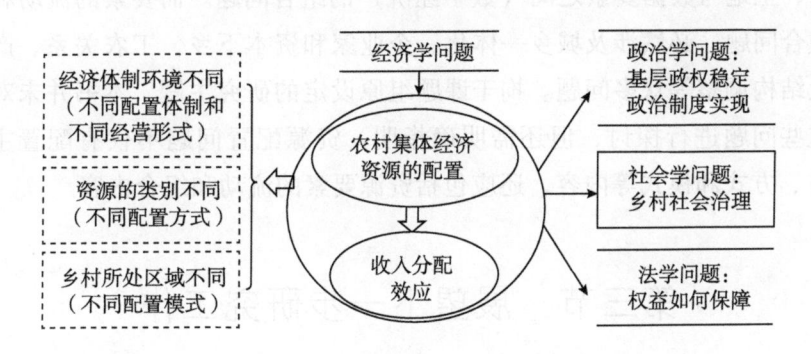

图11-1 农村集体经济资源配置问题的复杂性和多学科性

农村集体经济资源配置问题不仅在理论上比较复杂，在现实实践中也因全国农村区域广大、集体经济资源类别和禀赋不同，以及社会主义市场经济体制和观念的推进进度不一，而出现一些现实问题，例如"三块地"中的农用耕地"三权分置"、第二轮承包到期后承包权再延长30年后出现的小农户与新型经营主体之间的关系问题、小农户与现代化农业衔接问题、农业设施建设和农田维护与整理问题，宅基地"三权分置"与"房地一体"之间的矛盾问题、继承与退出问题，集体建设性用地的征用与补偿问题，等等。再如，在扶贫脱贫攻坚工作和新农村建设中所形成的项目式集体政策性资产资源,如何管护和经营、防止发生浪费和流失；此外,农村特色文化资源如何开发利用和利益分配,农村集体经济组织如何建设,等等,均成为农村集体经济资源配置所面临的新问题。

本课题组历经多年对全国东部、中部、西部的典型乡村进行实地调研,试图探讨农村集体经济资源的类型、主要配置方式和不同村庄模式,围绕图11-1中左边部分展开研究,特别是对配置方式和模式的探讨,仅仅停留在谁是配置主体的问题上（无论是市场还是政府进行配置）,没有涉及农村各类集体经济资源的流动和组合问题。实际上,要素的流动是资源配置的具体结果,也是资源配置的具体表现形式；要素的组合是资源配置的具体内容,也是一种高级形式的配置,例如人口和土地要素之间、土地和资本要素之间、土地和技术要素之间、土地与数据要素之间（数字经济）的组合问题。而要素的流动和组合问题,必然涉及城乡一体化、企业家和资本下乡、工农关系、产业结构调整等众多问题。拘于课题组原设定的研究主题,本书并未对这些问题进行探讨,但还需明确指明,资源配置问题不仅有配置主体、方式和模式等内容,还应包括资源要素的流动和组合内容。

第三节　展望下一步研究工作

正因为农村集体经济资源配置问题的复杂性和重要性,以及当前农村正在开展集体产权制度改革（经营性资产股份合作制改革为重点）、"三资"管理、宅基地改革和管理、人居环境整治、乡村振兴等具体工作,均会涉及集体资源配置问题,可以说中国农业农村正在进行一场深刻的变革。从资源配置方式及其收入分配效应角度看,下一步需要做好以下研究工作：

一是对农村集体经济组织的建设工作展开研究。一段时间以来,一些村庄因承包制改革而撤销了集体经济组织,使集体经济资源配置主体和经营管理主体有所缺失。2014年开启的农村集体产权制度改革的工作之一是建立新型农村集体经济组织，例如经济合作社、股份经济合作社等地区性经济组织，并赋予其特殊法人资格。《中华人民共和国农村集体经济组织法（草案）》（2023年1月）公开征求意见，表明农村集体经济组织建设工作提上国家法律层面。实践中，全国多数地方的农村集体经济组织由村党组织引领成立，由村党委书记兼任该组织法人代表（理事长）。据农业农村部数据，全国仍然有5%左右的村庄没有成立新型集体经济组织，由村委会代行其经济职能[1]。目前存在的问题是农村集体经济组织虽然成立了，但与村两委、原村集体企业等组织的关系还没有完全理顺，政经不分、村社合一的情形仍然存在。下一步要研究全国各地如何结合本地资源条件、理顺关系，使之真正成为配置和管理集体经济资源的强力主体。

二是要研究如何借助新型集体经济组织，开发和利用好集体经济资源、发展壮大集体经济。当前，全国仍然有20%多的村庄缺乏稳定的集体性收入，也没有集体分红，有些村还有村级债务，集体经济仍然比较薄弱[2]。一些地区正努力帮助这些村庄发展集体经济（如"消薄"工程、"清零"行动）。下一步要研究探寻适宜本地的农村集体经济发展壮大的渠道路径，使农村集体经济资源配置更为合理有效。

三是要研究如何通过合理有效的农村集体经济资源配置，来推进乡村全面振兴，建成宜居宜业和美乡村。当前农村产业、人才、文化、生态和组织的振兴工作，可以以集体经济资源配置工作为抓手来推进，例如，通过成立新型集体经济组织这一配置主体，来推进组织

---

[1] 2020年全国汇总村数为559669个，其中村集体经济组织数为531553个，占比为94.98%。资料来源：农业农村部政策与改革司编：《2020年中国农村政策与改革统计年报》，中国农业出版社2021年版，第3页。

[2] 2020年全国"当年无经营收益的村"有121245个，占纳入统计村数的22.5%；当年有经营收益但低于5万元的村有124856个，占总村数的23.1%；以上两类村庄共占45.6%。2020年全国镇村组三级农村集体经济组织负债总额3.1万亿元，其中村级集体经济组织负债合计2.3万亿元，平均负债428.3万元。到2020年年底全国已完成农村集体产权制度改革中村级集体收益累计分红总额为2758.97亿元，平均到每个村累计约为52.0万元，其中，每位村集体成员累计分红274.1元、每个村集体累计分红8.6万元；2020年村级集体分红总额为435.6亿元，平均到每个村约为8.2万元、每位集体成员54.3元。资料来源：农业农村部政策与改革司编：《2020年中国农村政策与改革统计年报》，中国农业出版社2021年版，第44—46、第96、第147—148页。

和人才振兴,通过运用具体的配置方式(如股份式、合作式)来推动产业和生态振兴,通过集体经济收入分配来推进乡村集体文化的振兴。农业农村的振兴与发展,归根结底是资源配置、经营管理和收益分配的问题,因此下一步要研究如何在农村集体产权股份合作制改革、宅基地改革与管理、产业振兴等具体工作中探索适宜的资源配置模式,以此推进农业农村农民的全面发展。

四是研究能否和如何将全国已取得较好成效的农村集体资源配置模式推广到其他地区,特别是中西部地区的乡村。我们要总结全国已有成功模式的可借鉴和特殊之处,分析这些模式形成的具体条件和要素,结合中西部地区乡村发展的现实情况,探寻推广与模仿、创新与学习的可行性和实践途径。

附 录

附表 1　中国农村集体产权制度改革试点推进情况

批次	开展时间	试点主要内容	试点推行地区	湖北省
第一批	2015年5月开始、2017年年底完成	集体资产权能改革（重点探索保障农民集体组织成员权利，发展农民股份合作，赋予农民集体资产股份权能）	29个县（市、区）	1个（京山县）
第二批	2017年6月开始、2018年年底完成	全面开展清产核资，加强集体资产财务管理，探索确认集体成员身份，推进经营性资产股份合作制改革，赋予集体资产股份权能等方面	100个县（市、区）	5个（武汉市蔡甸区、大冶市、枝江市、南漳县、武穴市）
第三批	2018年6月开始、2019年年底完成	围绕农村集体资产清产核资、集体经济组织成员身份确认、经营性资产股份合作制改革、农民集体资产股份权能赋予、农村集体经济组织功能作用发挥、发展多种形式集体经济、农村集体资产财务管理7个方面开展探索	3个省份整省，50个地级市，150个县（市、区）	3个地级市（荆门市、咸宁市、潜江市），9个县市区（武汉市汉南区、十堰市郧阳区、荆州市荆州区、当阳市、宜城市、孝感市孝南区、黄冈市黄州区、咸丰县、随州市曾都区）

续表

批次	开展时间	试点主要内容	试点推行地区	#湖北省
第四批	2019年5月开始，2020年10月底完成	同第三批试点内容	12个省份整省，39个地级市，163个县（市、区）	3个地级市（十堰市、鄂州市、仙桃市），18个县市区（武汉市黄陂区、阳新县、荆州市沙市区、石首市、洪湖市、宜昌市夷陵区、宜都市、秭归县、襄阳市襄州区、枣阳市、老河口市、云梦县、红安县、麻城市、英山县、随县、宣恩县、鹤峰县）
第五批	2020年5月开始，2021年10月底完成	全面强化农村集体资产管理、全面确认农村集体经济组织成员身份，加快推进经营性资产股份合作制改革，完善农民集体资产股份权能，发挥农村集体经济组织功能作用，拓宽农民集体经济发展路径6个方面，并分类提量化、集体经济基础的地区着力在集体资产折股量化、集体经济组织登记赋码，发展集体经济重点探索、基础较为薄弱地区做好集体资产监督管理、集体成员身份确认等基础性工作，西藏和新疆可选少量村试点）	31个省份全覆盖，其中28个省份整省，北京、上海、浙江已基本完成	整省推进

资料来源：根据农业农村部网站信息整理。

附表 2　　湖北省农村集体产权股份合作制改革部分工作评估结果

单位：%

评估地区		将经营性资产折股量化到集体成员的村的比例	建立集体资产股权台账的村的比例	开展发展壮大集体经济试点示范村的比例	2020 年经营收益 5 万元（含）以上的村的比例	2020 年经营收益 50 万元（含）以上的村的比例
恩施州	恩施市	3.00	3.00	3.00	100.00	3.60
	来凤县	10.64	100.00	14.36	21.80	0.00
咸宁市	通城县	24.30	100.00	18.00	100.00	0.00
	赤壁市	100.00	100.00	14.81	44.00	1.80
鄂州市	梁子湖区	4.65	100.00	11.63	98.83	1.16
黄石市	开铁区	38.79	100.00	5.17	100.00	22.41
宜昌市	兴山县	9.37	100.00	10.42	100.00	3.12
	五峰县	100.00	100.00	5.10	100.00	0.00
荆州市	江陵县	100.00	100.00	22.22	95.37	5.00
	松滋市	9.41	100.00	14.36	99.61	4.70
荆门市	沙洋县	100.00	100.00	10.52	96.85	2.36
	天门市	36.60	36.60	10.00	86.80	7.50
十堰市	竹山县	100.00	100.00	5.80	100.00	0.42
	房县	100.00	100.00	7.80	100.00	1.78
神农架林区		44.77	100.00	17.91	100.00	50.75
襄樊市	谷城县	0.35	100.00	14.18	100.00	9.57
	保康县	50.57	50.57	11.00	21.80	4.00

续表

评估地区		将经营性资产折股量化到集体成员的村的比例	建立集体资产股权台账的村的比例	开展发展壮大集体经济试点示范村的比例	2020年经营收益5万元（含）以上的村的比例	2020年经营收益50万元（含）以上的村的比例
随州市	广水市	0.00	0.00	19.15	91.29	18.40
孝感市	孝昌县	7.41	100.00	21.30	92.50	3.20
	应城市	44.61	100.00	16.30	41.23	7.07
黄冈市	罗田县	100.00	100.00	25.00	85.30	8.70
	黄梅县	21.27	21.27	9.54	89.10	10.14
武汉市	新洲区	100.00	100.00	10.16	100.00	3.45
	江夏区	87.17	100.00	0.00	0.00	0.00
评估地区平均值		49.70	83.80	12.41	81.85	7.05

资料来源：2021年11月课题组作为第三方评估单位对湖北省24个县（市、区）随机评估所得数据。

附表3　湖北省农村集体产权制度改革农户知晓度和满意度调查结果

序号	调查内容	平均值
	抽查县（区、市）改革知晓度和满意度情况	
1	了解本村集体资产调查摸底情况的农户占比（%）	91.53
2	满意本村集体资产和财务管理公开情况的农户占比（%）	95.61
3	了解本村开展了集体经济组织成员身份确认的农户占比（%）	88.02
4	满意本村集体经济组织成员身份确认结果的农户占比（%）	96.98
5	参加过本村召开的资产清查、成员确认等工作会议的农户占比（%）	85.30
6	见过并认真了解本村资产清查、成员确认等公示内容的农户占比（%）	86.64
7	了解本村经营性资产情况的农户占比（%）	71.20
8	了解本村集体经营性资产量化到人（户）的农户占比（%）	75.46
9	知道本村实行股权管理模式的农户占比（%）	86.75
10	满意本村集体资产折股量化和股权管理办法的农户占比（%）	93.46
11	领到了相关证书（主要为股权证书或者份额证书）的农户占比（%）	36.63
12	没有仔细看过股权证书或者份额证书上记载内容的农户占比（%）	16.35
13	获得过村集体收益分红的农户占比（%）	35.56
14	不知道本村成立了（股份）经济合作社的农户占比（%）	4.93
15	认为改革有助于促进村集体经济发展的农户占比（%）	90.97
16	满意本村集体产权制度改革的农户占比（%）	94.95

参考文献

Atkinson, Anthony B., "The Changing Distribution of Income: Evidence and Explanations", *German Economic Review*, 2000, 1 (1): 3-18.

Bardhan, P. and Mookherjee, D., "Decentralizing Antipoverty Program Delivery in Developing Countries", *Journal of Public Economics*, 2005, 89 (4): 675-704.

［美］R. 科斯、A. 阿尔钦、D. 诺斯等:《财产权利与制度变迁: 产权学派与新制度学派译文集》, 刘守英等译, 上海人民出版社1994年版。

［美］Y. 巴泽尔:《产权的经济分析》, 费方域、段毅才译, 上海人民出版社1997年版。

［美］埃莉诺·奥斯特罗姆:《公共事物的治理之道: 集体行动制度的演进》, 余逊达、陈旭东译, 上海译文出版社2012年版（2018年重印）。

［美］保罗·萨缪尔森、威廉·诺德豪斯:《经济学（第十九版）》上册、下册, 萧琛等译, 商务印书馆2012年版。

［美］戈登·图洛克:《收入再分配的经济学（第二版）》, 范飞、刘琨译, 上海人民出版社2008年版。

［美］塞缪尔·亨廷顿、劳伦斯·哈里森主编:《文化的重要作用: 价值观如何影响人类进步》, 程克雄译, 新华出版社2010年版。

［美］约瑟夫·E. 斯蒂格利茨:《不平等的代价》, 张子源译, 机械工业出版社2013年版。

北京农禾之家咨询服务中心综合农协研究组:《乡村振兴的新探

索：以新型农民合作组织重构农业社会化服务》，《经济导刊》2022年第3期。

蔡继明、王成伟：《市场在土地资源配置中同样要起决定性作用》，《经济纵横》2014年第7期。

蔡萌、岳希明：《我国居民收入不平等的主要原因：市场还是政府政策？》，《财经研究》2016年第4期。

柴向南等：《深化改革开放，调研土地流转——基于小岗村的调查》，《改革与开放》2010年第6期。

陈大斌：《重建合作》，新华出版社2005年版。

陈家涛：《合作经济的理论与实践模式——中国农村视角》，社会科学文献出版社2013年版。

陈明：《"集体"的生成与再造：农村土地集体所有制的政治逻辑解析》，《学术月刊》2019年第4期。

陈全功：《集体经济的核心特征探究——基于两类"明星村"的调查思考》，《改革与战略》2020年第9期。

陈全功：《农村集体经济发展壮大的条件析论——基于全国榜样名村案例的总结》，《理论导刊》2018年第11期。

陈全功：《新型农村集体经济形成的动力主体与路径解析》，《改革与战略》2021年第3期。

陈锡根：《上海农村产权制度改革中有关问题的观点综述》，《上海农村经济》1994年第10期。

陈锡文：《充分发挥乡村传承优秀传统文化的功能》，《北京日报》2019年2月25日第18版。

陈锡文：《集体经济、合作经济与股份合作经济》，《中国农村经济》1992年第11期。

陈锡文：《乡村振兴的核心在于发挥好乡村的功能》，《上海农村经济》2019年第4期。

陈锡文编著：《读懂中国农业农村农民》，外文出版社2018年版。

陈锡文、罗丹、张征：《中国农村改革40年》，人民出版社2018年版。

陈锡文：《乡村振兴要突出乡村特有功能》，中国乡村发现网，https：//www.zgxcfx.com/sannonglunjian/118248.html，2021年1月9日。

陈锡文主编，魏后凯、宋亚平副主编：《走中国特色社会主义乡村振兴道路》，中国社会科学出版社2019年版。

陈学云、程长明、冯春梅：《小岗村改革发展引领效应：历史考察与新时代定位》，《吉林工商学院学报》2019年第3期。

陈雪原等：《中国农村集体经济发展报告（2020）：走向乡镇统筹"新三级"体制》，社会科学文献出版社2020年版。

陈雪原、王洪雨：《解码"塘约道路"》，《决策》2017年第10期。

陈志福：《中国农民收入增长的长效机制》，中国农业出版社2008年版。

陈宗胜、张杰：《新中国前30年中国居民收入差别估算及影响因素分析——兼及改革开放前后中国居民收入基尼系数总趋势及比较》，《中国经济史研究》2021年第2期。

程民选、徐灿琳：《对坚持和完善农村基本经营制度的新探索》，《江西财经大学学报》2018年第5期。

戴均良：《调整村级建制：农村基层管理体制的再度创新——关于浙江省部分地区调整扩大行政村规模的调查与思考》，《中国行政管理》2001年第10期。

邓大才：《农地流转市场何以形成——以红旗村、梨园屯村、湖村、小岗村为例》，《中国农村观察》2009年第3期。

邓小平：《邓小平文选》第三卷，人民出版社1993年版。

董景山：《农村集体土地所有权行使模式研究》，法律出版社2012年版。

董强、李小云：《农村行政体系的政治经济学分析：权力寻租视角》，《社会科学战线》2009年第10期。

董筱丹：《一个村庄的奋斗：1965—2020》，北京大学出版社2021年版。

杜宝贵：《公共政策资源的配置与整合论纲》，《广东行政学院学报》2012 年第 5 期。

杜宝贵：《转型时期中国科技政策资源优化配置研究》，清华大学出版社 2018 年版。

杜茂华：《农村集体土地市场化实现路径研究》，经济科学出版社 2017 年版。

杜润生：《杜润生自述：中国农村体制变革重大决策纪实》，人民出版社 2005 年版。

杜润生：《以土地折股为主的股份合作制（1994 年 1 月）》，载杜润生《中国农村改革发展论集》，中国言实出版社 2018 年版。

杜鑫：《当前中国农村居民收入及收入分配状况——兼论各粮食功能区域农村居民收入水平及收入差距》，《中国农村经济》2021 年第 7 期。

段浩：《农村土地流转中的政府角色及其实现的法治保障——以"塘约经验"为样本》，《经济法论坛》2018 年第 1 期。

方茜：《中国所有制理论演进与实践创新》，《社会科学战线》2020 年第 9 期。

房绍坤、任怡多：《论农村集体产权制度改革中的集体股：存废之争与现实路径》，《苏州大学学报》（哲学社会科学版）2021 年第 2 期。

冯道杰、程恩富：《从"塘约经验"看乡村振兴战略的内生实施路径》，《中国社会科学院研究生院学报》2018 年第 1 期。

冯华、陈仁泽：《农村土地制度改革，底线不能突破——专访中央农村工作领导小组副组长、办公室主任陈锡文》，《人民日报》2013 年 12 月 5 日第 2 版。

冯蕾：《中国农村集体经济实现形式研究》，吉林大学，博士学位论文，2014 年。

傅晨：《农村社区型股份合作制研究——一个制度分析方法的阐述和运用》，中国经济出版社 2003 年版。

傅尔基：《论多元产权多样混合与集体经济改革发展混合所有制经济》，《毛泽东邓小平理论研究》2017 年第 3 期。

高帆：《"集体"的概念嬗变与农地集体所有制的实现方式》，《学习与探索》2019年第8期。

官华平、周志华：《农机购置补贴政策中存在的问题及对策》，《调研世界》2011年第10期。

广东省南海农村改革试验区办公室：《南海市开展农村土地股份合作制的试验》，《农村研究》1994年第1期。

郭君平、曲颂、夏英、吕开宇：《农村土地流转的收入分配效应》，《中国人口·资源与环境》2018年第5期。

郭庆旺、陈志刚、温新新、吕冰洋：《中国政府转移性支出的收入再分配效应》，《世界经济》2016年第8期。

郭庆旺、吕冰洋：《论要素收入分配对居民收入分配的影响》，《中国社会科学》2012年第12期。

郭书田、张红宇：《合作经济：历史与变革——对合作运动史的思考与现实选择》，载农业部经济政策研究中心编《中国农村：政策研究备忘录1》，农业出版社1989年版。

郭翔宇等主编：《农村合作经济学》，中国农业出版社2020年版。

国家统计局：《从基尼系数看贫富差距》，《中国国情国力》2001年第1期。

国家统计局编：《中国统计年鉴1985》，中国统计出版社1985年版。

国家统计局国民经济综合统计司编：《新中国五十年统计资料汇编》，中国统计出版社1999年版。

国家统计局住户调查办公室编：《中国住户调查年鉴2013》，中国统计出版社2013年版。

国务院发展研究中心农村经济研究部：《产权重构：新时代农村集体所有制的有效实现形式》，中国发展出版社2022年版。

韩冰华：《农地资源合理配置的制度经济学分析》，中国农业出版社2005年版。

韩俊、张庆忠：《农村股份合作经济的理论论争与评价》，《中国农村经济》1993年第4期。

韩长赋：《国务院关于农村集体产权制度改革情况的报告——

2020年4月26日在第十三届全国人民代表大会常务委员会第十七次会议上》，中国人大网，2020年5月12日。

洪名勇：《马克思土地产权制度理论研究——兼论中国农地产权制度改革与创新》，人民出版社2011年版。

胡祖光：《基尼系数理论最佳值及其简易计算公式研究》，《经济研究》2004年第9期。

胡祖光等：《基尼系数与收入分布研究》，浙江工商大学出版社2010年版。

扈映：《村级集体经济的主要实现形式及问题——基于浙江经验的观察》，《财政科学》2017年第6期。

黄寿峰：《新中国70年政府与市场关系变迁》，《国家治理》2019年第25期。

黄贤金、汤爽爽等：《"三块地"改革与农村土地权益实现研究》，南京大学出版社2016年版。

贾鸿彬：《小岗村40年》，江苏凤凰文艺出版社2018年版。

简新华、李楠：《中国农业实现"第二个飞跃"的路径新探——贵州省塘约村新型集体经营方式的调查思考》，《社会科学战线》2017年第12期。

江帆等：《中国农村集体产权制度改革促进了农民增收吗——基于多期DID模型的实证检验》，《世界农业》2021年第3期。

江苏省农业委员会课题组：《关于农村集体经济若干问题的研究（中）》，《江苏农村经济》2017年第1期。

姜刚、曹力：《小岗村累计分红突破千万元》，新华网，2022年1月26日。

柯炳生：《农村改革40年：回顾与感悟》，《农民日报》2018年12月17日第1版。

孔祥智：《产权制度改革与农村集体经济发展——基于"产权清晰+制度激励"理论框架的研究》，《经济纵横》2020年第7期。

孔祥智：《中国农民合作经济组织的发展与创新（1978—2018）》，《南京农业大学学报》（社会科学版）2018年第6期。

孔祥智等：《创新与发展：农村集体产权制度改革及效应研究》，经济管理出版社 2022 年版。

孔祥智、赵昶：《农村集体产权制度改革的实践探索与政策启示——基于 7 省 13 县（区、市）的调研》，《中州学刊》2020 年第 11 期。

蓝红星、张正杰：《中国乡村振兴示范村：战旗村》，东北大学出版社 2020 年版。

雷传平、尹胜：《农工商合作社的集体经济：乡村振兴的一种可能选择》，《贵州大学学报》（社会科学版）2021 年第 2 期。

李昌金：《塘约村没有告诉我们的那些事》，《中国乡村发现》2017 年第 5 期。

李芳栋：《周家庄模式及其对新农村建设的启示》，河北师范大学，硕士学位论文，2010 年。

李光熙：《北京市农村集体经济组织产权制度改革模式与政策建议》，《北京市经济管理干部学院学报》2008 年第 4 期。

李汉卿：《党建引领集体经济发展与乡村振兴：塘约经验》，《毛泽东邓小平理论研究》2020 年第 7 期。

李明星、黄凤华、陈英：《关于农村集体资产股份继承的思考——基于成都市温江区××村案例的研究》，《农业经济》2017 年第 4 期。

李培林：《改革开放 40 年，全景扫描我国阶层结构新变化》，《劳动保障世界》2018 年第 22 期。

李冉、江可可：《新中国成立以来我国政府与市场关系的建构历程与前景展望》，《复旦学报》（社会科学版）2019 年第 5 期。

李睿、王之睿：《"政经分开"与基层治理：三种模式的比较分析》，《学习论坛》2017 年第 1 期。

李实：《全球化中的财富分配不平等：事实、根源与启示》，《探索与争鸣》2020 年第 8 期。

李实等：《中国收入分配格局的最新变化：中国居民收入分配研究Ⅴ》，中国财政经济出版社 2017 年版。

李实、万海远：《中国收入分配演变 40 年》，格致出版社、上海人民出版社 2018 年版。

李实等：《中国收入差距变动分析——中国居民收入分配研究Ⅳ》，人民出版社 2013 年版。

李维明等：《关于加快我国生态产品价值实现的建议》，《发展研究》2020 年第 3 期。

李颖：《中国农村居民收入差距研究》，中国农业出版社 2005 年版。

李远行、何宏光：《农民合作行为的类型学分析——以安徽小岗村为例》，《广西民族大学学报》（哲学社会科学版）2012 年第 6 期。

梁春梅、李晓楠：《农村集体产权制度改革的减贫机制研究》，《理论学刊》2018 年第 4 期。

梁慧星、陈华彬：《物权法（第七版）》，法律出版社 2020 年版。

林毅夫：《制度、技术与中国农业的发展》，上海三联书店、上海人民出版社 1994 年版。

刘灿等：《中国特色社会主义收入分配制度研究》，经济科学出版社 2017 年版。

刘奇：《四十年回眸看小岗》，《中国发展观察》2019 年第 Z1 期。

刘守英：《土地制度与中国发展》，中国人民大学出版社 2018 年版。

刘同山：《以股份合作推动农村集体产权制度改革：理论思考与创新实践》，《新疆农垦经济》2019 年第 8 期。

刘伟：《中国特色社会主义收入分配问题的政治经济学探索——改革开放以来的收入分配理论与实践进展》，《北京大学学报》（哲学社会科学版）2018 年第 2 期。

刘增玉、王盛秋：《周家庄之路：中国农村唯一乡级核算体制调查》，河北大学出版社 1993 年版。

卢晖临：《周家庄集体经济的实践与启示》，《南风窗》2016 年第 7 期。

卢现祥、李慧：《自然资源资产产权制度改革：理论依据、基本特征与制度效应》,《改革》2021年第2期。

卢现祥、徐俊武:《公共政策、减贫与有利于穷人的经济增长——基于1995—2006年中国各省转移支付的分析》,《制度经济学研究》2009年第2期。

芦千文、杨义武:《农村集体产权制度改革是否壮大了农村集体经济——基于中国乡村振兴调查数据的实证检验》,《中国农村经济》2022年第3期。

陆雷、崔红志:《农村集体经济发展的现状、问题与政策建议》,《中国发展观察》2018年第11期。

陆益龙:《引导性制度变迁与农村市场发展——安徽小岗村的经验分析》,《天津社会科学》2013年第1期。

罗宝:《小岗村:农村改革发源地 乡村振兴勇争先》,《安徽日报》2019年8月11日第1版。

罗楚亮、李实、岳希明:《中国居民收入差距变动分析(2013—2018)》,《中国社会科学》2021年第1期。

罗明忠、魏滨辉:《农村集体产权制度改革与县域城乡收入差距》,《华南农业大学学报》(社会科学版)2022年第6期。

罗世强:《突破旧有土地制度、深化农村改革——浅议南海市"以土地为中心"的农村股份合作制》,《南方经济》1994年第10期。

吕冰洋、郭庆旺:《中国要素收入分配的测算》,《经济研究》2012年第10期。

吕新雨:《农村集体经济的道路与制度——从新时期集体经济的三个案例谈起》,《经济导刊》2017年第6期。

毛科军、于战平、曲福玲:《中国农村资源资产市场化资本化研究》,山西经济出版社2013年版。

毛林繁主编:《资源配置方式改革与创新——〈关于创新政府配置资源方式的指导意见〉条文释义与解读》,经济科学出版社2018年版。

倪小帆、刘勇:《安徽凤阳小岗村:媒介形象的建构与发展——以〈人民日报〉487篇报道为例》,《新闻春秋》2020年第1期。

牛淑萍编著：《文化资源学》，福建人民出版社2012年版（2013年7月重印）。

彭海红：《当前中国农村集体经济的特点及其发展条件、途径》，《理论导刊》2011年第11期。

彭海红：《塘约道路：乡村振兴战略的典范》，《红旗文稿》2017年第24期。

钱伟刚：《论中国特色社会主义市场经济资源配置方式——从政府和市场的统分视角批判新自由主义》，《经济社会体制比较》2018年第3期。

邱霞、林智编著：《中国农村经济发展模式概述》，中国社会出版社2006年版。

屈炳祥：《论〈资本论〉与马克思的资源配置理论》，《经济评论》1999年第4期。

屈炳祥：《马克思生产资料所有制原理及科学方法的当代价值》，《黄河科技学院学报》2020年第9期。

屈锡华等编著：《战旗村变迁纪实录》，四川大学出版社2013年版。

阮文彪：《小岗村土地集并的制度经济学分析》，《学习论坛》2007年第3期。

上海农村土地流转研究课题组：《上海市农村集体土地股份合作制模式的研究》，《上海综合经济》2001年第7期。

尚旭东：《农村土地经营权流转：信托模式、政府主导、规模经营与地方实践》，中国农业大学出版社2016年版。

时家贤、袁玥：《改革开放40年政府与市场关系的变迁：历程、成就和经验》，《马克思主义与现实》2019年第1期。

史忠良、肖四如：《中国经济资源配置的理论与实践》，中国财政经济出版社1998年版。

宋洪远等：《农村产权制度改革与集体经济发展研究》，中国农业出版社2021年版。

宋洪远、高强：《农村集体产权制度改革轨迹及其困境摆脱》，

《改革》2015 年第 2 期。

宋志红：《集体经营性资产股份合作与农村集体经济组织之关系重构》，《法学研究》2022 年第 3 期。

谭晓鹏、钞小静：《中国要素收入分配再测算》，《当代经济科学》2016 年第 6 期。

唐惠敏：《村企合作的生成逻辑、政策需求与理想类型》，《北京社会科学》2021 年第 11 期。

唐丽霞等：《农村集体产权制度改革新实践——来自昆明的经验》，中国农业出版社 2021 年版。

唐溧、董筱丹：《乡村振兴中的空间资源利用制度创新——如何弱化"三产融合"中的空间"隐性剥夺"》，《探索与争鸣》2019 年第 12 期。

田晓霞、鲁棠：《土地制度建设的重大突破 深化农村改革的新举措——南海市"以土地为中心的农村股份合作制"论证会综述》，《农村研究》1994 年第 2 期。

仝志辉：《村委会和村集体经济组织应否分设——基于健全乡村治理体系的分析》，《华南师范大学学报》（社会科学版）2018 年第 6 期。

万海远、田志磊、徐琰超：《中国农村财政与村庄收入分配》，《管理世界》2015 年第 11 期。

万海远、王盈斐：《我国农村居民收入分配差距新变化》，《农业经济问题》2022 年第 1 期。

汪昊、娄峰：《中国财政再分配效应测算》，《经济研究》2017 年第 1 期。

汪霞：《"关系"对政府政策执行力的侵蚀及治理》，《理论界》2012 年第 7 期。

汪洋：《在全国农村集体产权制度改革电视电话会议上的讲话》（2017 年 1 月 10 日），载农业部农村经济体制与经营管理司、农业部农村合作经济经营管理总站编《〈中共中央国务院关于稳步推进农村集体产权制度改革的意见〉学习手册》，人民出版社 2017 年版。

王崇敏、张丽华：《我国农村宅基地使用权流转的现状考察》，《河北省政法管理干部学院学报》2010年第1期。

王春福：《论公共政策的双重价值取向》，《求实》2005年第2期。

王建华：《苏州市农村土地股份合作制的实践与思考》，《农业经营管理》2005年第8期。

王曙光等：《土地股份合作、农村集体产权制度创新与农民福利增进——北京狼垡二村案例》，《农村金融研究》2021年第9期。

王文彬：《农村集体经济的现状扫描与优化路径研究——基于要素回归视角》，《西南民族大学学报》（人文社会科学版）2018年第4期。

王小映：《土地股份合作制的经济学分析》，《中国农村观察》2003年第6期。

王晓飞、岳晓文旭、周立：《村企统合：经营村庄的新模式——以浙江省湖州市L村为例》，《农业经济问题》2021年第10期。

王晓霞：《上海市农村集体经济组织产权制度改革的基本模式与问题研究》，上海交通大学，硕士学位论文，2014年。

王延中、龙玉其、江翠萍、徐强：《中国社会保障收入再分配效应研究——以社会保险为例》，《经济研究》2016年第2期。

王震：《新农村建设的收入再分配效应》，《经济研究》2010年第6期。

王琢：《中国农村改革的第二个飞跃——评南海土地股份合作制》，《南方经济》1999年第Z2期。

魏崇辉：《论科斯产权理论的基本特点和借鉴意义》，《盐城师范学院学报》（人文社会科学版）2003年第1期。

魏后凯、杜志雄主编，苑鹏、于法稳、崔红志副主编：《中国农村发展报告2020——聚焦"十四五"时期中国的农村发展》，中国社会科学出版社2020年版。

魏延安：《塘约道路的启示与反思》，《中国乡村发现》2017年第5期。

温铁军等:《乡村振兴背景下生态资源价值实现形式的创新》,《中国软科学》2018年第12期。

翁士洪:《农村土地流转政策的执行偏差——对小岗村的实证分析》,《公共管理学报》2012年第1期。

吴象:《伟大的历程:中国农村改革起步实录》,浙江人民出版社2019年版。

吴雄周:《精准扶贫:基于"三权"视角的扶贫多维瞄准和多步瞄准融合研究》,《农业经济与科技》2018年第3期。

习近平:《在深度贫困地区脱贫攻坚座谈会上的讲话》(2017年6月23日),《人民日报》2017年9月1日第2版。

夏英等:《基于成员权视角的农村集体产权制度改革与集体经济发展评论》,中国农业科学技术出版社2021年版。

夏柱智:《集体经济发展和集体产权制度改革反思——对话"塘约经验"》,《北京工业大学学报》(社会科学版)2021年第4期。

晓亮:《合作经济·集体经济·股份经济·经济联合体·合作经营·合伙经营》,《财贸经济》1986年第10期。

肖红波:《中国新型农村集体经济发展与产权制度改革研究》,中国农业出版社2022年版。

肖接增:《对集体主义原则中"集体"的科学界定》,《求实》2009年第9期。

谢小庆:《周家庄道路:在自己家乡实现保持尊严的城镇化》,《世界社会主义研究》2017年第9期。

谢治菊:《论农村集体行动的逻辑、风险与治理——基于塘约村金土地合作社的考察》,《甘肃社会科学》2020年第1期。

邢成举:《精英俘获:扶贫资源分配的乡村叙事》,社会科学文献出版社2017年版。

徐冠清、崔占峰:《从"政经合一"到"政经分离":农村集体经济治理的一个新逻辑》,《农业经济与管理》2021年第5期。

徐静、蔡萌、岳希明:《政府补贴的收入再分配效应》,《中国社会科学》2018年第10期。

徐丽葵：《新时代乡村文化资源的流变与形塑》，《青海社会科学》2020年第4期。

徐勇、赵德健：《创新集体：对集体经济有效实现形式的探索》，《华中师范大学学报》（人文社会科学版）2015年第1期。

徐增阳、杨翠萍：《合并抑或分离：村委会和村集体经济组织的关系》，《当代世界与社会主义》2010年第3期。

许汉泽：《扶贫瞄准困境与乡村治理转型》，《农村经济》2015年第9期。

许建明、邓衡山：《公平与效率：诱致性与强制性的农地流转方式——基于凤阳县小岗村与东陵村的调研分析》，《学习与探索》2016年第1期。

杨继国、黄文义：《"产权"新论：基于"马克思定理"的分析》，《当代经济研究》2017年第12期。

杨丽娟、刘升：《合作化：乡村振兴的可行路径——基于塘约村的案例分析》，《农技服务》2021年第2期。

杨团：《乡村集体经济探索之路的历史回顾——30年集体经济改革启示（上）》，《经济导刊》2022年第6期。

叶兴庆：《从四个维度看农村改革开放40年——访国务院发展研究中心农村经济研究部部长、研究员叶兴庆》，《中国发展观察》2018年第16期。

于金富：《资源配置方式的转换与产权制度的改革》，《南开经济研究》1995年第4期。

袁崇法等：《第三节 我国农村集体产权制度改革的探索——基于上海农村集体产权制度改革调研》，载《2013中国城市科学发展综合评价报告——城市与人》第三部分"报告专题"，2013年。

苑鹏：《对马克思恩格斯有关合作制与集体所有制关系的再认识》，《中国农村观察》2015年第5期。

苑鹏、刘同山：《发展农村新型集体经济的路径和政策建议——基于我国部分村庄的调查》，《毛泽东邓小平理论研究》2016年第10期。

张红宇等：《农村集体产权制度改革的实践探索：基于4省份24个村（社区）的调查》，《改革》2020年第8期。

张欢：《农村集体统筹能力的式微及其基层治理效应——珠三角多地农村股份合作制改革的考察》，《西北农林科技大学学报》（社会科学版）2022年第4期。

张谋贵：《小岗村改革的新制度经济学解释——纪念改革开放30周年》，《经济理论与经济管理》2008年第8期。

张倩：《贫困陷阱与精英捕获：气候变化影响下内蒙古牧区的贫富分化》，《学海》2014年第5期。

张庆亮、王刚贞：《小岗村经济》，合肥工业大学出版社2021年版。

张素芳：《论市场分配经济利益和配置生产资源的基础性作用——四论市场经济的公平与效率》，《经济评论》2005年第5期。

张文律：《新型城镇化进程中的农村集体产权制度改革——"三分三改"的温州样本》，《农村经济》2015年第6期。

张文茂编：《京郊农村改革30年研究》，中国农业科学技术出版社2009年版。

张文茂：《塘约道路的若干认识问题》，《中国经贸导刊》2017年第16期。

张晓山：《改革开放四十年与农业农村经济发展——从"大包干"到城乡融合发展》，《学习与探索》2018年第12期。

张晓山：《农村基层治理结构：现状、问题与展望》，《求索》2016年第7期。

张笑寒：《农村土地股份合作制的制度解析与实证研究》，上海人民出版社2010年版。

张屹山等：《资源、权力与经济利益分配通论》，社会科学文献出版社2013年版。

张应良、杨芳：《农村集体产权制度改革的实践例证与理论逻辑》，《改革》2017年第3期。

章波等：《经济发达地区农村宅基地流转问题研究——以北京市郊区为例》，《中国土地科学》2006年第1期。

赵家祥：《马克思对"三位一体"公式的批判》，《中国浦东干部学院学报》2021年第1期。

赵尔奎、杨朔编著：《文化资源学》，西安交通大学出版社2016年版。

赵人伟、[美]基斯·格里芬主编：《中国居民收入分配研究》，中国社会科学出版社1994年版。

赵人伟、李实、卡尔·李思勤主编：《中国居民收入分配再研究：经济改革和发展中的收入分配》，中国财政经济出版社1999年版。

赵维清等：《浙江省农村社区（土地）股份合作制改革问题研究》，浙江人民出版社2007年版。

赵晓雷：《中华人民共和国经济思想史纲（1949—2009）》，首都经济贸易大学出版社2009年版。

赵学清：《论我国收入初次分配中市场和政府的作用》，《河南社会科学》2015年第1期。

郑宝华：《财政资源配置制度与新农村建设主体研究》，中国书籍出版社2013年版。

郑风田、程郁、阮荣平：《从"村庄型公司"到"公司型村庄"：后乡镇企业时代的村企边界及效率分析》，《中国农村观察》2011年第6期。

郑瑞强、曹国庆、石寒：《秩序重构：资源配置中的市场机制与行政机制协调》，《宏观经济管理》2017年第11期。

郑瑞强、朱述斌、王英：《连片特困区扶贫资源配置效应与优化机制》，社会科学文献出版社2017年版。

智广俊：《烟台经验：塘约道路的继承和发展》，《经济导刊》2019年第12期。

中国村社发展促进会村庄调研课题组：《配置有效资源，让乡村振兴"战旗"飞扬——调研四川省成都市郫都区战旗村》，《中国村庄》2022年第6期。

中国红色文化研究会编著：《田野的希望：榜样名村成功之路》，北京日报出版社2017年版。

中国社会科学院农村发展研究所"农村集体产权制度改革研究"课题组、张晓山：《关于农村集体产权制度改革的几个理论与政策问题》，《中国农村经济》2015年第2期。

钟契夫：《资源配置方式研究——历史的考察和理论的探索》，中国物价出版社2000年版。

周建明：《从塘约合作化新实践看毛泽东合作化思想和邓小平第二个飞跃思想的指导意义》，《毛泽东邓小平理论研究》2017年第1期。

周琨：《通过农业改革实现共同富裕——以小岗村实践为例》，《毛泽东思想研究》2018年第6期。

周绍东等：《中国农村土地制度的第二次飞跃——基于马克思主义政治经济学的解读》，《西部论坛》2018年第4期。

周少来等：《党政统合与乡村治理——从精准扶贫到乡村振兴的南江经验》，中国社会科学出版社2019年版。

周延飞：《农村土地新型集体经营模式分析》，《山西农业大学学报》（社会科学版）2021年第5期。

周振、孔祥智：《新中国70年农业经营体制的历史变迁与政策启示》，《管理世界》2019年第10期。

朱道才等编著：《中国十大名村的故事》，中国财政经济出版社2011年版。

朱守银、张照新：《南海市农村股份合作制改革试验研究》，《中国农村经济》2002年第6期。

《最后的"人民公社"还能撑多久》，《农家之友》2010年第1期。

后　记

自改革开放以来，中国农村经济社会发生巨大变化，其中之一就是生产资料所有关系和生产经营形式由集体转为家庭，资源配置方式由行政转为市场，这一变化是中国农村建立社会主义市场经济的基础和特征，必然带来居民收入分配格局的变化。可以说，研究农村集体经济资源如何配置和配置效应是理解中国"三农"问题、城乡关系、收入分配等问题的核心要点。自2013年以来，我们课题组对此展开调查研究。十多年来，我们实地调查了全国100多个典型村庄，包括本书中所涉及的五类村庄，有的村庄甚至去了三四次，例如贵州塘约村、四川战旗村、湖北罗田蔬菜村。这些村庄包括东部和东北地区省市，如上海、浙江、江苏、广东、河北、黑龙江等地，以及中西部地区省市区，如河南、湖北、湖南、江西、安徽、新疆、内蒙古、广西、云南、贵州、四川、重庆等地的典型村庄，它们或者入选"全国美丽休闲乡村""全国民主法治示范村""全国乡村治理示范村"，或者入选"全国农村集体经济发展村级典型案例"，或者为集体经济名村和明星村、脱贫致富示范村、乡村振兴示范村，很多典型村被广为宣传。当然，我们也实地调查了众多中西部地区远离城镇的"空壳""空心"和正在"消失"的山村。在村庄调查中，我们很少先联系相关政府部门、由其引荐调查，而是入村入户实地访谈。记得2021年5月到上海市奉贤区相关村镇调查时，因周末未碰到负责人，只能在村委会办公楼下看其宣传橱窗中的公示信息，被旁边的监控器提醒"不要靠近"，直到村干部赶来盘问。我们通过与农户交谈、与大棚种植户和承包大户交流，以及翻阅村集体公开的资料，了解农村集体经济资源如何配置、农户和新型经营主体的反应，以及由此带来的经济和社会变化。总体上，我们体会到：实践中，中国农村集体经济资源的配置真正是朝市场方式前进，政府作用多体现在监管监督方面；同时，在资源配置过程中仍然存在一些问题，例如，群众参与的主动性和积极性还不够，村组级集体经济组织的配置过程和效率还有待规范和提高。

2023年4月，农业农村部等印发的《农村产权流转交易规范化试点工作方案》（农政改发〔2023〕1号）指出，现阶段的交易品种主要包括：农户承包土地经营权、林权、"四荒"经营权、农村集体经营性资产、农业生产设施设备、小型水利设施使用权、涉农知识产权，以及农村建设项目招标、产业项目招商和转让等其他符合法律、法规和政策要求的交易品种。这里的产权，背后基础就是本书所界定的农村各类集体经济资源。目前，全国各地均积极申报试点，农村集体经济资源配置市场化方向更加明朗。可以预见，中国农业农村发展将迎来新一轮的变化。

本书内容仅涉及农村集体经济资源的配置及其收入分配效应。实际上，很多模式归纳得也不够严谨，有没有生命力还有待观察，能不能复制或推广更需商榷。我们将之归纳和呈现出来，是向学术界和关注"三农"发展的人士展现全国有这些模式，至于引发争鸣和不同意见则是情理之中。同时，由于这些村庄模式的归纳，并未征询村庄意见，但其资料和数据均为实地调查所得和文献获取，如果引发法律责任，则由本人承担。感谢那些调查考察过的乡村接待者、受访干部及农户，是你们无保留的交流与解答帮助我们更加真实地了解"三农"发展的现状，祝愿各乡村未来发展得更加美好。

本书的出版还得到我们单位的大力支持，在此感谢学院领导李波院长和熊芳副院长的慷慨解囊，并声明本书署名单位为中南民族大学。同时，感谢中国社会科学出版社工作人员的辛苦付出，感谢你们的字斟句酌、勤勉斧正！最后，感谢程蹊教授和其他成员，期待后面我们在新型农村集体经济一体化治理方面展开合作研究。

陈全功

于中南民族大学15号楼